汉字里的传统文化

余成功◎编著

群言出版社
QUNYAN PRESS
·北京·

图书在版编目（CIP）数据

汉字里的传统文化 / 余成功编著 . -- 北京：群言
出版社，2022.8
ISBN 978-7-5193-0717-2

Ⅰ . ①汉… Ⅱ . ①余… Ⅲ . ①中华文化—通俗读物②
汉字—通俗读物 Ⅳ . ①K203-49 ② H12-49

中国版本图书馆 CIP 数据核字（2022）第 040166 号

责任编辑：孙平平　朱冠锌
助理编辑：方　芳
封面设计：尚丞印刷

出版发行：群言出版社
地　　址：北京市东城区东厂胡同北巷 1 号（100006）
网　　址：www.qypublish.com（官网书城）
电子信箱：qunyancbs@126.com
联系电话：010-65267783　65263836
法律顾问：北京法政安邦律师事务所
经　　销：全国新华书店

印　　刷：北京尚丞印刷科技有限公司
版　　次：2022 年 8 月第 1 版
印　　次：2022 年 8 月第 1 次印刷
开　　本：710mm×1000mm　　1/16
印　　张：22
字　　数：305 千字
书　　号：ISBN 978-7-5193-0717-2
定　　价：46.80 元

序

我与余成功先生，堪称是陌生的老朋友，好朋友。老，因为我俩都已年逾八旬；陌生，因为他在北京，我在南昌，彼此从未见过面。我们怎么会是好朋友？

2015 年，一个偶然的机会，我读到了余先生编著的《汉字里的中国文化》一书（群言出版社出版）。我最初的印象是：举证平实，文笔清秀，基调沉稳而不乏新意；可惜构思不够周密，取舍稍嫌散乱。我认为，"汉字里的中国文化"是个大课题，有许多文章可做，而且亟待开发。我随即提笔向余先生进言，建议他对该书进行修改和拓展。他没有马上给我回信。几个月后，在一个秋高气爽的日子里，一叠厚厚的书稿邮寄到我手上，我为之大吃一惊！顿时，一串响亮的词眼涌上心来，在我胸中漾起层层思忖的波澜。这些词眼包括：敬业，进取，中国梦，书香世界，以及老骥伏枥和奉献余热等等。我感到欣喜，感到激动，当然得花工夫去品读这书稿。品读意味着说长道短，余先生怎么看这品读？他以特殊的方式鞭策我实话实说，一次又一次，非常诚恳。就这样，作为读者和作者，我俩在汉字文化的园地里一步步靠近，终于在说长道短中成了意气相投的好朋友。

回顾近几年数次交流讨论，我与余先生虽然没有一道下过一回馆子，未曾碰过一次杯，心绪却相当欢快，颇具故知的感受。这当然不是说，我脑子里没有任何疙瘩。疙瘩是有的，我为他治学的辛勤点赞，也为那书稿的执笔工作犯愁。愁什么？老呀，老与衰紧相连。余先生长我三岁，那书稿长达二三十万字，一遍又一遍地增删修改，他吃得消吗？愿苍天给他以精力，给他以体能，让他远离烦恼，让他从容应对。

现在好了，经过几年的反复打磨，新的《汉字里的传统文化》可以跟读者见面了。我感到兴奋，感到甜蜜，还有什么话要讲？

去吧，经过修改和拓展的《汉字里的传统文化》，去接受专家和广大读者见仁见智的品读，去为传承中华民族的优秀文化和建设新时代中国特色社会主义的书香世界奉献自己的心力。

我还要祝余先生在未来的日子里，收获更多的喜悦，更美的笑！

王之之

2021 年 2 月 11 日

编辑手记

尊敬的读者朋友：

我作为本书的责任编辑，向您推荐这本解字的书。

本书从一个个常见字自古至今不断演变的字体字形说起，引经据典，列举史上名人轶事，将小小汉字蕴含的传统文化能量展现得淋漓尽致。余成功老先生下笔质朴通俗，深入浅出，引申出的历史故事饶有趣味，平实中更见传统文化的博大精深。

余老先生曾在我社出版《汉字里的中国文化》一书，社会反响良好，被评为 2019 年"中小学图书馆馆配推荐书目"。

他一生从事新闻编辑工作，是新闻出版界的前辈，耄耋之年依然心系传统文化，以多年的知识积累成书，并赠送亲朋好友、街边商贩、餐厅服务员，每送一人，定要询问读后可有收获，当然每每受到肯定。如此挚诚地宣扬优秀传统文化之精神，令人钦佩。

此书通俗易懂、能量满满，读来修养身心、陶冶情操，白叟黄童皆宜，更是上班族的卧读佳作。此书因涉及古文字和大量古籍经典，编校过程艰难，若有疏漏之处，敬请读者朋友来信或来电斧正。

责任编辑：孙平平

2022 年 4 月 21 日

目 录

第一篇

汉字与人体

1. 额头、眉头——释"头" / 002

2. 说页道头——释"页" / 004

3. 忠言逆耳——释"耳" / 005

4. 笑口常开，好言自口出——释"口" / 007

5. 鼻腔，鼻息，嗤之以鼻——释"鼻" / 009

6. 火舌，笔舌，费尽口舌——释"舌" / 010

7. 身在曹营心在汉——释"身" / 012

8. 圆心，忠心，独具匠心——释"心" / 013

9. 腿肚，腹肚，牵肠挂肚——释"肚" / 015

10. 快手，名手，革新能手——释"手" / 017

11. 立足，富足，情同手足——释"足" / 018

12. 人脉，血脉，来龙去脉——释"脉" / 020

13. 傲骨，风骨，骨肉相连——释"骨" / 021

第二篇

汉字与劳作

1. 耕田，耕耘，耕种——释"耕" / 026

2. 纺织，编织，男耕女织——释"织" / 027

3. 体力，气力，力所能及——释"力" / 028

4. 勤劳，辛劳，劳苦功高——释"劳" / 030

5. 勤勉，勤奋，勤勤恳恳——释"勤" / 031

6. 掘进，挖掘，发掘——释"掘" / 033

7. 开采，采掘，采风问俗——释"采" / 034

8. 拍打，击打，敲敲打打——释"打" / 036

9. 捉拿、捕拿、擒拿——释"拿" / 038

10. 攀援，攀登，攀龙附凤——释"攀" / 040

11. 破开、劈开，劈里啪啦——释"劈" / 041

12. 制造，改造，登峰造极——释"造" / 043

13. 做工、做活、做一番事业——释"做" / 044

第三篇

汉字与学习

1. 学而时习之——释"学" / 048

2. 学习，练习，反复演习——释"习" / 049

3. 教师，拜师，师道尊严——释"师" / 051

4. 学徒，门徒，师徒——释"徒" / 052

5. 发问，询问，不耻下问——释"问" / 054

6. 学而不厌，诲人不倦——释"诲" / 056

7. 读书，文书，教科书——释"书" / 057

8. 毛笔，钢笔，圆珠笔——释"笔" / 059

9. 墨迹，墨宝，胸无点墨——释"墨" / 061

10. 思考、思绪、深思熟虑——释"思" / 063

11. 智慧，智谋，足智多谋——释"智" / 064

12. 觉悟，醒悟，恍然大悟——释"悟" / 066

13. 读书破万卷，下笔如有神——释"读" / 067

14. 诗经，诗歌，诗情画意——释"诗" / 069

15. 文雅，文静，文质彬彬——释"文" / 071

16. 从屋内生子，到记录语言的字——释"字" / 073

17. 田赋，赋税，赋诗，秋色赋——释"赋" / 075

第四篇

汉字与德性

1. 道德，品德，歌功颂德——释"德" / 080

2. 仁慈，仁厚，仁者爱人——释"仁" / 082

3. 道义，情义，舍生取义——释"义" / 084

4. 忠勇，忠义，精忠报国——释"忠" / 085

5. 孝道，孝敬，百善孝为先——释"孝" / 087

6. 和睦，和气，和为贵——释"和" / 089

7. 喜爱·友爱·用心去爱——释"爱" / 091

8. 礼貌，礼聘，礼尚往来——释"礼" / 092

9. 忠诚，真诚，诚心诚意——释"诚" / 094

10. 言必信，信必果——释"信" / 096

11. 廉民，廉政，廉洁奉公——释"廉" / 098

12. 可耻，知耻，不以为耻——释"耻" / 099

第五篇

汉字与民生

1. 天地之性人最贵——释"人" / 102

2. 衣冠楚楚——释"衣" / 104

3. 轻裘，狐裘，集腋成裘——释"裘" / 106

4. 衣冠，皇冠，冠冕堂皇——释"冠" / 108

5. 草鞋，布鞋，皮鞋——释"鞋" / 110

6. 素食，荤食，丰衣足食——释"食" / 111

7. 独饮，对饮，开怀畅饮——释"饮" / 113

8.设宴，宴请，宴席——释"宴" / 115

9.柴门，午门，敞开大门——释"门" / 116

10.门户，住户，夜不闭户——释"户" / 118

11.青羊宫里应如旧，肠断春风万里桥——释"宫" / 120

12.茅屋，草屋，屋漏更遭连阴雨——释"屋" / 122

13.风车，马车，战车——释"车" / 123

14.载舟，覆舟，风雨同舟——释"舟" / 125

15.门路，道路，路在脚下——释"路" / 127

16.拱桥，石桥，独木桥，长江大桥——释"桥" / 129

17.行道，行程，千里之行——释"行" / 132

18.福分，福气，五福齐备——释"福" / 135

19.禄位，俸禄，爵禄——释"禄" / 138

20.寿诞，寿辰，寿星——释"寿" / 139

第六篇

汉字与民需

1.问鼎，一言九鼎——释"鼎" / 144

2.锅灶，厨灶，灶神爷——释"灶" / 146

3.钻木取火，击石取火——释"火" / 147

4.烤炙，炮炙，炙鸡渍酒——释"炙" / 149

5.餐盘，茶盘，算盘，盘根问底——释"盘" / 151

6.一壶浊酒喜相逢——释"酒" / 152

7.从"箸"到"筷"——释"筷" / 155

8.油灯，电灯，指路明灯——释"灯" / 156

9.一扇在手，香溢四座——释"扇" / 157

10.阳伞，雨伞，降落伞，——释"伞" / 160

11.衰变，衰退，衰草编制雨衣——释"衰" / 161

12.三日一沐，五日一浴——释"沐" / 163

第七篇

汉字与娱乐

1. 围棋，象棋，棋逢对手——释"棋" / 166

2. 钢琴，柳琴，几多琴思在琴心——释"琴" / 168

3. 手鼓，腰鼓，敲锣打鼓——释"鼓" / 170

4. 排箫，洞箫，横吹笛子竖吹箫——释"箫" / 172

5. 诗言志，歌咏言——释"歌" / 174

6. 舞蹈，舞曲，舞文弄墨——释"舞" / 175

7. 快乐，欢乐，知足常乐——释"乐" / 177

8. 典籍，经典，庆典——释"典" / 179

9. 庆典，国庆，普天同庆——释"庆" / 181

第八篇

汉字与祭祀

1. 祭天，祭祖，祭灶神——释"祭" / 184

2. 奠祀，祭奠，奠基——释"奠" / 185

3. 跪拜，顶礼膜拜——释"拜" / 186

4. 始祖，佛祖，鼻祖——释"祖" / 188

5. 春社，诗社，社稷——释"社" / 190

6. 天坛，地坛，日月坛——释"坛" / 192

7. 宗庙，寺庙，土地庙——释"庙" / 193

第九篇

汉字与时节

1. 春到人间草木知——释"春" / 198

2. 有礼仪之大故称夏——释"夏" / 200

3. 一叶知秋——释"秋" / 202

4. 千里冰封，草木枯——释"冬" / 204

5. 节气，节日，节操——释"节" / 206

6. 更替，更深，更阑——释"更" / 208

7. 孟之月，四季中的第一个月；也指兄弟排行——释"孟" / 210

8. 仲，四季中的第二个月，兄弟排行老二——释"仲" / 212

9. 季，四季中的第三个月，兄弟排行最小——释"季" / 213

第十篇

汉字与方位

1. 向东，坐东，东道主——释"东" / 216

2. 南面，南方，南辕北辙——释"南" / 218

3. 西方，西域，西风落叶——释"西" / 220

4. 败北，找不到北——释"北" / 221

5. 上上下下，能上能下——释"上" / 223

6. 下方，下边，走上跑下——释"下" / 225

7. 左思右想，左右为难——释"左" / 227

8. 左右开弓，左右逢源——释"右" / 228

9. 前进，向前，勇往直前——释"前" / 230

10. 先来后到，后来居上——释"后" / 232

11. 中间，中央，中流砥柱——释"中" / 233

第十一篇

汉字与农耕

1. 农耕，农业，农民——释"农" / 238

2. 一口吞四口——释"田" / 239

3. 农耕用具，耒耜，耒耕——释"耒" / 241

4. 石刀，蚌刀，骨刀，两肋插刀——释"刀" / 242

5. 木犁，铁犁，犁田耕地——释"犁" / 243

6. 钓鱼，捞鱼，张网捕鱼——释"渔" / 244

7. 牧童，放牧——释"牧" / 246

8. 狩猎，打猎，猎取禽兽——释"猎" / 247

第十二篇

汉字与度量衡

1. 重量，丈量，思量——释"量" / 250

2. 尺有所短，寸有所长——释"尺" / 251

3. 寸土，寸心，寸阴寸金——释"寸" / 253

4. 缺斤短两，斤斤计较——释"斤" / 254

5. 两袖清风——释"两" / 256

6. 五斗功名八斗才——释"斗" / 258

7. 十合为一升——释"升" / 260

8. 数之始，神奇的一——释"一" / 261

9. 木千章，竹万个——释"个" / 263

第十三篇

汉字与感知

1. 天大，地大，人也大——释"大" / 266

2. 小，物之微也——释"小" / 267

3. 多数，多少，积少成多——释"多" / 269

4. 少量，稀少，不多就少——释"少" / 270

5. 重量，沉重，举足轻重——释"重" / 271

6. 轻车熟路，轻装上阵——释"轻" / 273

7. 寒冷，冷漠，冷嘲热讽——释"冷" / 274

8. 热情，热门，热气腾腾——释"热" / 275

9. 瘦小，瘦弱，瘦骨嶙峋——释"瘦" / 277

10. 发胖，胖乎乎，心宽体胖——释"胖" / 278

11. 日月争辉——释"明" / 279

12. 昏暗，黑暗，柳暗花明——释"暗" / 281

13. 善良，慈善，惩恶扬善——释"善" / 283

14. 罪过，罪恶，穷凶极恶——释"恶" / 285

第十四篇

汉字与政事

1. 君主，国君，暴君——释"君" / 288

2. 君臣，使臣，总理大臣——释"臣" / 289

3. 宰相，首相，相识相爱——释"相" / 291

4. 侯门，侯爵，万户侯——释"侯" / 293

5. 子爵，侯爵，加官晋爵——释"爵" / 295

6. 官吏，无品小吏——释"吏" / 297

7. 公民，农民，民为邦本——释"民" / 298

8. 政府，官府，总统府——释"府" / 300

9. 国徽，国旗，国歌，保家卫国——释"国" / 301

10. 田租，田税，照章征税——释"税" / 303

11. 服役，战役，戍边退役——释"役" / 304

12. 刑法，徒刑，缓刑——释"刑" / 306

13. 囚徒，囚犯，阶下囚——释"囚" / 308

第十五篇

汉字与战争

1. 戈矛，长矛，刺杀兵器——释"矛" / 312

2. 盾牌，后盾，自相矛盾——释"盾" / 313

3. 弓弩，弓箭，弯弓射大雕——释"弓" / 314

4. 佩剑，舞剑，剑拔弩张——释"剑" / 316

5. 征战，奋战，英勇善战——释"战" / 318

6. 能文能武，止戈为武——释"武" / 320

7.征伐，讨伐，口诛笔伐——释"伐" / 322

8.军人，军车，军令如山——释"军" / 323

9.炮兵，伞兵，水兵，秣马厉兵——释"兵" / 325

10.士卒，兵卒，身先士卒——释"卒" / 326

11.将士，将帅，将勇兵强——释"将" / 328

12.戍边保家乡——释"戍" / 329

13.疆土，疆域，疆界——释"疆" / 330

主要参考书目 / 333

后　记 / 334

第一篇

汉字与人体

1. 额头、眉头——释"头"

头　　昰　　頭　　頭

楷书　　金文　　小篆　　繁体楷书

"小荷才露尖尖角，早有蜻蜓立上头。"诗中的"头"，是指顶部，是个形声兼会意字。如上方图形古文字所示：在金文里，"頭"的字形有的是左"豆"、右"页"的左右结构，也有的是上"页"下"豆"相叠而成的叠体字。小篆"頭"字的构形与金文第一款形体相同，从"页（即为人头）"，"豆"声，豆也兼表像豆器一样之意。隶变后楷书写作"頭"，汉字简化后写作"头"。"頭"是"页"的后起加旁分化字，是"首"的同义字。

《说文解字·页部》解释说："頭，首也。从页，豆声。"本义为脑袋，人体的最上部或动物体的最前部分。《史记·高祖本纪》载："至栎阳，问父老、置酒，枭故塞王欣头栎阳市。"此说中的"头"字，指的是人"头"。整句话的意思是：汉高祖到栎阳，慰问并设酒宴请父老，斩已经战败自杀的塞王司马欣的头于栎阳市。唐代李白《静夜思》吟道："举头望明月，低头思故乡。"以上两处的"头"，都是引用的字的本义，指人的脑袋。又有"三头六臂""虎头虎脑"，还有"头颅""头顶""磕头""带头""滑头"等。

"头"，引申为人的头发或发式。岳飞的《满江红》诗唱道："莫等闲，白了少年头，空悲切。"《儒林外史》第十四回称："见那一船乡下妇女来烧香的，都梳着挑鬈头。"以上两句话中的"头"字，都是指人的头发。其中的"挑鬈头"指的是一种发型、发式。

此外，"头"又可引申指物体的顶部或两端。《晋书·阮修传》中说："常步行，以百钱挂杖头。"《世说新语·赏誉》也说："蔡司徒在洛，见陆机兄弟住参佐廨中，三间瓦屋，士龙住东头，士衡住西头。"陈毅《致缅甸友人》诗咏道："我住江之头，君住江之尾。彼此情无限，共饮一江水。"以上诸句中的"头"，都是说物体的顶部。"头"，又有"三头六臂""虎头虎脑""里头""外头"。

"头"，引申指物体的残余部分：如线头、布头、蜡烛头、铅笔头、粉笔头，还有香烟头等。也可引申指事情的开始或结尾，如岳飞《满江红》中云："待从头，收拾旧山河，朝天阙。"诗中的"头"是等待重新开始。

"头"，引申为"首领""领头的人"。韩愈的《论淮西事宜状》中说："或被分割队伍，隶属诸头。"《儒林外史》第二回里也说："我也少不得搭个分子，任凭你们哪一位做头。"以上句中的"头"都是说的头面人物或领头人。上古时候有头人、头领，现代有头面人物、领头人，还有反动头子、特务头子、流氓头子，还有个坏头头。"头"又可引申指敌对的人：如冤各有头、冤家对头。

"头"，引申用于量词。《汉书·西域传》里说："马、牛、羊……七十余万头。"古代将"头"还可用于禽、鱼等物类。《齐民要术·羹臛》说："作鸡羹法：鸡一头，……煮使熟。"柳宗元的《小石潭记》中还说："潭中鱼可百许头，皆若空游无所依。"以上两句中的马、牛、羊、鸡、鱼等都用作量词。

"头"还虚化作名词、方位词的后缀：刘禹锡《酬乐天扬州初逢席上见赠》："沉舟侧畔千帆过，病树前头万木春。"前头，后头，里头，外头，甜头，还有个苦头。人的上下都有头：顶部是人头，额称之为额头，眉称之为眉头，鼻称之为鼻头，舌称之为舌头，手有手指头，脚有脚趾头，人的前胸部都有两个乳头。

这个"头"如今归入"大"部，繁体"頭"归于"頁（页）"部。

2.说页道头——释"页"

页　　髟　　貝　　貰

楷书　　甲骨文　　小篆　　金文

这个"頁",是繁体的写法,它的简体字写作"页"。如上方图形古文字所示:甲骨文"頁"的形体,其上部是个"头"形状,有点四不像,很模糊,既指人头,又像动物的头。头的面部有眼睛,头顶有三根毛,头下面是矮小的身体。整个"頁"的字形突出了人的头部。是一个面朝左跪着的人的形象。发展到金文"頁"字则变得不那么象形了,但仍然可以分辨出头上的三根头发,下部是臂、身和弯曲的腿。小篆"頁"的上部是"头",下半部变得也不像人形,而是艺术化了。隶变后楷书写作"頁",汉字简化后写作"页"。

"页"的本义是"人头",后来多被借用为量词使用。"页"用来表示书本中的一张、一面或一页。原本写作葉(叶),言之为片片如树叶。如册页、活页、扉页、插页、画页、第一页、最后一页。

又由于"页"作为部首偏旁部件,原本由它所表示"头"的意义,却反映在诸多"页"部字意之中。如由页构成的"顶"字,表示头的最上部位即"头顶"。由页字旁构成的"额"字,指人的头发以下,眉毛以上部分,称为"额头"。"颜"也与"头"有密切关系,本义指两眉之间部位。人的喜怒哀乐都显示在"颜"这个部位。因此,"颜"引申泛指人脸部表情。如成语"和颜悦色"的"颜"就是指人的面部表情。"顿"这个字在旧时代是一种礼节,跪在地上,两手扶地,头近地或头着地,叫作磕头。旧时代,晚辈给长辈的书信,末尾常常写上某某"顿首",这里的顿首就是磕头的意思,所以"顿"字和头有关。"顷",表示头部不正而有偏斜。"须",表示人面部下方的须毛,即胡须;还有

"颈""项""领"三字都是指支撑头的"脖子",都跟"页"字原始含义"头"有关。还有"颧""颔""颌""颡"等字也都与"头"有关系。

因为"頁"的"头"义被借用了,而且一借再也不还,所以,就对"頁"的左半面加了个"豆"字而成为繁体"頭"字,汉字简化后写作"头"。

如今仍设有"页"部。

3. 忠言逆耳——释"耳"

耳   ᒧ   ᗧ   ᘓ

楷书   甲骨文   金文   小篆

俗话说"良药苦口利于病,忠言逆耳利于行"。这句话中的"耳"字,表示的就是耳朵,是个标准的象形字。如上方图形古文字所示:甲骨文"耳"字的构形,完全像人耳朵的模样,那条长的弧形是耳廓,另外两条连在一起的短弧是耳窝。金文"耳"字更像人的耳朵形状。小篆"耳"字,为了书写方便和字形整齐化,字形变得不太像耳朵的形状了,以致后来的隶书、楷书的"耳"字,再也辨认不出象形的痕迹了。

《说文解军·耳部》载:"耳,主听也,象形。"这是就其功能而言的。人或哺乳类动物的听觉和平衡器官长在头的两边,分外耳、中耳、内耳三个部分。

"耳"的本义就当耳朵讲,名词。耳朵是人重要的听觉器官,白居易《琵琶行》诗云:"今夜闻君琵琶语,如听仙乐耳暂明。"诗中的"耳",指的就是人的"耳朵"。整句诗意为:今晚听到了你的琵琶声,我如同听到了仙乐一般,耳朵顿时感觉清爽。《老子·十二章》中称:"五色令人目盲,五音令人耳聋。"这句话告诉人们:五色缤纷使人眼花缭乱，看不清楚好似盲人一样，而五音繁乱使人听不清楚，好似耳聋一样。《荀子·劝学》中说："目不能两视而明，耳不能两听而聪。"此话说的是眼睛不可能同时看两处都看得清楚，耳朵不可能同时听两处声音都听得明白。

"耳"由"耳朵"引申出像耳朵形状之物，名词。如木耳、银耳、虎耳草。堂屋两旁的小屋，称为耳房。《红楼梦》中讲林黛玉进贾府时，讲道："王夫人时常居坐宴息，亦不在这正室，只在这正室中有东边的三间耳房内。"《红楼梦》第三回："上面五间大正房，两边厢房鹿顶，耳房钻山，四通八达。""耳"又假借为句尾语气词，等于"而已"，相当于"罢了"。《孟子·梁惠王上》中说："直不百步耳，是亦走也。"《孟子·离娄上》中又说："人之易其言也，无责耳矣。"梁启超《谭嗣同》文中言："则诛荣禄如杀一狗耳。"

"耳"当动词使用时表示听、闻之义，如我们说的"耳生"，是说听着生疏。"耳语"是凑近耳朵小声说。《孔雀东南飞》载："下马入车中，低头共耳语。"在古籍作品中，我们常会见到"耳顺"一词。如庾信写的《伯母李氏墓志铭》中有这样一句话："夫人年逾耳顺，视听不衰。"句中的"耳顺"是何意思？这里面有个典故。《论语·为政》篇中有"六十而耳顺"，这句话的意思是：人到了六十岁，不管听到什么话，都能辨别真伪，分清是非。因此后世人们就把"耳顺"作为"六十岁"的代称。这与"年逾花甲"的说法是一致的。

在汉字语言文化里，古人留下了许多关于"耳"的成语和名言隽语。如成语"耳濡目染"意为经常耳能听到眼能看到的，无形中就受到了感染和影响。"耳聪目明"意为耳朵听得清楚，眼睛看得分明，形容感觉灵敏。"耳闻不如目睹，目睹不如身受"意为听到的不如看到的可靠，看到的不如亲身经受的可靠，说明实践的重要性。成语还有"耳闻目睹""耳目一新""掩耳盗铃""耳熟能详""忠言逆耳"等。"耳"，也可用作姓。

在字典中，"耳"是个偏旁部首字，做意符时表示与耳朵或与听觉有关之意义，诸如聋、闻、聪、聋、聋；"耳"还可以做声符，如洱、饵。如今仍设有"耳"部。

4. 笑口常开，好言自口出——释"口"

楷书　　甲骨文　　金文　　小篆

这个"口"字一眼望去像人的嘴巴，像人张开的"口"，是个典型的象形字。现在的"口"字是个方框。上方最早甲骨文、金文的"口"字，有上下嘴唇，有口角，看上去两边的嘴角向上翘着，像是在微笑。篆文"口"字的字形，与甲骨文、金文的字形完全相同，而且写的更加圆润美观。经隶变后楷书写作方框"口"。

《说文解字·口部》说："口，人所以言食也，象形。"说的是"口"是个发音和进食的器官。口，象形字。

"口"的本义都是指人或动物的嘴巴，如"口腔""张口""大口"，还有个"樱桃小口"。

"口"是进食和发出声音的器官。如白居易在《卖炭翁》诗中吟道："卖炭得钱何所营？身上衣裳口中食。"这句话是说：下层人的经营只能是为了穿衣吃饭"糊口"罢了。《孟子·梁惠王上》中说道："为肥甘不足于口与？"此话的意思是：难道肥美甘甜的东西不能满足你口的欲望吗？有幸品尝美味佳肴那是大饱"口福"。可以反复咀嚼，可以使口腔洁净的糖叫"口香糖"，暑天喝不到水会感到"口干舌燥"。以上词中的"口"字，都是用的"口"字的本义。

"口"又是发音说话的器官，因此"口"又可引申表示言语、说话。如战国时期的思想家荀子说："口能言之，身能行之，国宝也。"这句话告诉我们，口才好，能说会道又能干事的人是国家的宝贝，乃栋梁之才。《诗经·正月》："好言自口。"《墨子·公孟》一文中说："政者，口言之，身必行之。今子口言之，而身不行，是子之身乱也。"句中的"自口"和两处"口言"都是用口说话之意。《墨子》文中这句话是说：所谓施政，口里说了，还得亲自做到。现在你口里说了，但自己却不去做，这是你本身的错乱。"口是心非"是指嘴上讲的是一套，内心想的又是一套，指嘴上说的与心里想的不一致；"口蜜腹剑"，指的是嘴上说的是甜言蜜语，肚子里却怀着害人的坏主意，形容这种人阴险、狡诈；"口诛笔伐"，就是用语言和文字进行谴责声讨；"口若悬河"，是形容人健谈而富有口才，讲话就像河水倾泻，滔滔不绝；"有口皆碑"，是指人人都用言语称颂，就像为称颂对象树碑。以上词中的"口"字都是表示语言。

"口"的本义是指人的嘴巴。一人一口，故引申指人口，用在人口普查中就习惯以"口"作为统计人数的单位，如"三口之家"，这家里"三口人"，以上的"口"是指人的数量。

"口"是人呼吸、进食、发声的通道，因此又用"口"表示器物、事物的出入口或通道。如"瓶口""碗口""盆口""缸口"，还有个"井口"。也可以泛指出入的通道，如"道口""关口""港口""渡口""门口""洞口""入海口"等。"口"又引申指破口的地方，如"伤口""疮口"，手上划了个"小口"，还有洪水冲开了个"口子"。"口"还用来表示物体的件数，如"一口锅""两口缸"，还有个"三口井"等。"口"，也可用作姓。

如今仍设有"口"部。

5. 鼻腔，鼻息，嗤之以鼻——释"鼻"

鼻　鼻　鼻

楷书　　金文　　小篆

这个"鼻"字，是会意兼形声字。如上方图形古文字所示：金文"鼻"字的形体是上下结构。它的上半部是"自"字，即"鼻"的本字，像鼻形；下部是"畀"，可分析为从"自"，从畀（bì），畀声也。篆文"鼻"的字形与金文"鼻"相似。隶变后楷书写作"鼻"。

《说文》载："鼻，引气自畀也。从自、畀。"本义指"鼻子"，是人和高等动物呼吸兼嗅觉的器官，用作名词。《荀子·荣辱》中说："口辨酸咸甘苦，鼻辨芬芳腥臊。"此话明确告诉我们"口"与"鼻子"的功能。《孟子·离娄下》中说："西子蒙不洁，则人皆掩鼻而过之。"这话说的是：即使是西施，沾染了不干净的东西，别人从她身边走过，也都会捂鼻。

因为"鼻"位于头部前面的中央部位，且是高高隆起的，引申指器物上面突出隆起带孔像鼻子的部分，用作名词。《周礼·冬官考工记》中写道："驵琮七寸，鼻寸有半寸，天子以为权。"这句话是说：驵琮长七寸，鼻纽一寸半，天子用作称锤。《隋书·礼仪志》载："三命以上，铜印铜鼻。"《抱朴子·博喻》载："屩鼻不能识气。"（屩：草或麻编制成的草鞋。鼻：草鞋鼻。）说的是草鞋的鞋鼻子不能辨识气味。唐装有纽扣，也有扣鼻子。《本草纲目》道："贴水者藕荷，出水者芰荷，蒂名荷鼻。"由"鼻子"又引申指器物上带孔的部分也称鼻。庚信《七夕赋》说："针鼻细而穿空。"

《扬子方言》中有"凡人怀胎，鼻先受形"，故"鼻"引申指"创始""开始"。《汉书·扬雄传》载："有周氏之婵嫣兮，或鼻祖于汾隅。"

颜师古注:"雄自言系出周氏,而食采于扬,故云始祖于汾隅也。"鼻祖,创始人。

有个成语叫"鼾声如雷",形容熟睡时鼾声很大。也作"鼻息如雷":如《梦溪笔谈·卷九·人事》中写道:"上使人微觇准所为,而准方酣寝于中书,鼻息如雷。"《警世通言·金令史美婢酬秀童》中也写道:"吃得快活,嘴也不抹一抹,望着拜神的铺毡上倒头而睡,鼻息如雷,自酉牌直睡至下半夜。"

需要说明的是,最初"鼻"与"自"本是同音同义字。"自"产生的早,后"自"常被经典文献借为第一人称代词,表示自己、自家,"鼻"义消失。另造"鼻"专用来表示鼻子。"鼻",也可用作姓。

如今仍设有"鼻"部,"鼻"又入"自"部。

6. 火舌,笔舌,费尽口舌——释"舌"

楷书　　甲骨文　　金文　　小篆

这个"唇枪舌箭"中的"舌"字是个象形字。如上方图形古文字所示,甲骨文"舌"字的构形,下面的"口"是嘴巴的形状,上面像从嘴巴里伸出的舌头形状。金文"舌"的形体与甲骨文"舌"相似,只不过中部多出的几个点儿以表示唾液。篆文"舌"字变得整齐化。后来的汉隶和楷书的"舌",由于构字符号的需要,把上部写为"千"字,很难看出舌头的模样了。

《说文解字》载:"舌,在口所以言也,别味也。""舌"的本义即为"舌头",如"舌敝唇焦""舌尖口快""舌战群儒""瞠目结舌"中的"舌"都是指舌头。《庄子·盗跖》中说:"不耕而食,不织而衣,摇唇鼓舌,擅生是非。"这句话中的"鼓舌",就是卖弄口舌,多指花言巧语,含有贬义。古人还用"巧舌如簧"来形容能说会道的人。战国时期的张仪就是这样的一个人。汉代史学家司马迁在《史记·张仪列传》里写了一段有趣的对话:"张仪谓其妻曰:'视吾舌尚在不?'其妻笑曰:'舌在也。'仪曰:'足矣。'"

舌是用来说话的,故此引申代指言语,如《论语·颜渊》:"夫子之说君子也,驷不及舌。"这句话的意思是,一句话说出去,四匹马拉的车都追不回来,比喻诚信。

"舌"是个部首字。凡由"舌"组成的字大都与舌头有关,如"舔""甜""舐""憩""敌"。"舌"具有"说话"的含意,并由此构成了许多的复合词。如"学舌",就是别人说什么就跟着讲什么,模仿别人说话,比喻没有主见。"饶舌",就是唠唠叨叨,多嘴。"嚼舌",就是信口胡说,搬弄是非。"舌战",就是激烈的辩论。"咋舌",就是形容吃惊或害怕得说不出话来。而由"舌"组成的成语也多与言语之义有关,如"鹦鹉学舌",原指鹦鹉学人说话,现如今,指别人怎么说,就跟着怎么说,没有独立见解。人们还把嘴笨、没有口才叫作"拙嘴笨舌"。形容说话轻浮油滑、不真诚,叫作"油嘴滑舌"。"唇枪舌剑"说的是,嘴唇像枪,舌头像剑,形容辩论激烈、言辞锋利。

根据舌头的形状,舌也被用来指形状像舌的东西,且以"舌"相称,如火苗蹿动的样子如同一伸一缩的舌头,将之称为"火舌";人们戴的帽子就有"鸭舌帽"。还有"箭舌""笔舌""锁舌"等。"舌",也可用作姓。

如今仍设"舌"部。

7. 身在曹营心在汉——释"身"

楷书　　甲骨文　　金文　　小篆

　　"身"，是个象形字。如上方古文字所示：甲骨文和金文"身"字的字形，是面朝右的人，手臂向左方伸展，其中部躬其身、鼓其腹、大腹便便，如同妊娠怀孕一般。甲骨文卜辞中就有"妇好有身"之说，妇好是人的名字，是商王的妃子，其"有身"的意思是妇好怀孕了。《诗经·大雅·大明》称："大任有身，生此文王。"意思就是大任怀孕了，生下了这位文王。司马迁《史记·高祖本纪》也说："已而有身，遂产高祖。"说的是她已经有身子了，遂后产下了高祖。还有，《镜花缘》第十回中说："偏偏媳妇身怀六甲，好容易逃到海外，生下红蕖孙女，就在此处敷衍度日。"清代方成培的《雷峰塔》中也说："且喜娘子，身怀六甲。"这里两处的"身怀六甲"都是说的妇女怀孕。从其他古文字构形看，也可反衬"身"的怀孕之意，如，人、女等字均无妊娠鼓腹之状，怀孕之形。"有身"一词，如今我们也常能听到"她有三四个月的身孕了"，就是说她怀孕三四个月了。这个双音词中"身"和"孕"同义。这句话也可以说成"她有了三四个月身子"。而中医干脆把怀孕称为"有身"。笔者甚至以为古代"身孕"与"有身"为同义词。"有身"的"身"字，是作为怀孕的婉转之语。所以身字的本义是妇女怀孕。

　　金文"身"字，字形更是挺着肚子，且腹中还有一点儿。这一点是个指示符号，表示腹中有孕了。小篆字形在金文基础上变得更加圆润、美观。就在这时字形分化、字意转移，身体之意替代了怀孕之意，并始专指人的躯体。如身体、身材、身段等词中的"身"字，都是表示人体部分。"身"字还指一般物体主干部分，如火车、汽车、摩托车的"车身",飞机、拖拉机、收割机乃至手机的"机身",轮船、帆船、宇宙飞船的"船身",还有大树的"树身"、大桥的"桥身"等。因此,小篆只好另造"孕"为妊娠专字。

"身"字还有自己、自身、亲身之意,如冯雪峰在《保卫延安》一书中说:"李诚……是一个真正以身作则的人。"这里的"以身作则"中的"身"字为自己、亲身之意;《宋书·檀道济传》中说:"率厉文武,身先士卒,所向摧破。"这里的"身先士卒"是自己亲自带头,冲在前面。"身经百战"是亲身经历过许多次战斗。"身临其境"就是亲身到过那个境地。还有一个"身在曹营心在汉"的成语。语本出自《三国演义》,据记载,关羽和刘备失散后,被曹操留在营中,"封侯赐爵,三日一小宴,五日一大宴,上马一提金,下马一提银",恩礼非常,但关羽却系念刘备,后来得知刘备在袁绍处,遂挂印封金,"过五关斩六将",终于回到刘备身边。人称关羽是"身在曹营心在汉"。如今常用来比喻人在此处,心却向着他处。成语"卖身求荣",是出卖自己的人格与良心,以谋求个人的荣华富贵。"卖身投靠"则是出卖自己,以喻丧失人格,投靠有钱有势的人。一个人说话办事与自己地位、身份要相称,若不相称,就叫作"有失身份"。"身败名裂"的身,也指身份,说的是地位丧失,名声败坏,多指干坏事而导致的可悲下场。"身",也可用作姓。

如今仍设有"身"部。

8. 圆心,忠心,独具匠心——释"心"

楷书　　甲骨文　　金文　　小篆

这个"心"是个典型的象形字,极像人和动物的心脏。如上方图形古文字所示：从甲骨文"心"字，直到金文乃至小篆"心"的形体均像人和动物的心脏。可以看出，"心"字是古人依据人的心脏形状造出来的，隶变后楷书写作"心"。

《说文解字·心部》对心的解释说："心，人心，土藏，在身之中。象形。""心"的本义为心脏。《淮南子》称："夫心者，五脏之主也。""心"是人和高等动物身体内推动血液循环的器官。人的心脏在胸腔的中部稍偏左的地方。人的心脏是圆锥形，有点像桃子的形状，大小相当本人拳头，分有左心房、右心房、左心室、右心室四个部分。"心"的舒张和收缩，推动血液循环全身。《素问·痿论》中说："心主身之血脉。"

也有古人认为心是感情与思维器官。《孟子·告子篇》中称："心之官则思，思则得之，不思则不得也。"其意思是说，心这个器官是管思维的，反映出古人把脑功能当成心功能的误解。语言是有习惯性的。尽管现代人都知道人的大脑才是思维的器官，但人们还是常说"用心""心里想""心想事成""心里琢磨""心里盘算""心领神会"等词语。

由于"心"在人体的中央位置，而且"心"在人的各器官中起着重要作用，所以与"心"有关的词大都表示重要的位置，故心还有中央、中心之意。如"心"就有核心、重心、圆心，还有掌心、江心、湖心。"洞庭秋月生湖心，层波万顷如熔金。"刘禹锡的这句诗里的"心"，就是表示这一意义的。"心"又表示思想、意念等。如独具匠心、心急火燎。在军队里，军人的心态至关重要，扰乱军心、动摇军心、军心涣散，打起仗来肯定要吃败仗。振奋军心、军心大振，即使力量较弱，心齐就能打胜仗。军队，要稳定军心；一个国家，要"稳定民心"。

说起"心"字，还有一个典故：相传一年清明节这天，唐代诗人皮日休与陆龟蒙相约郊游，路遇小雨，就在江边村头一家小酒店落座。皮日休从窗口望见江边一小舟。他转过脸对陆龟蒙吟道："细雨洒轻舟，一点落舟前，一点落舟中，一点落舟后。"吟罢，请陆龟蒙猜这是个什么汉字。陆龟蒙是个有才学的人，顿即领悟，笑着说："请仁兄也听我赋一联'月半如弯镰，浪花点点过船舷'。"皮日休听罢连连拊掌点头，即举杯敬其一杯。原来他们两人的谜底都是一个"心"字。唐代诗人李商隐《无题》中有："身无彩凤双飞翼，心有灵犀一点通。"其意思是：身上没有像五彩的凤凰那样的羽翼，能飞过去；但心中有灵犀，双方是心意相通的。"心领神会"指领会很深，也指不需明言而心里已经领悟。"心悦诚服"是真心实意地佩服。悦：高兴，愉快；服：信服。《孟子·公孙丑上》载："心中悦而诚服也。"由心字组成的成语还有"心明眼亮""心虔志诚""心坚石穿"等。"心"，又用做姓。

这个"心"字，现在可以单独使用，也可作部首，在左半边写作"忄"，如性、情、愉、快、恼、悔等字；"心"在某些字的下部作偏旁时写作"⺗"，如同在"小"的右边加了个点儿，如忝、恭、慕等字。凡从心（忄、⺗）取义的字都与心脏等义有关。

9. 腿肚，腹肚，牵肠挂肚——释"肚"

肚　　肚

楷书　　小篆

这个"肚（dù）"字是个形声字。如上篆文字所示：小篆"肚"字的形体，是左右结构。它的左是月（肉）表意，其古文字形体像块肉，表示与肉体有关；其右半边是土（tǔ）表声，土字本像地上有块土，表示肚子大多向外突出。"肚"的本义是人或某些动物的腹部。《玉篇·肉部》称："肚，腹肚。"

西汉文学家刘向在《列女传》中说："凹头深目，长肚大节，昂鼻结喉。"北宋文学家苏轼《石鼓歌》载："细观初以指画肚，欲读皆如箍在口。"现代文学巨将鲁迅先生的《彷徨·离婚》中说："斜对面，挨八三坐着的一个胖子便从肚兜里掏出一柄打火刀，打着火绒，给他按在烟斗上。"《范进中举》中有"屠户横披了衣服,腆着肚子去了"。

"肚"可引申指物体圆而凸起像肚子的那一部分。鲁迅《呐喊·社戏》写道:"我抬头看时,是六一公公棹着小船,卖了豆回来了,船肚里还有剩下的一堆豆。"又如,人身上长着的"小腿肚子""手指头肚子"。四川峨眉山灵岩寺有这样一副楹联:"大肚能容,容天容地,于人何所不容;开口便笑,笑古笑今,凡事付之一笑。"浙江天童寺也有这样一副楹联道:"大肚能涵,断却许多烦恼事;笑容可掬,结成无量欢喜缘。"

"肚",又可引申指内心。唐代孟郊《择友》中说:"面结口头交,肚里生荆棘。"《儒林外史》中说:"诸大家之文,历科程墨,各省宗师考卷,肚里记得三千余篇。"以上两处的"肚里"都是"内心"的意思。

成语"牵肠挂肚"用来形容挂念十分殷切,放心不下。《醒世恒言》卷十六中说:"为了你,日夜牵肠挂肚,废寝忘餐。"《红楼梦》第二十六回中也写道:"人家牵肠挂肚地等着,你且高乐去!也到底打发人来给个信儿!"以上两处的文字,都是形容思念、挂念殷切,放心不下。除此之外,还有"牵肠割肚"和"割肚牵肠"之说。王实甫的《西厢记》四本四折里写道:"想人生最苦离别,可怜见千里关山,独自跋涉。似这般割肚牵肠,倒不如义断恩绝。"《三国演义》八十七回里也写有:"汝等皆是好百姓,不幸被孟获所拘,今受惊唬。吾想汝等父母、兄弟、妻子必倚门而望;若听之阵败,定然割肚牵肠,眼中流血。"《醒世姻缘传》第五十二回里说:"怎怪他不挂肚牵肠?"上述的"割肚牵肠"也好,还是"挂肚牵肠"也罢,其意思都是思念殷切,放心不下。还有"搜肠刮肚""小肚鸡肠""心知肚明""肚大腰圆""满肚""胀肚""泻肚""空肚"等等。

"肚",又特指动物的胃。《广雅·释亲》称:"胃,谓之肚(dǔ)。"《集韵·姥韵》:"肚,胃也。"如猪肚子、牛肚子、羊肚子,还有鱼肚等。

这个"肚"可以单用,现在归入"月、肉"部。

10. 快手，名手，革新能手——释"手"

楷书　　金文　　小篆

　　"手"字是象形字。如上方古文字所示：金文"手"的字形像一只大手，上部是五个指头，下部是手掌、手臂的样子。小篆的"手"字也很像一只手的模样。《说文解字·手部》称："手拳也。象形。"可是隶变楷化后的"手"字，变得失去象形的意味了。

　　"手"字的本义是手腕以下能劳动的器官，能拿东西的部分，多用于它的本义，名词。《诗经·邶风·击鼓》中写了两句非常感人的文字："死生契阔，与子成说。执子之手，与子偕老。"此话意为：无论生死离合，我们都说定了。紧紧握着你的手，我愿和你白头偕老。唐代白居易《琵琶行》写道："低眉信手续续弹，说尽心中无限事。"句中的"信手"就是随手的意思。"手"又引申为轻便小巧，便于携带的意思，如"手枪""手机""手册"。聋哑人用手势与人交际，称为"手语"。以上两处的"手"字都是"手"的本义。又有"手疾眼快""手下留情""赤手空拳""手之舞之，足之蹈之""手无缚鸡之力"，其中的"手"，使用的也都是手的本义。

　　在人类许多行为中，手与脚既有分工，又相互协作，手与足（脚）关系密切。故此"手"与"足（脚）"多联用，如"手舞足蹈""手足之情""手足胼胝""手忙脚乱""手足无措""大手大脚"等诸多词语中手足（脚）二字往往同时出现在一个词中。由于有的机械与人手的作用相同，所以也用"手"字来表示，如机械上的"摇手柄"，用作工具的"扳手"。

　　"手"的本义为名词，但手可以做出拿、持、击等多种亲手所为动作。因此手也可以用作动词或修饰动词的副词。如手书、手记、手迹、手笔。《汉书·郊祀志上》中说："天子识其手，问之，果为书。"宋代王安石在《书湖阴先生壁》中写道："茅檐长扫净无苔，花木成畦手自栽。"以上两处的"手"都是分别修饰动词表示亲手、亲自的意思。

由"手"也可引申为专门从事某一行业或精通某一技艺的人。龚自珍《己亥杂诗》中有："何敢自矜医国手，药方只贩古时丹。"现如歌手、水手、舵手、猎手、射手、老手、鼓手、旗手、能手、名手、快手。还可引申为"参与某种行动的人"，如：打手、杀手、凶手，还有个扒手。

汉字中，提手旁的"扌"，是由手演变而来的，凡以"扌"为意符的字，大都与手或手的功能、动作相关。

如今仍设有"手"部。

11. 立足，富足，情同手足——释"足"

楷书　　甲骨文　　金文　　小篆

这个"足（zú）"是象形字。如上方古文字所示：甲骨文"足"字的形体，其上部口像膝盖，下面像一只脚，且是脚跟朝下脚趾朝上的左脚，合起来表示从膝盖至脚的部分，像小腿连脚形。金文"足"的形体与甲骨文"足"的形体大体相似。小篆的"足"线条化、文字化了。隶变后楷书写做"足"。

《说文解字·足部》载："足，人之足也，在（体）下。从止（脚）口（膝盖）。"其本义包括膝盖和脚在内的整体。又专指踝骨以下部分，名词。《荀子·劝学》："假兴马者，非利足也。"《左传·文公十三年》："履士会之足于朝。"其意为，在朝廷上踩了一下士会的脚。清方苞《狱中杂记》中写道："苟入狱，不问罪之有无，必械手足，置老监。"有一个成语出自《老子》六十四章。它的原句是："合抱之木，生于毫末；九层之台，起于累土；千里之行，始于足下。"这话主要意思是，一千里路程是从迈出第一步开始的。这里的"足"字用的就是它的本义"脚"。如体育运动中有"足球"这一项。这里的"足"就是指用脚踢球。汉代王充在他的《论衡》中说："足不强则迹不远。"句中的"足"就是指的脚，整句话的意思是，脚力不强健的话走路都走不远。在现代汉语中，则有"手足"一词。手与足（脚）既有分工，又要相互协作，协同不好，就会"手忙脚乱"，协同好了，就能"情同手足""手舞足蹈"。"足"在人体最下部，所以又用来表示"山脚""墙脚"。晋代诗人陆机《招隐二首》之二中悦："朝采南涧藻，夕息西山足。"《宋书·谢瞻传》载："吾得启体幸全，归骨山足，亦何所多恨。"《史记·李斯列传》载："不忠者无名以立于世，臣请从死，愿葬骊山之足。"以上两处"山足"和一处"骊山之足"，指的都是山脚。除此之外，还有"立足""插足"等词。汉代史学家荀悦在他的《申鉴·政体》中指出："足寒伤心，民寒伤国。"其意为：脚若受了寒凉就会伤及心脏，民若贫寒会危及国家。

"足"的本义就是脚，由人的脚又引申指物的脚，即器物下部支撑部分。《史记·货殖列传》载："夫三河在天下之中，若鼎足。"如中国古代青铜器中的食器鼎，支撑鼎的脚有的四足，有的三足，但以三足的居多，这就有了"鼎足之势""三足鼎立"之语。如三国时，天下三分，魏、蜀、吴就形成了鼎足而立的三方对峙局面。

"足"是供人站立和走路的器官，两足踩地人才有踏实感。由此有"足备""充足""足够""富足""满足""心满意足""不一而足"等词和成语。"足"，也可用作姓。

"足"，是个组字部件，由"足"为意符的字大都与腿、脚以及其行动有关。如今仍设"足"部。

12. 人脉，血脉，来龙去脉——释"脉"

脉　𣲹　脈

楷书　　小篆　　繁体楷书

这个"脉"字是会意兼形声字。如上方篆文"脉"字形体和写法：小篆"脉"字是左右结构，是从血，从辰（水支流），会像水一样流动的血脉之意，辰也兼表声。隶变后楷书写作"脈"。其异体写作"脉"，从肉（月）；也写作脉，从永（也是水流），含义相同。如今规范化后，以脉为正体。

"脉"的本义为血脉，读作mài，如动脉、静脉。《周礼·天官》中说："凡药，以酸养骨，以辛养筋，以咸养脉。"《素问·脉要精微论》："夫脉者，血之府也。"王冰注：府，聚也，言血之多少皆聚于经脉之中也。唐代段成式《酉阳杂俎·广知》："脉勇怒而面青，骨勇怒而面白，血勇怒而面赤。"《吕氏春秋·达郁》中谓："血脉欲其通也。"以上诸句中的"脉"字，都当"血脉"讲。又有动脉、静脉、命脉、脉络等。也可引申特指植物叶子或昆虫翅膀上像血管一样的东西。

"脉"也可引申特指如同血脉一样连贯的事物。王建《隐居者》载："雪缕青山脉，云生白鹤毛。"《华阳国志·蜀志》载有："水脉漂疾，破害舟船。"还有人脉、地脉、山脉、矿脉、水脉、来龙去脉、一脉相承等词。

"脉"还用于脉搏、切脉、诊脉等词。指的是人的心脏跳动时，由于输出血液的冲击而引起血脉有规律的跳动。《素问·经脉别论》写有："人之居处动静勇怯，脉亦为之变乎？"《后汉书·华佗传》中有："佗脉之，曰：'府君胃中有虫数升，欲成内疽，食腥物所为也。'"《史记·扁鹊仓公列传》："臣意切其脉，得肝气。"又说："以此视病，尽见五脏症结，特以诊脉为名耳。"

"脉"，又引申为事物或文章的线索、条理。南宋大诗人陆游《书叹》诗云："论文有脉络，千古著不诬。"

含有"脉"字的成语，也值得说一说。成语"一脉相承"中的"脉"指一个血统或一个派系。"一脉相传"指由一个血统或派系世代继承下来，指人与人或事物与事物之间有继承关系。语出《歧龄灯》："如今这两个侄儿，虽分鸿胪、宜宾两派，毕竟一脉相承，所以一个模样。""脉络贯通"，比喻事物条理清楚，前后连贯。

"脉"是个多音字，除了读作 mài 外，它的第二个读音为 mò。《古诗十九首》之十中唱道："盈盈一水间，脉脉不得语。"南宋大词人辛弃疾《摸鱼儿》："千金纵买相如赋，脉脉此情谁诉。"还有温庭筠的《梦江南》词云："过尽千帆皆不是，斜晖脉脉水悠悠。"以上诸句中的"脉脉"一词，都解释为凝视的样子，含情相望情意深长的模样。形容眼神中含着缠绵而深长的情意。请注意，语中的"脉脉"，只能读作 mò，万不可读错。还有个成语"含情脉脉"，形容用会说话的眼睛和默默的眼神表达感情。如唐代李德裕的《二芳丛赋》写道："一则含情脉脉，如有思而不得，类西施之容冶。"亦作"脉脉含情"。如宋代赵长卿的《蝶恋花·和任路分荷花》词中吟诵道："雨浥红妆娇娜娜，脉脉含情，欲向风前破。"

凡是从脉取义的字都与血脉等义有关。"脉"如今归于"月、肉"部。

13. 傲骨，风骨，骨肉相连——释"骨"

楷书　　甲骨文　战国时金文　　小篆

"骨（gǔ）"，象形兼会意字。如上方图形古文字所示：甲骨文"骨"的形体，其上部像骨转折处突出的样子，其中的斜线像骨架支撑之形。

金文的形体与甲骨文相似，但金文下部另加义符肉（月）。篆文从冎（卜骨），从肉（月），带着肉的骨头之意。隶变后楷书写作"骨"。

《说文解字·骨部》载："骨，肉之覈（实）也。从冎，有肉。"本义为骨头，人和脊椎动物体内支持身体、保护内脏的坚硬组织，即为骨骼、骨头。《孟子》中说："故天将降大任于斯人也，必先苦其心志，劳其筋骨。"《老子》中说："虚其心，实其腹；弱其志，强其骨。"以上三处的"骨"，都是指的动物或人的"骨"头。

"骨"又可引申指尸骨、遗骨、骸骨。如《战国策·燕策一》里说："马已死，买其骨五百金。"此话的意思是：马已经死了，用五百金买下千里马的尸骨。陈陶《陇西行》之二中说："可怜无定河边骨，犹是春闺梦里人。"汉代蔡琰《胡笳十八拍》中说："沙场白骨兮，刀痕箭瘢。"《吕氏春秋·异用》载："文王得朽骨以喻其意。"唐代杜甫在《自京赴奉先县咏怀五百字》里写道："朱门酒肉臭，路有冻死骨。"杜甫在《兵车行》中又说："君不见青海头，古来白骨无人收。"

"骨"还用来指人的品格，气质等。《宋书·武帝纪》载："身长七尺六寸，风骨奇特。"唐代王维《少年行四首》之二中说："孰知不向边庭苦，纵死犹闻侠骨香。"黄庭坚《送石长卿太学秋补》诗云："胸中已无少年事，骨气乃有老松格。"毛泽东同志在《新民主主义论》一文中用赞扬的口气说："鲁迅的骨头是最硬的，他没有丝毫的奴颜和媚骨。"

今词有"傲骨""骨气"，而且还有"风骨"。"风骨"，指人的品格、性格。《新唐书·赵彦昭传》中写道："少豪迈，风骨秀爽。"也指古代文艺理论的术语。《文心雕龙·风骨》中写道："《诗》总六义，风冠其首，斯乃化感之本源，志气之符契也。是以怊怅述情，必始乎风；沉吟铺辞，莫先于骨。"常用以泛指作家、作品的特点。《魏书·祖莹传》说："文章须自出机杼，成一家风骨。""傲骨"，即高傲不屈的性格。袁宏道在《感王胡庚》诗中吟道："傲骨终然遭白眼，穷途无计觅青蚨。"由"骨"组成的成语有"骨肉之情"，清代刘熙载《艺概·文概》中介绍说："介甫（王安石）每言及骨肉之情，酸恻呜咽。"此句表现出近亲之间的深厚感情。但也有亲情相残的，有这样四句诗："煮豆燃豆其，豆在釜中泣。本是同根生，相煎何太急？"这里有个故事，说的是魏文帝曹丕命曹植在走七步的时间内做一首诗，做不成就要"行大法"，而曹植应声吟出了这首诗。这诗以其、豆相煎比喻骨肉相残。

"骨"又指物体起支撑作用的架子。伞有伞骨，扇有扇骨。这些有用之物都是以竹木为骨，其作用都是支撑物体。

如今仍设"骨"部。

第二篇

汉字与劳作

1. 耕田，耕耘，耕种——释"耕"

耕　耕

楷书　小篆

这个"耕"在甲骨文、金文中尚未出现，在篆文中才露出面来。"耕"是个左右结构的形声兼会意字。如上方古文字所示：篆文"耕"其左半边从"耒（犁）"，右半边"井"表声，井也兼表井田之意。隶变后楷书写作"耕"。

《说文解字·耒部》对耕是这样解释的："耕，犁也。从耒，井声。一曰古者井田。"这话本意为犁田，也就是翻地松土。又可引申指播种，如《商君书·慎法》中说："民之欲利者，非耕不得；避害者，非或不免。境内之民莫不先务耕战，而后得其所乐。"

传说远古时代神农氏根据天时之宜，分地之利，创造了耒、耜农具，教民耕作，使民获得好处。创造了中国五千年文明史，也是一部农业史。中国以农立国，农业生产是主要生产活动。农耕生产季节性强，为不误农时，每年立春这天，皇帝以身示范，举行耕田典礼。天子载耒耜，率三公、九卿、诸侯、大夫躬耕帝籍之田。天子三推，三公五推，卿、诸侯、大夫九推。各地官府都要组织这样的迎春大典，以示春耕开始。随着铁器的出现，战国时代已普遍使用牛耕。鞭打春牛，以示春耕始。春牛登门，风调雨顺。春牛游春，五谷丰登。

"耕"，也可引申泛指从事农耕劳动。如《韩非子·五蠹》中称："古者丈夫不耕，草木之实足食也；妇人不织，禽兽之皮足衣也。"这话意谓：在古代，男人不耕地，野生的果实足够吃；妇女不用纺织，禽兽的皮足够穿。《管子》中又说："一农不耕，民或为之饥；一女不织，民或为之寒。"

有个词语叫作"耕耘"，指的是翻土锄草，也泛指农业劳动。《汉书·元帝纪》中说："元元之民，劳于耕耘。"《后汉书·冯衍传》里说："率妻子而耕耘兮，委厥美而不伐。"

"耕"，也可引申指致力于某种事业或工作。如《法官·学行》中称："耕道而得道，耕德而得德。"王元逢《目耕轩》中说："身耕劳百骸，目耕劳两瞳。"中国共

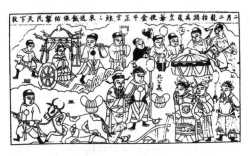

产党人谢觉哉同志有首诗写道："六十年华如流水，耕田服贾遍诸州。"又有笔耕、舌耕，还有耕读、耕种等。

这个"耕"，现今归于"耒"部。

2. 纺织，编织，男耕女织——释"织"

织　纖　織

楷书　　小篆　　繁体楷书

这个"織（织）"是形声字。如上方古文字所示：篆文"織"，其左半部是糸，右半边为戠，是个从糸，戠声的合体形声字。隶变后楷书写作"織"，如今汉字实行简化字后写作"织"。

《说文解字·糸部》对"織（织）"的解释说："織，作布帛之总名也。从糸，戠声。"段玉裁注："布者，麻缕所成；帛者，丝所成，作之皆谓之织。"

"织"的本义为制作布帛，就是使经纱与纬纱交叉穿过制成布帛。《乐府诗·木兰辞》载："唧唧复唧唧，木兰当户织。"有男耕女织、织帛、织物、纺织、织布等词语。

"织"之行为，我国在旧石器时代晚期已出现。《易·系辞下》称庖牺氏时已"作结绳而为网罟，以佃以渔"。在一些新石器时代遗址出土的陶器上，常有编织物的印痕，表明编织生产活动的普及。那时，人们用草、苇、竹之类编织日用品如篓、篮、筐、箕等，更显出技艺的熟练。

这个"织"，如今归于系（纟）部。

3. 体力，气力，力所能及——释"力"

楷书　甲骨文　金文　小篆

这个"力"字是象形字，笔画少，写法也简单。如上方古文字所示：甲骨文和金文"力"的形体，就像犁地、铲地、挖地的工具"耒"。它的上部是可以手握的耒柄，下部是耒的头部。它的形状和用途像我们现在的锹、锨。小篆"力"字整齐化了，但仍可看出"耒"的模样。隶变后楷书加以简化写作"力"。

"力"指人和动物肌肉收缩、扩张所产生的效能。如体力、气力。《说文解字》："力，筋也。"段玉裁注："筋下曰：肉之力也。筋者其体，力者其用也。引申之，凡精神所胜任皆曰力。"所释为引申义。本义当为耒，耕地的农具。

"力"，本义当为耒。执耒耕作、翻土都需要力。由"力"又引申分解出"力气""气力""力量"，如"身强力壮""四肢无力""力不从心""力所能及"等。《左传·隐公十一年》载："度德而处之，量力而行之。"唐代韩愈《马说》载："是马也，虽有千里之能，食不饱，力不足……安求其能千里也？"《史记·淮阴侯列传》："且天下锐精持锋欲为陛下所为者甚众，顾力不能耳。"进而引申指努力、使劲、竭尽力量。如《诗经·邶风·简兮》载："有力如虎，执辔如组。"《孟子·梁惠王上》指："吾力足以举百钧。（钧，古代三十斤为一钧）"又如项羽的《垓下歌》载："力拔山兮气盖世。"又有"力排众议""据理力争""尽力而为"等。

"力"又有"努力""尽力""力求"。《史记·卫将军骠骑列传》："军大捷，皆诸校尉力战之功也。"《汉书·匈奴传》载："夫力耕桑以求衣食。"

此外，人们把身体器官与某些事物所具有的功能也称之为"力"。如人要是开动脑筋就有了思维能力和想象力，称为"脑力"；眼睛能够看东西的能力，叫作"眼力"，能够看得清楚又能准确判断问题或形势，称为"有眼力"；耳朵有听取声音的能力，称之为"听力"；一个人想做某一件事又做不出来，叫作"力不从心"，又可叫"心有余而力不足"。又有风力、火力、浮力、阻力和生命力等。唐代李商隐《无题》载："相见时难别亦难，东风无力百花残。"朱德《辛亥革命杂咏》载："排山倒海人民力，引起中华革命先。"

"力"还引申指权力、权势。谁都不会否认权势是一种力量，是一种指挥支配他人的力量。晁错《论贵粟疏》载："因其富厚，交通王侯，力过吏势。"此话中的"力"当"权势、势力"讲。整句话的意思是，凭借他们富厚，与王侯交际往来，权势超过了官府。《孟子·公孙丑上》载："以力服人者，非心服也……以德服人者，心悦而诚服也。"这是说，使用武力让人屈服，不是让人真心服气；以德服人，才能真正让人心服。"力"，又用作姓。

"力"，在字典中是个部首字。以力为意符的字大都与力量、出力有关，如劳、勤、勇、力；"力"在字典中也可做声符或兼而表义，如历、劣、勒。如今仍设有"力"部。

4. 勤劳，辛劳，劳苦功高——释"劳"

$$劳 \quad 龥 \quad 赞 \quad 勞$$

楷书　　金文　　小篆　　繁体楷书

　　"劳"是个会意字。如下方古文字所示：金文"劳"字的形体，下部像手的形状，上部像爵（酒器）的形状，用双手举爵以酒对辛勤劳动有功者进行慰问犒劳之意，篆文变成从力，隶变后楷书写作"勞"，汉字简化后写作"劳"。

　　《说文解字·力部》载："劳，剧也。从力，荧省，荧，火烧冂，用力者劳。"《尔雅·释诂》称："劳，勤也。"《说文解字》对劳解释说："用力者劳。"由此可见，"劳"的本义是"劳动""辛劳""劳苦"。《诗经》中就有表示"辛劳""劳苦"的"劳"字，如《诗经·小雅·蓼莪》载："哀哀父母，生我劬劳。"句中的"劬"是勤劳、劳苦之意。整句话的意思，可怜的父母双亲，生我养我多辛劳、辛苦。《诗经·卫风·氓》载："三岁为妇，靡室劳矣。夙兴夜寐，靡有朝矣。"整句话的意思是，嫁给你已整三年，全部家务事我累死累活地干，早起晚睡少休息，日日月月都一样。《左传·僖公三十二年》载："师劳力竭，远主备之，无乃不可乎？"宋濂《送东阳马生序》载："自谓少时用心于学甚劳，是可谓善学者矣。"

　　"劳"，又有"脑力"与"体力"劳动之分。如《孟子·生于忧患，死于安乐》中说："天将降大任于斯人也。必先苦其心志，劳其筋骨，饿其体肤。"这句话的意思是，一定先磨砺他的心志，辛劳他的筋骨，使他在艰难困苦中得到锻炼。句中的"劳其筋骨"为使动用法，表示使其筋骨受到劳苦。《孟子·滕文公上》中有这样一句名言："或劳心，或劳力。劳心者治人，劳力者治于人。"句中的"劳心者"说的是脑力劳动者；"劳力者"指体力劳动者。整句话意为：体力劳动的人受脑力劳动者的统治。这里的"劳"是使动用法。

"劳"可引申为功劳，功绩。如勋劳，汗马之劳。《史记·廉颇蔺相如列传》载："我为赵将，有攻城野战之大功，而蔺相如徒以口舌为劳，而位居我上。"《战国策·赵策四》载："位尊而无功，奉厚而无劳。"《太平天国史料·天王诏旨》载："爷哥显圣蛇兽绝，普天臣民谢天劳。"《史记·酷吏列传》载："今上时，禹以刀笔吏积劳，稍迁为御史。"（句中的"上"指汉武帝；"禹"即赵禹；"稍"意为逐渐；"迁"指升任。）还有《诗经·民劳》载："无弃尔劳，以为王休。"

"劳"又引申指慰问，如慰劳，犒劳。《广韵·号韵》载："劳，劳慰。"《宋史·岳飞传》载："诸将远戍，遣妻问劳其家。"《史记·晋世家》载："兵至滑，郑贾人弦高将市于周，遇之，以十二牛劳秦师。"又有《高祖本纪》称："汉王病创卧，张良强请汉王起行劳军，以安士卒。"毛泽东在《开展根据地的减租、生产和拥政爱民运动》一文中说："重新宣布拥军优抗公约，举行热烈的劳军运动。"此外，"劳"还用作敬辞。请人帮忙做事的客气话，如"劳驾""有劳""烦劳"。"劳"，又用作姓。

这个"劳"，归入"力"或"艹"部。

5. 勤勉，勤奋，勤勤恳恳——释"勤"

楷书　　金文　　小篆

这个"勤"字是个形声字。如上方古文字所示：金文"勤"字的形体，是左右结构。它的左半边是"堇"字，表示它的读音，右半部分是"力"，表示它的意义，说明"勤"字与劳力有关。小篆"勤"字由金文演变而来，字形变得圆润而且整齐化。《说文解字·力部》为勤作的解释是："勤，劳也。从力，堇声。"说明勤就是勤勤恳恳用力劳作，也就是劳动，这就是"勤"字的本义。

"勤劳"是中华民族的美德。《尔雅·释古上》就有："勤，劳也。"《尚书》里也说："克勤于邦，克俭于家"；就连《三字经》里也讲："勤有功，嬉无益"，这些话都渗透着对劳动的崇尚。勤的本义是勤劳，辛劳，也指劳苦的事。《孔雀东南飞》中说："昼夜勤作息，伶俜萦苦辛。"此话意谓：日夜勤劳，孤独。《尚书》中说："戒尔卿士，功崇惟志，业广惟勤。"屈原在《远游》中说："惟天地之无穷兮，哀人生之长勤。"句中的"长勤"即终生劳苦。宋代陆游《露坐》诗中道："齐民一饱勤如许，坐食官仓每惕然。"《论语·微子》中说："四体不勤，五谷不分。"句中的"勤"，同样指勤劳，劳苦。老舍的《骆驼祥子》二十一章中说："当他勤苦卖力的时候，他没得到过公道。"人才学研究发现，凡成才者多是勤奋、勤劳刻苦者。科学家爱迪生特别勤劳，他说："发明是百分之一的灵感，加百分之九十九的血汗。"我国著名数学家华罗庚，天资并不算太聪明。但他痴迷数学，在一家杂货店当徒工时，由于整日沉醉于数学的王国迷梦之中，当顾客问他，他竟答非所问。于是人们都称他"罗呆子"。熊庆来教授推荐他进了清华园。学业刚开始时，别人学一天就能懂的，他学两天才能懂，但他勤奋攻读，潜心探索，勤学苦练，终成世界一流的数学家。有人问他从学徒工到数学家的"秘诀"，他以诗作答道："埋头苦干是第一，发白才知智叟呆。勤能补拙是良训，一分勤奋一分才。"

勤从"力"，就是要尽心、尽力地辛勤劳作。勤与懒、逸、惰相对。如勤劳、勤快、勤民、勤奋。唐代李商隐《咏史》吟道："历览前贤国与家，成由勤俭败由奢。"如《左传·僖公二十八年》中写道："非神败令尹，令尹其不勤民，实自败也。"这句话告诉人们：不是神灵让令尹失败，是令尹不尽心尽力为民办事，实在是自己导致的失败啊。现引申为做事尽力，不偷懒。唐代韩愈《进学解》篇中说："业精于勤，荒于嬉；行成于思，毁于随。"（嬉：戏耍；随：随便，不经心。）这句话意思是：学业不断前进在于刻苦勤奋，荒废在于贪玩不求上进。事业成功在于能动脑筋思考，失败在于不用心、思想懒惰。这是韩愈劝勉他的学生的一席话。

"勤"，还用来表示规定时间内的工作或劳动，如勤务、内勤、外勤、出勤、缺勤、考勤、满勤等，这些"勤"字都是指在规定时间内的劳动。还有，人要"勤洗衣服""勤洗澡""勤洗头""勤洗手""勤学习""勤动脑"，这些"勤"字，都当作多次或经常讲。

由"勤"字组成的成语，如"勤勤恳恳"，形容对人对事热心诚恳，也指工作勤劳踏实。"勤能补拙"意为：勤奋不懈能够弥补天生的笨拙。还有"勤学苦练""勤俭持家""勤工俭学"等。"勤"，又可用作姓。

这个"勤"，如今归于"力"部。

6. 掘进，挖掘，发掘——释"掘"

掘　　撅　　掘

楷书　　小篆　　隶书

这个"掘"是形声字。如上方篆文"掘"的构形。这个"掘"是左右结构，它的左边的手（扌）表意，表示手持器具刨挖土地；右边屈表声，屈有弯曲一义，表示人掘地时身体是弯曲的。隶变后楷书写作"掘"。

《说文解字·手部》载："掘，捐也。从手，屈声。"本义为刨、挖。《淮南子》载："禹乃以息土填洪水，以为名山，掘昆仑虚以下地。"高诱注："掘，犹为平也。"《广韵·物韵》载："掘，掘地。"《集韵·月韵》载："掘，穿也。"《易·系辞》载："断木为杵，掘地为臼。"《孟子·尽心上》载："掘井九轫，而不及泉，犹为弃井也。"（轫：通"仞"。七尺或八尺为仞。）《史记·高祖本纪》载："项羽烧秦宫室，掘始皇帝冢。"《后汉书·刘盆子传》载："掘庭中芦菔根，捕池鱼而食之。"

在古代，"掘"同"倔"，指倔强。《后汉书·卢芳传》中说："因时扰攘，苟恣纵而已耳，然犹以附假宗室，能掘强岁月之间。"《成皋令任伯嗣碑》载："慈宽惠恕，刚猛桀掘。"清代蒲松龄《聊斋俚曲集·姑妇曲》中说："汉子惹着他也掘，婆婆惹着他也咒。"

汉代扬雄的《太玄·文》中说："是以圣人仰天则常穷神，掘变极物穷情。"范望注："掘，尽也。"清代朱骏生《说文通训定声·履部》称："掘，叚借为屈。""掘"通"崛"。突出，突起貌。清代高翔麟《说文字通》称："掘，通崛。"《汉书·扬雄传上》："洪台掘其独出兮，致北极之嶟嶟。"清代高翔麟《说文字通》称："掘，通拙。"《韩非子·难言》称："敦祗恭厚，鲠固慎完，则见以为掘而不伦。"《史记·货殖列传》载："田农，掘业，而秦扬以盖一州。"《南齐书·王僧虔传》载："大明世，常用掘笔书，以此见容。"

这个"掘"字，如今仅用于挖掘、开采之义，如开凿地下巷道，叫作掘进。于是就有了掘井、掘土、采掘、发掘、开掘、挖掘和自掘坟墓、掘墓人等词。在古代，"掘"字多音多义，特别是在汉代以前尤为明显突出。

这个"掘"，如今归于"扌"部。

7. 开采，采掘，采风问俗——释"采"

楷书　　甲骨文　　金文　　小篆

这个"採"字，在汉字简化过程中被简化掉了提手旁，成为没有提手的"采"字。成了会意。但是，这个"採"的本义仍然在"采"中使用。如上方图形古文字所示："采"字的形体，是上下结构。它的下半部是"木"，表示一棵树，树枝上的小圆圈表示结了许多果子；其上半部是个"爪"字，像一只手。两形相合，会意用手摘取树上的果子，甲骨文中"采"是个上下结构的会意字。金文"采"字的字形与甲骨文"采"字基本相似，且省掉了树上的果子，只剩下树木和枝条。小篆"采"字的形体与金文"采"字相仿，且线条化、整齐化了。楷书"采"字由小篆直接演变而来，楷书写做"采"。

《说文解字·木部》称："采，采取也。从木，从爪。"其意为采取、摘取。由木和爪会意。"采"的本义就是采摘、摘取。如《诗经·周南·关雎》中就有这样的诗句："参差荇菜，左右采之。"整句诗的意思是：长短高矮不齐的荇菜，左边摘取，右边也摘取它。这个"采"是摘取之意。晋代诗人陶渊明在他的《饮酒》诗里吟道："采菊东篱下，悠然见南山。"唐代诗人王维的诗云："红豆生南国，春来发几枝。愿君多采撷，此物最相思。"上面诗中都有个"采"字，都解释为采摘或摘取。成语"采兰赠药"，说的是相爱的男女互赠礼物。《诗经》中有八篇诗歌都是以"采"字命名的。如《采苢》《采苹》《采菽》《采葛》《采苓》《采薇》《采绿》以及《采蘩》等。这些题目里的"采"字，都是指采摘瓜果、野菜或其他植物，反映的对象全是劳动者生产和农事劳动的情景。司马迁《史记》里记载了一首著名的《采薇歌》故事，说的是殷商贵族伯夷和叔齐坚决反对武王伐纣，主张用和平方式解决问题。武王战胜商纣王后，作为贵族的伯夷、叔齐誓死不吃周朝的食粮，逃到首阳山，以采野菜野果为食。他们在饥饿中写下了《采薇歌》。唱道："登彼西山兮，采其薇矣。以暴易暴兮，不知其非矣。神农、虞、夏忽焉没兮，我安适归矣？"整首歌的大意是说：在首阳山上，我们采食野菜野果充饥。那些用暴力对付暴力的人，却不知道自己的错误。神农、虞舜、夏禹时代消失了，我们哪里有舒适安逸的去处呢？《采薇歌》反映了伯夷、叔齐反对战争，憧憬和平的殷切希望。

采摘、摘取至今仍是"采"的最基本意义。如采茶、采果、采菱、采荷、采花、采棉等。"采"，一般多以瓜果之类具体事物为对象。"采"

由"采取"本义引申有开采、挖掘之义。如采矿、采油、采煤、采气、采石、采沙等中的"采"都是开采的意思。在汉字简化中将这个提手旁的"採"改用笔画少的"采"。这是因为"采"的上半部本来就有手爪的手，又在其左边增添一个提手，真是"屋下架屋，床上施床"，画蛇添足，实属多此一举。

"采"由"采摘""采取"的本义又引申出"搜集"之义。如《汉书·艺文志》中就说："古有采诗之官。"这里的"采诗之官"，说的是古代到乡下采收诗歌的官。古代称民歌为"风"，古代文人将民间流传的民歌、民谣搜集起来的活动，又叫作"采风"。

"采"还可以作精神、神态、神色讲。如《汉书·王莽传》里说："莽色厉而言方，欲有所为，微见风采。"还有"神采""无精打采"等。"采"，又用做姓。

这个"采"，如今归于"爫"或"木"部。

8. 拍打，击打，敲敲打打——释"打"

打　朾

楷书　　小篆

这个"打"字是会意兼形声字。如上方篆文所示：篆文"打"的形体是左右结构。它的左半边是"手"，右半边是"丁"，是个从手，从丁（钉子），借敲击钉子表示敲打、撞击之意，丁也兼表声。隶变后楷书写作"打"。

《说文解字·手部》新附："打，击也。从手，丁声。"本义为用手或器物敲击、撞击、敲打。《魏书·张彝传》载："以瓦石击打公门。"唐代李商隐《七月二十八日夜与王郑二秀才听雨后梦作》载："逡巡又过潇湘雨，雨打湘灵五十弦。"南宋辛弃疾《永遇乐·京口北固亭怀古》载："舞榭歌台，风流总被雨打风吹去。"唐代文学家刘禹锡《石头城》诗中说："潮打空城寂寞回。""打"又表示攻打、进攻、殴打。如《水浒传》第五十回中说：宋公明"三打祝家庄"。《西游记》中有"三打白骨精"。《梁书·侯景传》载："我在北打贺拔胜，破葛荣。"惠皎《高僧传》载："至便入市正值市，正值市中有乱，相打者误着高头，应时殒命。"毛泽东《中国革命战争的战略问题》中说："敌进我退，敌驻我扰，敌疲我打，敌退我追。"还有攻打、打援、击打、敲打、敲敲打打、拍打、拍拍打打、鸡飞蛋打，也还有打铁、打刀、打字等。

"打"也可泛指某些动作。欧阳修《归田录》卷二中说："至于造舟车者曰打船、打车，网鱼曰打鱼，汲水曰打水。""打"又有举、提之意，如打旗子、打灯笼、打火把。吴承恩《西游记》二十一回载："刚才一个打令字旗的妖精，被我赶了去也。"《红楼梦》第五十回载："鸳鸯、琥珀等五六个丫鬟，每人都是打着伞，拥轿而来。"

"打"字用得极为广泛，它的基本义是敲、击，如"打锣""打鼓""打钟"等叫作敲打；"打"又表示某种动作，意义多变而灵活。如，打手势、打瞌睡、打寒噤，表示人体发出的某种动作；打开帐子、打开盖子，是揭、揭开意；又如打格子、打邮戳，意为画上、印上；打油、打酒、打豆腐，意为购买；打方向盘、打算盘，具有"拨拉"的意思。

"打"，作介词使用，相当于"自""从"。元代萧德祥《杀狗劝夫》第四折中写道："看见一只犬打香桌跟前过来。"《红楼梦》九十一回中讲道："宝玉道：'才打学房里回来，吃了，要往学房里去，先见老太太。'""打"作介词，又表示处所、方向、时间。如"打哪儿来""打那天起""打明天开始"。

"打"又用作助词，用在叠字中间作衬字。明代冯惟敏的《僧尼共犯》第四折载："单打单一世无婚配，精打精到老受孤凄，光打光长夜难支付。"

旧时量词，一打为十二，如一打铅笔，一打毛巾，即为十二条。"打"

又用作姓。

如此看由"打"字组成的词语真不少，但由"打"字构成的成语也很多，如"打开天窗说亮话"，此语比喻没有顾忌，没有隐讳地说出真话。"打退堂鼓"（堂，指公堂，旧时指官吏审案的厅堂）是指：旧时封建官吏退堂前击鼓，以示停止或结束案件审理。后来用以比喻做事中途退缩或撒手不干。"打落牙齿和血吞"，指牙齿被人打掉和血一起吞下肚子里。比喻吃了亏，还不让别人知道，也比喻失败了还要坚持做好汉。除此之外还有："打家劫舍""打恭作揖""打情骂俏"等。"打"，又用作姓。

这个"打"，如今归于"扌"部。

9. 捉拿、捕拿、擒拿——释"拿"

拿　　　　　　
楷书　　　小篆　　　小篆

这个"拿（ná）"字，篆文有两种不同写法，都是上下结构，都是会意兼形声字。如上方篆文所示：前一个篆文"拿"，其下部是"手"，上部是"如"，是个从手，如声，如也兼表牵引之义；第二个篆文"拿"是异体字，其下部是"手"，上部是"奴"，是个从手，从奴（操持），会牵持之意，奴也兼表声。隶变后楷书分别写作"挐"与"挐"，俗作"拿"，从合，从手会握持之意。这个"拿"是后起字，而且成为规范字。

"拿"用手取，握持。《正字通·手部》载："拿，俗挐字。"宋代王之道《春雪和袁望回》载："老夫僵不扫，稚子走争拿。"《京本通俗小说·菩萨蛮》中有："手拿象板。"元代睢景臣《哨遍·高祖还乡》载："这几个乔人物，拿着些不曾见的器杖。"《水浒全传》第七回载："林冲拿着刀，立在帘前。"鲁迅《且介亭杂文·拿来主义》中说："没有拿来的，人不能自成为新人，没有拿来的，文艺自不能成为新文艺。"《老残游记》第四回载："一手提着灯笼，一手拿了个双红名帖。"以上句中的"拿"，均当作握着、拿着、握持等意讲。

"拿"又有捕捉、逮捕义。《红楼梦·葫芦僧判断葫芦案》中说："求太老爷拘拿凶犯，以扶善良。"《三国演义》六十六回载："操连夜点起甲兵三千，围住伏完私宅，老幼并皆拿下。"《儒林外史》第三回载："打了天上的星宿，阎王就要拿去打一百铁棍。"《红楼梦》第六十八回载："咱们只去见官，省了捕快皂隶来拿。"《水浒全传》第二十六回载："知县看了道：'你且起来，待我从长商议，可行时，保与你拿问。'"以上句中的"拿"均具有捉拿、捕拿、擒拿、缉拿等之意。还有"狗拿耗子，多管闲事"，这句歇后语中，拿当捉拿讲。

"拿"有拿捏、刁难、要挟之义。《红楼梦》第九十一回载："因怕金桂拿他，所以不敢透漏。"《儿女英雄传》第二回载："这分明看我是……轻慢我的意思，倒得先拿他一手。"如"这活儿咱也会干，他拿不住咱"。又如"到时候你别拿我一把"。

"拿"又有拔起、抬起义。《红楼梦》第三十二回载："上回也是宝姑娘说过一回，他也不管人脸上过不去，咳了一声，拿起脚来就走了。"句中的"拿"就有"抬起脚"或"拔起脚"的意思。

"拿"可以做介词用，有"把"的意思。如《水浒全传》五十二回中说："李逵拿殷天锡提起来，拳头脚尖一发上，柴进那里劝得住。"《老残游记》第十九回："初起，许亮输了四五百两银子给吴二浪子，都是现银。吴二浪子直拿许亮当作个老土。"以上两处句中的拿就当"把"讲。柳青《创业史》里说："今后要拿自己的脑子想事儿了，再也不能拿旁人的脑子代替自己的脑子。"这句话中的"拿"当"用"讲。

"拿"在古代写作"挐"或"拏"。《说文解字》载："挐，持也。"扬雄《解嘲》载："攫挐者亡，默默者存。"桂馥《说文解字义证》载："挐，通作拏，拘捕有罪曰挐，今俗作拿。"又《说文解字》："拏牵引也。"《正字通》载："拿，拏俗字。"

挐、挐二字，《说文解字》音近义别，而《集韵》《六书故》《正韵》《读书通》都合二为一。挐、挐为形声字，二字形别不大。"拿"是后起字，却成为最常用的俗字之一。

这个"拿"，如今归于"手"部。

10. 攀援，攀登，攀龙附凤——释"攀"

攀　　楷书　　小篆

毛泽东同志的《水调歌头·重上井冈山》云："世上无难事，只要肯登攀。"这个"攀"字是会意兼形声字。如上方篆文"攀"字的形体，其下部从手，上部从樊，樊也兼表声。隶变后，楷书写作"攀"。

攀手抓住物件往上爬。《庄子·马蹄》云："乌鹊之巢，可攀援而阚。"（阚，同窥。）李白的《怀仙歌》云："仙人浩歌望我来，应攀玉树长相待。"《汉书·司马相如传上》载："仰攀橑而扪天。"（橑：屋椽。）李白《蜀道难》云："问君西游何时还，畏途巉岩不可攀。"《三国志·邓艾传》载："将士皆攀木缘崖，鱼贯而进。"以上诸句中的"攀"字，都有攀登、攀援的意思。

"攀"，牵住、拉住、挽住。如王登粲《七哀诗》载："亲戚对我悲，朋友相追攀。"柳宗元《始得西山宴游记》："攀援而登，箕踞而遨则凡数州之土壤，皆在衽席之下。"（衽席，即为睡觉的席子。）张天翼《宝葫芦的秘密》中说："他一把攀住我的肩膀，使劲拽我走。"曹植《名都篇》载："白日西南驰，光景不可攀。"《水浒全传》中一一七回载："花荣满满地攀着弓，觑得亲切，照面门上飕的一箭。"魏学洢《核舟记》载："左乎倚一衡木，右手攀右趾。""攀"又可引申指追赶。如杜甫《戏为六绝句》中说："窃攀屈宋宜方驾，恐与齐梁作后尘。"

医药学家李时珍有个自说"攀"字的故事。他为研究草药，常攀山涉水寻找草药。他收了个徒弟名叫"樊儿"。师徒二人常一起攀山找草药。一天他们走到一个山泉边，时至午时，师徒二人坐在山泉水边就着泉水吃干粮、食野果。李时珍边吃边说："我出个字谜你猜猜。"樊儿听了高兴地说："好呀！"李时珍一字一句地说："左右两边都是树，中间有个山雀窝；大哥掏雀叉开腿，弟弟伸手去摸摸。"樊儿想了良久也没有想出来。李时珍用木棒一笔一画地边写边讲解，樊儿争抢着说："这不就是我樊儿的'樊'字底下加了个'手'吗，是个'攀'！"李时珍说："那你就叫攀儿吧！"从此樊儿改名叫"攀儿"了。

"攀"有"攀附""依附""拉关系"的意思。如"攀亲"，表示攀附上亲戚关系。"高攀""攀高枝""攀龙附凤"，表示依附有声望、有势力的人。《后汉书·寇恂传》："今闻大司马刘公，伯升母弟，尊贤下士，士多归之，可依附也。"鲁迅先生在《呐喊·白光》中说道："绅士们既然千方百计地来攀亲，人们又都像看见神明似的敬畏。"

"攀"，有折枝意。唐代诗人白居易在《忆江柳》诗中有这样两句诗："遥忆青青江岸上，不知攀折是何人。"诗中的"攀"字指拉折、拉断。

这个"攀"，如今归于"手"部。

11. 破开、劈开，劈里啪啦——释"劈"

劈　劈　劈

楷书　　小篆　　隶书

这个"劈"是会意兼形声字。请看上方篆文和楷书"劈"的字形所示：篆文和楷书"劈"字的构形都是上下结构。其下部刀表意，表示用刀斧劈；上部的辟表声，劈指施刑，也兼表分割之意。隶变后楷书写作"劈"。

"劈"，指用刀、斧等将物体劈开、割开。《说文解字·刀部》对"劈"解释说："劈，破也。从刀，辟声。"

"劈"的本义为用刀斧纵向猛力破开、分开。如劈木柴、劈山引水。唐代大诗人白居易《自蜀江至洞庭湖口有感而作》云："长波逐若泻，连山凿如劈。"句中的"劈"是"凿开"的意思。宋代梅尧臣《古相思》云："劈竹两分张，情知无合理。"温庭筠《春江花月夜词》载："龙头劈浪哀箭发。"周立波《暴风骤雨》第三部中写道："郭主任要在屯子里，见天来帮大嫂子挑水劈柴。"白居易《浔阳三题·湓浦竹》诗中又云："剖劈青琅玕，家家盖墙屋。"以上诸句中的"劈"字，都有"劈开、分开"的意思。"劈"，也可用作"劈啪"，象声词，形容拍打、爆炸或撞击的声音：爆竹劈啪，劈里啪啦作响。

"劈"，还有冲着、正对着之义。宋人邓肃《临江仙》云："佳人嗔不语，劈面噀丁香。"句中的"劈"是"冲着、正对着"的意思，也就是丁香的香气正冲着面部而来。杨万里《日斜再行宿乌山》诗云："日已衰容去，风仍劈面来。"《水浒传》第三十八回云："李逵听了，便把鱼汁劈脸泼将去，淋那酒保一身。"《水浒传》三十一回云："武松早落一刀，劈脸剁着。"

由劈开又可引申指劈分等义，如，把一缕线"劈成两份"。又如，"你要不了那么多苹果，就劈给我一半"。还有使之分离下来，撕下来，如劈白菜帮子、劈玉米棒子等。

这个"劈"，现在归入"刀"部。

12. 制造，改造，登峰造极——释"造"

造　　　𦥑　　 舥　　　譗

楷书　　　金文　　《说文解字》古字　小篆

这个"造"字是会意兼形声字。如上方古文字所示：金文"造"的形体，外为房屋形，屋内的左边为"舟"，本为在屋内造舟之意，右边为告。"造"字从舟，从告，有乘舟前往访问之义，告也兼表声。而上方中间的金文"造"字是《说文解字》古字形体，它外部的房屋形已退去，形成一个"从舟，告声的形声字。"小篆"造"的形体也省去了屋形，"舟"讹变为"辵"，且整齐化了。隶变后楷书写作"造"。

《说文解字·辵部》载："造，就也。从辵，告声。""造"的本义为造舟。如《尔雅·释水》中说："天子造舟。"又可引申为制作、制造，如《后汉书张衡传》载："复造候风地动仪，以青铜铸成。"如《诗经·郑风·缁衣》："缁衣之好兮，敝予又改造兮。""缁衣"就是黑色衣服。这句诗的大意是：你的黑色朝服真美好，破了我再改作制造。就"制造"义而言，又扩大为把所有的东西都可说成"造"，如：蔡伦造纸，《墨子·公输》载："公输盘为楚造云梯之械"，沈括《梦溪笔谈》中说："因造玉清宫，伐山取材。"鲁迅先生的《集外集·关于杨君袭来事件的辨证》中说："由我造（制作）出来的酸酒，当然应该由我自己来喝干。"

由制造可以引申为成就、功绩，如《诗经·大雅·思齐》："肆成人有德，小子有造。"这话的意思是：如今成人有道德，后生小子有成就。句中的"造"是"成就"的意思《左传·成公十三年》中说："秦师克还无害，则是我有大造于西也。"句中的"造"是"功绩"之意，整句话的意思是：秦军得以西去而没有受到损害，这就是我有大功绩于西方之处。

"造"又有去、到之义。过去常说的"登门造访""造府拜访"都是到别人家去访问。如《书·盘庚中》载："其有众咸造，勿亵在王庭。"话中的"造"即是到的意思。整句话的意思是：那些民众都到了，旗帜在王庭飘扬。《战国策·宋策》载："造大国之城下。"话中的"造"字即为"到"意。《聊斋志异·促织》载："径造庐访成"，说是那个少年直接上门来找成名。可引申为达到某种境界。成语"登峰造极"，用来比喻成就达到最高境界。"造"，又用作姓。

这个"造"，如今归入"辵"或"辶"部。

13. 做工、做活、做一番事业——释"做"

做　　做

楷书　　小篆

"做"，是个会意字。如上方篆文所示：篆文"做"是左右结构。其左边为单立人，他的右半边为故，表示前人所做的事，会意。"做"是"作"的后起分化俗字。

《正字通·人部》载："做，俗作字。"本义为人从事某种工作或活动。如，做工、做买卖、做个泥瓦匠。如鲁迅先生的《书信集·致陈烟桥》信中说："做一件事，无论大小，倘无恒心，是很不好的。"宋代邵雍《和人留题张相公庵》中说："做了三公更引年，人间福德合居先。"《水浒全传》第二十四回中说："我且不做买卖，和你一同回家去。"吴敬梓《儒林外史》第一回："只靠着我替人家做些针指生活寻来的钱，如何供得你读书。"周密《乾淳岁时记》中说："冬至三日之内，店肆皆罢市，垂帘饮博，谓之做节。"以上诸句中的"做"，均有做事、做工之意。又有做事、做活、做试验、做一番事业。

"做"，又有担任、充当义。施耐庵《水浒传》第六回中说："洒家不管菜园，俺只要做都寺、监寺。"《儒林外史》第十三回中说："马二先生做东，大盘大碗请差人吃着。"元代张国宾《薛仁贵荣归故里·楔子》中说："只守着这茅檐草舍，做个庄家。"以上三句话中的"做"，都作"充当"或"担任"义讲。还有，做个中国人，做个好人，做个忠诚老实人，做个代表，做个工人，做个农民，做个教师，做个科学研究的带头人。

"做"还表示制造、制作、写作。如《红楼梦》第十七回中写道："此处都好，只是还少一个酒幌，明日竟做一个来。"又如做衣服、做鞋子、做饭、做桌子、做凳子、做文章等。

"做"，又表示结成、形成某种关系。如：做邻居，做朋友，做亲家，做夫妻，做师徒等。杨万里的《竹枝歌七首（之四）》中写道："积雪初融做晚晴，黄昏恬静到三更。"《京本通俗小说·冯玉梅团圆》中说："又过数日，妇人脚不痛了，徐信和他做一对夫妻上路。"以上两处中的"做"都当"形成"或"结成"讲。

"做"又表示举办、举行。如做生日、做寿。清代洪昇的《长生殿·骂贼》中说："今日聚集百官，在凝碧池上做个太平筵宴。"《红楼梦》第二十九回中写道："前日四月二十六日，我这里做遮天大王的圣诞。"还有小题大做、做满月、做礼拜、做寿等词。

"做"，捉弄，使人进圈套、上当吃亏。如辛弃疾的《鹧鸪天·三山道中》吟道："闲愁做弄天来大，白发栽埋日许多。"《官场现形记》中也说："难道他们竟其串通一气来做我们的？"以上两句话中的"做"都作"捉弄"或让人上当吃亏之意。

"做"字是个后起字，在南宋时才渐于流行。现在习惯用法用于动词。这个"做"，如今归于"亻"部。

第三篇

汉字与学习

1. 学而时习之——释"学"

学　　𦥳　　𦥼　　𦥏　　學

楷书　　甲骨文　　金文　　篆文　　繁体

这个"学（xué）"是简化字写法，它的繁体写做"學"。是个会意字。如上方古文字所示：甲骨文"学"的形体，上半部分是两只手，两手中间部分是"爻"字，表示古时计数用的小木棍。两形会意，表示教别人算数。金文"学"字的形体起了点变化，中部增加了宀，以表示房子，且又在里面增添了表示孩子的"子"，说明这是少儿接受教育的场所。篆文"学"承接金文而来。隶变后楷书写作"學"，汉字简化后写作"学"。

"学"的本义是学习，也就是通过学习获得某种知识或技能。历代先贤都崇尚、重视学习。我们的孔老夫子就特别爱讲学习的事儿，《论语·学而篇》开头就是：子曰：学而时习之，不亦说乎？且把学习当作令人愉快的事。他主张在教育思想上注重"学"与"思"相结合。如："学，然后知不足""学而不思则罔，思而不学则殆""博学而笃志，切问而近思，人在其中矣""博学之，审问之，慎思之，明辨之，笃行之"，等等。

有个成语叫"邯郸学步"，说的是战国时代，燕国寿陵那个城市有个少年，听说赵国人走路的姿态优美，他十分想学，于是他就到赵国的都城邯郸学习。学了好长时间，不但没有学会，反而连本国走路的方法都忘得一干二净。最后他不得不自己爬着回到燕国。有关学的词语还有"学海无涯""学无止境""学以致用""学然后知不足"。

从"学习"可引申为"学问"。如《韩非子·外储说》载："其身甚修，其学甚博，君何不举之？"此话中的"其学甚博"，是说他的学问很渊博。《荀子·劝学》载："君子博学而日参省乎己。"范晔《后汉书·张衡传》载："因入京师，观太学。"

成语"学富五车"，语出《庄子·天下》里载："惠施多方，其书五车。"意为读的书多，学问很高。

这个"学"，现在归入"子"部。

2. 学习，练习，反复演习——释"习"

习　习　習　習

楷书　甲骨文　小篆　繁体楷书

"习"字繁体写作"習"，汉字简化后只取了半个羽为"习"。"習"由十一画简为三画，书写起来十分方便。

其甲骨文字形的上半部是两根"羽毛"，借指小鸟的两个翅膀，其下半部是个"日"字，也就是太阳，表示小鸟在日光下扇动、拍打着翅膀练习飞翔本领。可见"習"是个会意字。小篆"習"字也是上下结构，其上部仍是"羽"，只是将下部的"日"误变为"白"了。许慎在《说文解字·羽部》对习的解释说："習，数飞也。从羽，从白。"许慎说的"数飞"，是指小鸟一次又一次、反复多次试飞的意思。许慎还指出，習，"从羽，从白"，说明"習"是由"羽"和"白"来会意的。古文字学家郭沫若先生在《卜辞通纂考释》里说："此字（甲骨文）分明从羽，从日，盖谓禽鸟于晴日学飞。许之误在讹日为白，而云白声。"可以看出，郭沫若和许慎对"习"字的会意对象说法不同，但含义都是一样的。因为小鸟只有在晴朗的白天才有可能练习飞翔。所以"习"的本义指小鸟练习飞翔。

"习"，小鸟飞翔练习的本义，在古代典籍里也是可以找到答案的。如戴圣《礼记·月令》里就有"季夏之月，鹰乃学习"之语。这里的"学习"不可理解为"老鹰也学习"，而是小鹰在夏末多次练习飞翔的意思。由小鸟练习飞翔的动作，包含反复多次的意思，于是可引申出"温习""复习""演习""补习""实习"的意思来。如，《论语》开宗明义第一句就是"子曰：'学而时习之，不亦说乎？'"这就是说：学知识、练本领是要及时地、时常地、反复地温习、演习它，不也是一件快乐的事情吗？句中的"习"字就是当温习、复习、练习讲。《史记·孔子世家》里记述了这样一个故事：孔子和他的弟子到宋国去，他的弟子在大树下习礼。"礼"为什么要用"习"呢？因为那时繁文缛节，礼数很多，若不反复练习，礼数不到就有失礼的可能。

　　小鸟练习飞翔，有一个由不会到会从生疏到熟悉的过程，所以"习"又可引申为通晓、熟悉的意思。《战国策·齐策》里说："谁习计会，能为文收债于薛者乎？"此话意为：有谁熟悉、擅长会计业务，能够帮我田文到薛城去收账吗？东汉文学家蔡邕《袁满来碑铭》中有："明习易学。"这里的"易"是指《易经》，"习"就是熟悉的意思。

　　由多次练习，又可引申用作副词，相当于经常、常常，《汉书·董仲舒传》中说："习闻其号"，就是经常听到他大声哭号。黄宗羲《柳敬亭传》中说："习见习闻"，是常常见到、常常听到之义。

　　"习"从熟悉又可引申出"习惯""习惯于"之义。司马光在《资治通鉴·汉献帝建安十三年》里说："驱中国（指中原）士众，远涉江湖之间，不习水土，必生疾病。"其中的"习"就是"习惯"的意思。"习以为常"说的是经常、长期这样做，已成为惯例常规。"习以成俗"，指长期沿用，因而成了习俗，含有"习惯成自然"的意思。《尚书·太甲上》中说："兹乃不义，习与性成。"这里是说长期的习惯会形成某种性格。"习非成是"，语出《法言·学行》："一哄之市，必立之平；一卷之书，必立之师。习乎习，以习非之胜是，况习是之胜非乎？"指习惯于某些错误的东西反认为它是正确的。习惯有好也有坏，但词语贬义较多，如习气、习染、习陋和积习难改等。"习",又用作姓。

这个"习",如今习归入"乛"部。

3. 教师，拜师，师道尊严——释"师"

师 ß 𠂤 𨸏 師

楷书　　甲骨文　　金文　　小篆　　繁体

这个"师"是简体字写法，它的繁体写作"師"，是个会意字。"師"的右边是帀(是包围的意思)，左半部是𠂤(小土山)，用四下里都是小土山，表示众多的人或物集聚在一起之意。"師"是个从帀，从𠂤的会意字。隶变后楷书写做"師"，汉字简化后写做"师。"

师的本义是古代军队编制的一级。《说文解字·帀部》称："师，二千五百人为师。"《周礼·地官·小司徒》称："五卒为旅，五旅为师。"这里的"师"是部队编制的单位。《诗经·小雅·黍苗》称："我徒我御，我师我旅。"这里的"师和旅"都是泛指军队。此话意为：无论是步行还是驾车，我们的部队也都是成师成旅。《左传·庄公十年》称："十年春，齐师伐我。"《史记·屈原贾生列传》称："怀王怒，大兴师伐秦。"这里的"师"均作"军队"讲。"师"也可用作动词，表示出兵之意，如《礼记》中有"师必有名"，就是说出兵要有正当理由。在现代汉语中，"师"仍然用于军队的编制单位。

清代学者段玉裁对"师"的解释是"众也"，就是众人的意思。成语"兴师动众"里的"师"和"众"同义，形容发动了很多人。

在现代汉语中，"师"是隶属于军的单位，下辖若干旅和团。"师"又有水师、挥师、师旅等词。

军队中有首领、有指挥训练的教官，由此可引申出老师之义，如，

《论语》中就有"三人行必有我师焉"。这个"师"说的就是老师。"师"字最常见最常用的是"老师""教师""讲师""师长",还有"师父""拜师""师徒"等。孔子在《论语》为政篇中说:"温故而知新,可以为师矣。"此话说的是:温习旧的知识,而能在其中获得新的体会,这样的人可以做老师。后人尊崇孔子为"万世师表"。韩愈《师说》载:"古之学者必有师。"汉代文学家许慎在他的《说文解字》一书中是这样说的:"师教人以道者之称也"。唐代韩愈在《师说》一书中提出:"师者,所以传道授业解惑也。"就是说,老师,是传授道理、教授学业、解释疑难问题的。这是给"老师"一词下得极为精辟的定义。

"师",也表示对僧、尼、道士的尊称,如法师、禅师、师太、师丈、师姑。唐代孟浩然《秦中感秋寄远上人》载:"北土非吾愿,东林怀我师。"《资治通鉴·后唐庄宗同光二年》载:"以是宝货山积,惟用写佛经,施尼师而已。"宋代·陆游《老学庵笔记》卷九载:"问驭卒此何处?答曰:'师塔也。'"对传授专门知识和技艺的人也称为"师",如乐师、画师、律师、厨师等。

此外,还有"导师""宗师""大师"等,都是指在思想、学术、艺术等领域中有很高造诣,有威望,可奉为楷模的人物。"师表",表率也,学习的榜样。如,为人师表。《史记·太史公自序》载:"国有贤相良将,民之师表也。"这个"师",又用作姓。

这个"师",如今归入"巾"部。

4. 学徒,门徒,师徒——释"徒"

徒　　徒　　辻
楷书　　金文　　小篆

"徒",是个会意字。如上方图形古文字所示:甲骨文和金文"徒"

的形体相同，其左边是"彳"，其形像道路；右半边上部和下部是两只脚，会两只脚在道路上行走之意，从彳，从步会意字。小篆整齐化。隶变后楷书写作"徒"。

"徒"的本义是"步行"，动词。《周易·贲》载："舍车而徒。"句中的"徒"即作步行讲，整句话的意思是说：舍弃马车而徒步行走。《文选·王粲〈从军诗〉》载："徒行兼乘还。"刘良注："徒，步；乘，骑也。"《韩非子·外储说左下》载："斑白者多以徒行。"此句话意思是，头发斑白的老年人多半靠自己徒步行走。

"徒"还特指步兵、兵卒。《左传·隐公九年》载："彼徒我车，惧其侵轶我也。"杜预注："徒，步兵也。"《礼记·祭义》载："五十不为甸徒。"孔颖达疏："徒，谓步卒。"《国语·晋语八》载："后子谓其徒曰：'赵孟将死矣！'"句中的"徒"意思为"随从、跟从"，整句话意思是说，后子对他的随从说，赵孟快死了。《诗经·閟宫》载："公徒三万。"意为：鲁公步兵卒三万人。

由"随从、跟从的人"，可引申为同一类或同一派别的人，如，徒党《字汇·彳部》载："徒，徒党。"《左传·襄公三十年》载："岂为我徒。"杜预注："徒党也。言不以骊、良为党。"《孟子·梁惠王上》载："仲尼之徒，无道桓文之事者。"《吕氏春秋·报更》载："与天下之贤者为徒，此义王之所以王也。"韩愈《师说》称："郯子之徒，其贤不及孔子。"句中的"之徒"意为"这一类人"。现指"同一类或同一派的人"。如信徒、教徒、匪徒、不法之徒。

由"徒党"可引申指"门徒""徒弟""弟子"。《论语·微子》称："是鲁孔丘之徒与？"句中的"徒"，说的是"门徒"，整句话意为：是鲁国孔丘的门徒吗？《吕氏春秋·诬徒》称："善教者则不然，视徒如己。"高诱注："徒，谓弟子也。"

"徒"在古代还指因罪需服劳役的人。《史记·高祖本纪》载："高祖以亭长为县送徒骊山，徒多道亡。"句中的"徒"，即为"刑徒之人"。

"徒"也可引申为空、光。《广韶·模韵》载："徒，空也。"宋代叶适《安集两淮申省状》载："夫徒手搏虎以幸其毙，一夫之勇也。"句中的"徒手"就是说"空手"。又有成语"徒有虚名""徒劳无益"等。

词意虚化引申作副词。相当于仅仅、只、白白地、无益地。如，不徒无益，反而有害。《史记·廉颇蔺相如列传》载："而蔺相如徒以口舌为劳，而位居我上。"又有"家徒四壁""徒托空言"。《韩非子·内储说上》载："因载而往，徒献之。"《史记·廉颇蔺相如列传》载："欲与秦，秦城恐不可得，徒见欺。""徒"，又用作姓。

这个"徒"，如今归入"彳"部。

5. 发问，询问，不耻下问——释"问"

问　問　問　問　問
楷书　甲骨文　金文　小篆　繁体

毛泽东同志的《沁园春·长沙》词云："问苍茫大地，谁主沉浮？"如上图所示，我们可以看出，这个"问"字从殷商时代的甲骨文，直到现在的楷书乃至简化后的问字，全是由"门"和"口"两字组成。因此，我们对这个"问"字，可以理解为是外边的人敲门询问屋里是否有人，也可以理解为屋子里的人询问来者是谁。这个"问"字，是个以"门"和"口"表意，"门"也兼表声的会意兼形声字。

《说文解字》里把"问"解释为"讯也"。贺知章的《回乡偶书》中称："儿童相见不相识，笑问客从何处来。"句中的"问"是询问之意。陶潜的《桃花源记》中也说："问今是何世，乃不知有汉，无论魏晋。"句中的"问"也为询问。这话的意思是：询问如今是什么朝代，竟不知道有汉朝，更不用说魏、晋了。有个成语叫"不耻下问"，就是向地位、学识比自己差的人请教，不认为丢脸。现在用来形容虚心求教的作风。

"不耻下问",语出《论语·公冶长》中："敏而好学,不耻下问。"

由"询问"又可引申为慰问、问候。《论语·雍也》载："伯牛有疾,子问之。"句中的"问"就是问候之意。《后汉书·清河孝王庆传》载："庆多被病,或时不安,帝朝夕问讯,进膳药。"句中的"问"是问候的意思,这句话的意思是:清河孝王刘庆经常生病,有时焦躁不安,汉和帝早晚派人探视,送饭送药。也还有问安、问好、问寒问暖等词。

"问"也可引申为责问、追究。《左传·僖公四年》载:"昭王南征而不复,寡人是问。"柳宗元《童区寄传》载:"汉官因以为己利,苟得僮,恣所为不问。"又引申为审问、审讯。《诗经·鲁颂·泮水》载:"淑问如皋陶,在泮献囚。"句中的"问"是审问的意思,整句话意为:那些贤良如皋陶的文臣们,筹备献俘大典聚在泮水旁。

由"审问"还可引申为判决,动词。《红楼梦》第一百零三回载:"后来听见你兄弟问了死罪。"句中"问"为"判决"意。

人们把有学识的人称为有"学问"。宋代汪洙《神童诗》说:"学问勤中得,萤窗万卷书。"知识的获得就得勤于学,学识的获得也要勤于请教别人。勤学还得勤问,勤问还得勤学。不断地学,不断地问,方能成为学问家。

"问"又可虚化作介词,相当于"向"。如宋代郑少微《鹧鸪天·谁折南枝傍小丛》载:"有花无叶真潇洒,不问胭脂借淡红。"《文明小史》第十二回载:"同太太商量,要问他借八只衣箱,前去质当。"马致远《汉宫秋》第一折中说:"不想使臣毛延寿,问妾身索要金银。"以上三句话中的"问"都作"向"讲。"问",用作姓。

这个"问",如今归入"门"部。

6.学而不厌，诲人不倦——释"诲"

诲　誨　誨　誨

楷书　　金文　　小篆　　繁体楷书

这个"诲"字是简化字的写法，它的繁体写作"誨"。如上方古文字所示：金文"诲"的字形，是左右结构。左边是言，右边为每，是个从言，每声，每也兼表母之意，是个形声兼会意字。篆文整齐化。隶变后楷书繁体写作"誨"，如今简化写作"诲"。

《说文解字·言部》对"诲"的解释是："诲，晓教也。从言，每声。"说的是，诲，明白的教导，劝说。从言，每声。

"诲"，本义为教导、劝说、教诲，动词。《诗经·大雅·抑》中说："诲尔谆谆，听我藐藐。"句中的"诲"是教导意，整句话说的是：我是谆谆教导你，你却听不进去。白居易《读张籍古乐府》诗载："读君《董公诗》，可诲贪暴臣。"《论语·述而》中有"学而不厌，诲人不倦"。句中的"诲"为教诲之意，这句话的意思是，努力学习而不觉得满足，教诲他人而不觉得疲倦。《孟子·告子上》："使弈秋诲二人弈，其一人专心致志，惟弈秋之为听。"句中的"诲"是教育、教诲之意，此句话意为：让弈秋教两个人学下棋，其中一人一心一意地学，只听弈秋的讲解。

"诲"由教导、训诲，又引申为"劝谏的话"，名词。《尚书·说命》载："朝夕纳诲，以辅台德。"此话意为：早晨晚上的进谏之言，可以帮助我修德。孔传："言当纳谏诲直辞，以辅我德。"明代余继登《典故纪闻》卷一中写道："起居之职，非专事纪录而已，要在输忠纳诲，致主于无过之地，而后为尽职也。"

"诲"有教诲、诱导之义。如《晋书·唐彬传》中说："兼修学校，诲诱无倦。"《魏书》中有："诲诱后进，终日不止。"

"诲"诱使，引诱。《周易·系辞上》载："慢藏诲盗，冶容诲淫。"此话意为：财物随便收藏，等于教唆偷窃；把容貌打扮得妖艳，等于诱使淫乱。《史记·五帝本纪》载："取地之财而节用之，抚教万民而利诲之。"

"诲"通"悔"，悔改。《管子·大匡》载："管子曰：'吾君惕，其智多诲。'"戴望校正引王引之曰："诲与悔同。"有个词叫"懊悔"，这个词语意思是说：做错了事或说错了话，心里自恨不该如此。

这个"诲"字，如今归入"讠"，繁体"誨"归于"言"部。

7. 读书，文书，教科书——释"书"

书	甲骨文	金文	小篆	繁体楷书
楷书				

"书"，它的繁体字写做"書"，本是个会意字。如上方古文字所示：甲骨文"书"的形体，其上部是手执毛笔的形象；下部表示人嘴巴的"口"，整个字形表示以手持笔将口中所言记录下来。金文"书"的形体，上部为"聿（笔）"，下部变成了"者"字。小篆"书"的写法与金文相似，且整齐化。楷书繁体将"者"省写为"曰"，进而写作"書"。

《说文解字·聿部》载："書，箸也。从聿，者声。"意为：书，写在竹帛上。从聿，者声。

"书"的本义即为写、记载，动词。如《史记·孙子吴起列传》载："斫（zhuó）大树白而书之曰：'庞涓死于此树下'。"这句话的大意是：将那大树外皮砍去，在其白处写道：庞涓就要在这棵树下死掉。《礼记·玉藻》载："动则左史书之，言则右史书之。"句中两个"书"字均作书写讲。这一本义在一些词语中仍保留着。如，大书特书、奋笔疾书等。

"书"还引申为文字、字体，名词。《周易·系辞下》载："上古结绳而治，后世圣人易之以书契。"此话意为：上古时用绳子打结记事，后代圣人用文字契据代替结绳记事。"书"又引申为"字体""字形"，名词。如篆书、隶书、楷书、也有行书、草书。又指书法，琴棋书画等。又引申出"六书"，是古代分析文字的理论，归纳出六种造字方法：象形、会意、指事、形声、转注、假借。

"书"又可引申为"书籍"，装订成册的著作。如《史记·孔子世家》载："余读孔氏书，想见其为人。"书有古书、旧书、文书、教科书、工具书等。书籍是古人智慧的结晶，读一本好书，能使人大开眼界。杜甫有诗云："读书破万卷，下笔如有神。"《后汉书·王充传》载："家贫无书，常游洛阳市肆，阅所卖书。"由书籍又可引申为"文件"，名词。《儒林外史》第十九回载："却因讲亲的时节，不曾写个婚书，没有凭据。"现如证书、聘书、申请书、说明书。上古时代的典章制度的文件汇编，称《尚书》。《乐府诗集·木兰诗》载："军书十二卷，卷卷有爷名。"句中的书指军中文件。

"书"，也可引申指书信，名词。《左传·昭公六年》："叔向使诒子产书。"句中的"书"就是说的书信。唐代杜甫的《春望》诗云："烽火连三月，家书抵万金。""家书"就是家信。杜甫在《石壕吏》中还说："一男附书至，二男新战死。"此话意为：有一个儿子托人带信来，信上说，两个儿子最近已经战死了。

书是什么？不同的心理需求，对这个问题有不同的说法。书是什么？书是"良师"。苏联哲学家、历史学家德伯里说："书籍是培育我们的良师，无需鞭笞和棍打。"书是什么？书是乳汁。英国诗人、政论家弥尔顿说："优秀的书籍是抚育杰出人才的珍贵乳汁。它作为人类财富保存下来，并为人类生活的进一步发展服务。"

今"书"的本义仍在使用，如书写、写书、著书、书信、文书等等。"书"，又用作姓。

这个"书"，如今繁体"書"归于"曰"部，简体字"书"归于"乛"部。

8. 毛笔，钢笔，圆珠笔——释"笔"

笔　　从　　耒　　箒　　筆

楷书　　甲骨文　　金文　　小篆　　繁体楷书

这个"筆（bǐ）"字是繁体字，从竹，从聿，是会意字；这个"笔"是汉字简化后的写法，从竹，从毛，这就成了一个新的会意字。

甲骨文"笔"字的字形，其右上侧是一只手，其左边是一支笔的形状，一竖为笔杆，下面的三叉形似笔头。整个字形看上去好像是右手握笔写字的样子，是一个会意字。金文"笔"字与甲骨文"笔"字相似。小篆"笔"字的形体，其上部增加了个竹字头，并在"聿"下增添一横，用以表示笔毛。《说文解字》释为："笔，秦谓之筆，从聿，从竹。"

"筆"字经过隶变后楷书写做"筆"，汉字简化后写做"笔"。这个简体字的"笔"，最早见于北齐的《隽敬碑》和《房周陀墓志》中。北宋韵书《集韵》将此"笔"字正式收入书籍里。如今将这个从竹、从毛的"笔"字作为正体。

过去常说"刀笔吏"。刀为什么与笔发生了关系？因为古代无纸，字都是刻在甲骨上的，后来写在竹简上，写错了的字就用刀刮或削去，再用刀笔重写。这刀的作用如同后来的橡皮。后来有了纸，刀作为文具仅供裁纸来使用了。

那么，"笔"在何时出现的？有关"笔"的历史我国素有"恬笔""伦纸"之说。所谓"伦纸"，说的是蔡伦发明了纸，所谓"恬笔"，即秦代大将蒙恬发明了毛笔。其实，这种说法并不十分准确。据学者们考古发现，仰韶出土的一些彩陶上的纹饰，就是使用毛笔写画的。还有的学者发现，甲骨片上留有朱笔或墨笔写下未刻的墨笔字，其笔画起讫十分清楚。因此可以确定殷商时代写字除了使用刀笔外，确实使用过毛笔。对于这个发现，董作宾给予了很高的评价。董作宾说："工具中最重要的发现是毛笔所写字迹的发现。"这说明发明毛笔已是三千五百年前的事了。秦代蒙恬用兔毛制成的这种毛笔，准确地说是对古代毛笔做了重大改进，把毛笔制作得更精良了，也只能说蒙恬是兔毫毛笔的发明者。

"笔"的本义为书写工具。如杜甫的"读书破万卷，下笔如有神"的诗句中的笔，指的就是毛笔。司马迁在叙述孔子生平时则说："笔则笔，削则削，子夏之徒不能赞一辞。"这里的"笔则笔"的笔，应为用毛笔书写、记载之意。"削则削"即为删则删，是删去的意思。由此，"笔"又可引申为"文笔"，表示文章的技巧、风格、文采，有个成语叫作"妙笔生花"。宋代诗人范成大在描述自己"老将老矣"时说："笔意不如当日健，鬓边应也雪千茎。"这里的"笔意"，应该指文笔。再有李延寿《南史·王筠传》中说的"习与成性，不觉笔倦。"还有毛笔、铅笔、钢笔、圆珠笔等。

文人以文字工作为生计，等于以笔代耕，因此又叫作"笔耕"。《后汉书·班超传》中有这样一个故事：东汉有个名叫班超的人，家贫，少有大志，常到官府干些替官家抄写文书的事，以此生计养家，很是辛苦。一天，他扔笔叹道："大丈夫安能久事笔耕乎！"此后，他弃笔从军，随大将窦固出征，打得匈奴大败，初露头角，立下大功。这也是"投笔从戎"典故的出处。

"笔"字，可以组成很多的词，如写文章就有执笔、润笔、下笔、落笔、着笔、练笔、代笔、搁笔等；写文章又可以称为笔耕；写的文章有随笔、漫笔。"笔"还可用于修饰词，比如笔式、笔记、笔录、笔法、笔迹等。

这个"笔"，如今归入"竹"部。

9. 墨迹，墨宝，胸无点墨——释"墨"

墨　墨　墨

楷书　　小篆　　古玺文

"墨（mò）"，是个会意兼形声字。如上方古文字所示：古玺文"墨"的形体。上古时就有墨。汉朝以后多用松烟、石炭诸原料做墨，故此"墨"字由"黑"和"土"两个字符组成，小篆"墨"字也是上下结构，与古玺文大同。隶书、楷书写做"墨"。

《说文解字·土部》对墨字解释说："墨，书墨也。从黑从土，黑亦声。"张舜徽《约注》中告诉我们："黑与墨实为一语，喉音为黑，唇音为墨，墨有黑义，墨也有徽义。""墨"，本义为古代书写、绘画用的黑色颜料。李学勤先生告诉我们："考古上墨的实物有战国末的。"实际先秦以前用石墨，汉代以后改用松烟、桐煤或油烟制成黑色颜料用来书写、绘画。也可用松烟等材料制成墨锭，研成墨汁进行书写、绘画。

制墨有一个不断发展的过程，后来徽墨独树一帜且独负盛名。徽墨书写时不胶不渗，且润泽有光，经久不变颜色。要选择好墨，有人介绍说："质取其轻，烟取其清，嗅之无香，研之无声，其坚如玉……"如此乃是佳品。

《庄子·田子方》中说："舐笔和墨。""舐"为何义，"舐"为"捵"义，就是蘸墨之后，斜着笔在砚台上理顺笔毛叫"捵笔"；句中的"和墨"的"和"为"研、磨"义。整句话的意思是"捵笔研墨。"相关词有蓝黑墨水、纯蓝墨水、碳素墨水，还有印刷用的颜料油墨等。

"墨"为黑色，所以又可以引申为"黑"。《广雅·释器》说："墨，黑也。"杜甫《茅屋为秋风所破歌》载："俄倾风定云墨色，秋天漠漠向昏黑。"句中的"云墨色"就是黑色的云，整句话意为：一会儿风停了，天空的乌云黑得像墨，秋天的天色灰蒙蒙的，渐渐地黑了下来。魏学洢《核舟记》载："细若蚊足，钩画了了，其色墨。"句中的"墨"当"黑"讲。唐代裴说《怀素台歌》载"枯树槎。乌梢蛇，墨老鸦。"句中的"墨"即为黑，是黑色的乌鸦。鲁迅《无题》诗吟道："万家墨面没蒿莱，敢有歌吟动地哀。"句中的"墨面"是黑色面孔，这里指穷苦百姓饥饿黑瘦的脸色。又如"墨玉"，是黑色的玉，"墨菊"是黑色的菊花，"墨镜"是黑色镜片的眼镜。

"墨"和"墨汁"都是黑色的。木匠用来打线的工具叫"墨斗"，从墨斗中拉出来的浸有墨的线叫"墨线"，又叫"墨绳"，是木匠用来校正曲直的墨斗线。《荀子·礼论》载："故绳墨诚陈矣，则不可欺以曲直。"由此，凡能容纳黑色液体的物体，也可以墨命名。如大的砚台叫"墨海"。小点的砚台叫"墨池"。使用小的盒子放些丝绵，倒些墨汁，供毛笔蘸墨使用，此工具叫作"墨盒"。

"墨"，古代五刑之一，即"墨刑"。即在受处罚的人脸上刺字，再涂上墨。以此作为惩罚的标记。"墨刑"亦称"黥刑"。

《左传·昭公十四年》载："贪以败官为墨。"古代的贪官污吏，也叫作"墨官墨吏"。当然不是指这些老爷们的面孔长得不够白，而是指他们捞钱、干伤天害理的事情心黑。

"墨"，又用作姓氏。墨子姓墨名翟，是春秋战国之间的思想家、政治家，墨家的创始人。主张"兼爱""非攻""尚贤""节用"等。墨子学说在当时影响很大，与儒家并称"显学"。

"墨"通"默"。《史记·屈原传》中有"幽墨"一词。其实"幽墨"实为"幽默"。

这个"墨"，如今墨归入"土"部。

10. 思考、思绪、深思熟虑——释"思"

楷书　　　金文　　　小篆

甲骨文里没有找到"思"字，直到周代才出现金文"思"，是个会意兼形声字。如上方古文字所示：金文"思"字是上下结构的合体字。它的下部是从心，上部从囟（人脑袋的囟门），代表用头脑思考，囟也兼表声。小篆"思"字与金文大致相同，且整齐化了。经隶变楷化后写作"思"，囟误变为"田"了。如此看来，"思"的来源和意义与田没有任何关系和联系。

《说文解字》对思的解说："思，容也。从心，囟声。"

"思"，想、思考是思的本义。如寻思、深思熟虑、思前想后、百思不得其解。这些词中的"思"字，使用的都是"思"的本义。《论语·为政》中有这样一句名言："学而不思则罔，思而不学则殆。"句中的两个"思"字都解释为思考。这句话是说，只学习而不加思考就会迷惑不解，反过来，只冥思苦想而不认真学习也会精神倦怠。《孟子·劝学》篇中也说："吾尝终日而思矣，不如须臾之所学也。"苏轼《送安惇秀才失解西归》诗吟道："旧书不厌百回读，熟读深思子自知。"以上三句话告诉我们，学习与思考的辩证关系，学与思是不可偏颇。

"思"，在《论语》中有孔子这样一段话，讲的全是"思"字。子曰："君有九思，视思明，听思聪，色思温，貌思恭，言思忠，事思敬，疑思问，忿思难，见得思义。"这段话是告诉人们：有君子之道德的人，做人处事有九个方面必须注意，即看要明察，听要细心，面色要柔和、温和，态度要谦恭，说话要信实，办事敬重而大方，有疑惑需问明，愤怒时要想到有隐患，遇到利益要讲道义。

"思"的另一个意义是思慕、思念、想念、怀念、相思。《广韵·之韵》里说："思，思念也。"晋代诗人陶渊明的《归园田居》诗中有："羁鸟恋旧林，池鱼思故渊。"诗句中的"思"字释为思旧、思念。唐代大诗人李白《静夜思》中唱道："举头望明月，低头思故乡。"王维《九月九日忆山东兄弟》载："每逢佳节倍思亲。"《诗经·周南·关雎》载："求之不得，寤寐思服。"句中的"思"作思念讲，整句话说的是，追求却得不到，日日夜夜都想念。宋词中有这样一首词："我住长江头，君住长江尾。日日思君不见君，共饮长江水。""思"，又用作姓。

这个"思"，如今归入"心"部。

11. 智慧，智谋，足智多谋——释"智"

智	矢口	督	簪	智
楷书	甲骨文	金文	小篆	隶书

这个"智"是会意字。如上方图形古文字所示。智和知同源。甲骨文"智"的构形，由左中右三部分组成。其中间从"口"，左边从"于"，"右"边从矢，用开口吐词如箭矢表示言词敏捷之意。清代段玉裁称："识敏，故出于口者疾如矢也。"金文"智"的构形起了变化，两边的"于"和"矢"互换了位置，且在下部另添个"曰"旁，以突出言词之意。篆文分为简繁二体。小篆"智"将下部的"曰"讹变成"白"。隶变后楷书写作"智"。

在古代"知"与"智"二字通用，后来表义有了分工。当读去声时，意为智慧、聪明。当读阴平声时，意为知识、知道、晓得。《广韵》载："智，知也。"说的是：智字就是知字。《释名·释言语》说："智，知也，无所不知也。"

"智"的本义是聪明，颖慧，形容词。《韩非子·智子疑邻》载："其家甚智其子，而疑邻人之父。"此话中的"智"意为聪明。《孟子·公孙丑上》载："是非之心，智之端也。"句中的"智之端也"，其意是聪明的开端。《墨子·公输》载："荆国有余于地而不足于民，杀所不足而争所有余，不可谓智。"句中的"智"意为聪明。那么，"智"从哪里来？《中庸》告诉我们："好学近乎知，力行近乎仁，知耻近乎勇。"好学能增长智慧，好学之人能将圣贤的教诲、学识和前人经验转归己有。常言道"吃一堑，长一智"，受一次挫折，得一次教训，长一分才智。学习不仅仅在书本里，亦在日常生活中。

　　"智"也可指聪明、有智慧、有才能的人，名词。《战国策·燕策三》中说："仁不轻绝，智不轻怨。"句中的"智"指聪明的人，此话意为：仁义的人不轻易断绝交情，聪明的人不轻易产生怨恨。《孟子·公孙丑下》中说："王自以为与周公孰仁且智？"句中的"智"作"聪明"讲，整句话意为：大王你看，你与周公比较，谁的德行高尚而且又聪颖过人呢？王安石《上仁宗皇帝言事书》中说："而虽有贤智，往往困于无助，不得形其意也。"句中的"智"即为"智慧的人"。这句话意为：而即使有贤德智慧的人，却往往因缺乏人支持，不能实行自己的主张。

　　"智"又可引申为智谋、谋略，名词。《史记·项羽本纪》中说："汉王笑谢曰：吾宁斗智，不能斗力。"句中的"智"解为"智谋"。整句话意为：汉王笑而推辞说：我这个人，宁肯比智谋，不能比气力。组成这个意义的词语很多，如，说一个人善于谋划，即可用"足智多谋"；讲一个人既勇敢，又有韬略，可用"大智大勇"或"智勇双全"。"智"，又用作姓。

　　如今智归于"日"部。

12. 觉悟，醒悟，恍然大悟——释"悟"

悟　悟

楷书　　小篆

古代"悟"字，是个形声字。如上方篆文字所示：小篆的"悟"字的字形，是个左右结构的形声字。它的左半边有个"心"字，用以表示形符，表示与心理活动有关；右半边是个"吾"字，是表示读音的声符，指心中明白、了解，是个左右结构的形声字。隶变后楷书写作"悟"。《说文解字》对"悟"字的解释是："悟，觉也。从心，吾声。"就是说"悟"的本义为觉醒。

"悟"的本义是觉醒、醒悟。"悟"，是人的一种认识过程，也就是由迷惑不解到清醒，由模糊到明白、清楚，由错误到正确的认识过程。《世说新语·假谲》文中写道："（江）彪乃诈厌，良久不悟。"句中的"良久不悟"意为好久都没醒来。晋代文学家陶渊明在他的《归去来兮》中写道："悟已往之不谏，知来者之可追。"句中的"悟"就是"觉悟、醒悟"的意思。整句话意为：觉悟到过去的错误已不能改正，但现在辞官归田还不算晚。《荀子·成相》载："不觉悟，不知苦，迷惑失指易上下。"句中的"不觉悟"当作执迷不悟讲，整句话意谓：若再不醒悟，还不知道这样做的害处，就会迷失方向而上下颠倒。贾谊的《过秦论》中还说："三主惑而终身不悟，亡，不亦宜乎？"句中的"不悟"，指不觉悟、不醒悟。

"悟"，也可引申指明白、理解。如白居易的《同微之赠别郭虚舟炼诗五十韵》中说："我读随日悟，心中了无疑。"句中的"悟"说的就是"明白、理解"之意思，整句话的意思是说，我一边读一边就能理解、明白，心中没有疑问。杜甫的《自京赴奉先县咏怀五百字》中写道："以兹悟生理，独耻事干谒。"句中的"悟"，就有"明白、理解"的意思。王安石《寄无为军张居士》中说："此理世间多未悟，因君往往叹西风。"

由悟字组的词和成语虽说不多，但也有几个，如"悟性"，就是指人对事物的分析和理解的能力。又如"觉悟"，表示一种认识的过程，意思是，由迷惑而到明白，由模糊而到认识清楚。可以说，有政治觉悟、阶级觉悟、思想觉悟。"醒悟"，是说由不觉悟到觉悟。"领悟"表示一种思维方式，就是领会、理解。如："我说的那些话，他好像还没有领悟过来"。"顿悟"，佛教指顿然破除妄念，而刹那间领悟真谛；也指忽然领悟、忽然醒悟、忽然觉悟。还有成语"执迷不悟"，这里的"执"当固执讲，也当迷惑、糊涂讲，是形容坚持错误观念而不觉悟。"恍然大悟"，恍然，就是猛然醒悟的样子。悟，心里明白。就是一下子忽然明白过来。

"悟"如今归入"忄"部。

13. 读书破万卷，下笔如有神——释"读"

读　讀　讀　讀

楷书　小篆　隶书　繁体楷书

"读"是个形声字。请看上方篆文字和楷书"读"的字形和写法。小篆"读"字从言，表示按照文字念。隶变后楷书繁体写作"讀"，如今简化写作"读"。

《说文解字·言部》对"读"的解释说："读，诵书也。从言，卖声。"读的本义为分析理解书中文字的意义。

"读"的本义为诵读，阅读，分析理解读物中文字的意义。如《庄子·天道》中说："桓公读书于堂上。"接下来轮扁问道："公之所读者，何言邪？"又如，《孟子·万章下》中写道："颂其诗，读其书，不知其人，可乎？是以论其世也，是尚友也。"这话告诉我们：吟诵他们的诗篇，研读他们的著作，不了解他们的为人，可以吗？所以要研究他们所处的时代，这就是上溯历史，与古人交朋友。《荀子·劝学》篇中告诉我们："其数则始乎诵经，终乎读礼。"这话是说：学习的方法应当以诵读经文为起始，以研究礼法为目的。《汉书·霍光传》里说："尚书令读奏。"这话讲的意思是：尚书令宣读奏章。"读"还有另一说意思。如，《诗经·鄘风·墙有茨》中说："中冓之言，不可读也。"这话告诉人们：房中的私房话，是不可以乱说、乱传播的。

现如今仍然沿用阅读、诵读义，如"朗读""攻读""宣读""读本""读物""熟读""通读""选读""默读"。还有"读书三到"，朱熹在《训学斋规》中写道："余尝谓读书有三到：谓心到，眼到，口到……三到之中，心到最急。"现如今又引申指上学：如，读大学、读中文专业，家离学校不远，可以走读。

由"读"字组成的成语：如"读书百遍，其义自见"——（见：同"现"，显露）。其意谓：书读得遍数多了，其中的意义就自然会显现出来。现代学者吴晗在《谈读书》中说："'读书百遍，其义自见'这话是有道理的。""读万卷书"形容读书很多，学识渊博。唐代大诗人杜甫在《奉赠韦左丞丈二十二韵》中写道："读书破万卷，下笔如有神。"还有"读万卷书，行万里路"，是形容学问渊博，见识广。这个"读"，也是姓氏字。

"读"如今归入"言、讠"部。

14. 诗经，诗歌，诗情画意——释"诗"

诗　諆　詩　詩

楷书　　小篆　　隶书　　繁体楷书

请看上方篆文字所示：小篆"诗"的形体，左半边是"言"表意，表示诗歌是歌咏或朗诵的韵文；右半边的"寺"表声，寺为古代官府，表示民间的诗可让官府了解到施政得失。诗字是个从言、寺声的形声字。经过隶变和楷化之后，它的楷书繁体写作"詩"，汉字实行简化字后写作"诗"。

《说文·言部》称："诗，志也。从言，寺声。"（诗，是用言语表达心志的一种文学体裁。）

"诗"的本义是诗歌。"诗"是一种有韵律的文学样式，通过锤炼使之有节奏又有韵律，通过此类语言来反映社会生活和个人情感与志向。如《尚书·舜典》中称："诗言志，歌咏言。"《说文解字》也说："诗，志也。"《国语·鲁语》说："诗所以合意，歌所以咏诗也。"以上的诗句与话语意为：诗是用来表达人的情志和愿望的，在心里不说出来是"志"，用语言表达出来就成了诗，唱出来的就成了歌。古代诗歌有多种，诸如"乐府诗""唐诗""抒情诗""叙事诗""散文诗"，还有"四言诗""五言诗""七言诗"等。

"诗"在古书中又特指《诗经》，最早成于春秋时期，收存了从西周到春秋的作品三百零五首，分为《风》《雅》《颂》三部分。《论语·为政》中称："诗三百，一言以蔽之，曰：'思无邪。'"

唐代是诗歌的黄金时代，出现了千古流芳的诗人，如"诗圣"，旧时指造诣很高的诗人。明清文人将杜甫称之为诗圣。叶燮《原诗》称："诗圣推杜甫。"又如"诗仙"，旧指才情高超、气韵飘逸的诗人。牛僧孺《李苏州遗太湖石奇状绝伦因题》诗吟道："诗仙有刘（刘禹锡）白（白居易），为汝数逢迎。""诗仙"还指唐代诗人李白。李白诗风雄奇豪放，贺知章曾称李白为谪仙，故后人称李白为"诗仙"。唐诗数量多，清代编《全唐诗》，搜集唐诗四万八千九百多首，从中辑出的《唐诗三百首》是老少皆喜爱诵读的诗。正所谓"熟读唐诗三百首，不会写诗也会吟"。

"诗"又引申为作诗，赋诗歌颂。动词。如《洛阳伽蓝记》中说："能造者其必诗，敢往者无不赋。"《文选·司马相如封禅文》中说："诗大泽之博，广符瑞之富。"诗中"诗大泽之博"意谓赋诗歌颂天子的大恩泽的广博。晋代陶渊明《归去来兮辞》写道："临清流而赋诗。""诗"，还有个"红叶题诗"的故事呢：唐代范摅《云溪友议》卷十中载：唐代卢渥（一说是于佑、于祐）进京赶考，一天在皇城宫墙外漫步，见御沟中一片红叶随水流出，就随手将红叶捞起。他发现上有这样一首题诗："水流何太急，深宫尽日闲。殷勤谢红叶，好去到人间。"卢渥就将这片红叶藏在书箱里。他时不时地还思慕那位写诗的女子。不几天，卢渥也捡来一片红叶，在红叶叶面上也题了一首诗："曾闻红叶题红怨，叶上题诗寄阿谁。"他将红叶放在御沟上游水流中。后来，皇上放宫女出宫嫁人，有位韩氏女子嫁给了卢渥，二人感情甚好。一天，韩氏无意中在卢渥书箱中发现她的那片题诗的红叶。于是韩氏也取出一片题诗的红叶，墨迹犹在，正是卢渥当年所写。两人相惊叹。后以"红叶题诗"表示闺怨情思，也表示良缘巧合。

"诗"同"邿"。春秋时国名，叫"邿国"，在今山东省济宁市东南部。这个"诗"，又用作姓。

诗字如今归入"言、讠"部。

15. 文雅，文静，文质彬彬——释"文"

| 楷书 | 甲骨文 | 金文 | 小篆 |

"文"是个象形字。请看上方古文字所示：甲骨文"文"的形体像一个正面站立的人的形象。你瞧，其最上部是人的头，左右两臂向外伸展，下部是叉开的双腿，而且胸前还刻刺有美观的花纹，是古代人纹身的写照。金文"文"的形体与甲骨一脉相承。小篆的"文"字将胸前的花纹省去了。经隶变楷化后的"文"字，一点也看不出"人"形了。

"文"的本义是在身上刻画花纹。后来写作"纹"。名词。我国古代南方少数民族就有纹身的风俗。《庄子·逍遥游》称："宋人资章甫而适诸越，越人断发文身，无所用之。"说的是越人把头发剪断，在身上刺花纹。《战国策·齐策》中写道："遣太傅赍黄金千斤，文车二驷，服剑一。"（文：彩色花纹。）这话是说：派出了太傅携带黄金一千斤，绘有彩色花纹的四马拉的车子二辆，佩带的宝剑一把。

文，由花纹之义引申为刺花纹，动词。《礼记·王制》载："东方曰夷，被发文身，有不火食者矣。"（被：披；文：花纹。）此话意谓：东方民族称为夷，披头散发，身上绘着花纹。可见，中国的一些地方在历史上就有过纹身这种习俗。

由刻画花纹引申为文字之义，名词。中国古代的汉字由契刻、图画发展而来，以象形为基础。所以"文"也用来指文字。但"文"与"字"又是不同的。段玉裁在《说文解字注》中指出："独体为文，合体为字"。"文"表示独体象形字，如日、月、马、牛、羊等象形字是不能分割的，称为"文"；而"字"则表示合体的字，如形声字江、河、梅、林等，会意字步、莫等。这些字由两个或两个以上部件组合而成，称之为"字"。

由文字组成的文章也叫"文"，名词。李贽《焚书·童心说道》："诗何必古选，文何必先秦。"文，即文章。如"骈文""散文""论文""记叙文""应用文""文集"等。

由"文"组成的成语和词儿也不少。如："文从字顺"——文章的遣词造句通顺妥帖。唐代韩愈在《南阳樊绍述墓志铭》中写道："文从字顺各识职"。"文质彬彬"——形容人既有文采，又很质朴。后多指人举止文雅，态度从容。《论语·雍也》中说："质胜文则野，文胜质则史，文质彬彬，然后君子。"成语还有"文韬武略""文武之道，一张一弛"等。由"文"组成的词儿很多，如"文字"：记录和传达语言的书写符号，扩大语言在时空上的交际功用的文化工具，对促进人类文明发展起到很大作用。文字有表形文字、表意文字、表音文字，这三种类型标志着文字发展的三个不用阶段。表音文字最便于人们学习和使用。"文坛"即指文学界。李渔在《闲情偶寄》里写道："《汉书》《史记》，千古不磨，尚矣！唐代诗人济济，宋有文士跄跄，宜其鼎足文坛，为三代后之三代也。"还有"文苑""文明""文章""文从字顺""文采"……

又由"文"引申为量词。旧时铜钱圆形，中有方孔，一面铸有文字，故称铜钱一枚为一文。还有一词，即"分文不取"。

用"文"字形容女子娴静而文质彬彬是非常合适的。比如"文雅""文静""文秀"等。"文"，又用作姓。

"文"，可作偏旁，如今仍设有"文"部。

16. 从屋内生子，到记录语言的字——释"字"

字　　字　　字

楷书　　金文　　小篆

　　中国汉字的历史，源远流长。从其萌芽状态说起，如今已有六千多年历史。但，作为汉字的"字"，却是很晚才产生、露面。然，先祖造这个"字"的初衷，也并不是指记录语言文字的"字"。

　　这个"字"，是会意兼形声字。金文"字"的构形，其外部是房屋侧视之形，其内是一个"子"。两部分结合在一起，是屋内有子，会意生养孩子之意，子也兼表声。小篆"字"的构形，由金文演变而来，且线条化、整齐化了。隶变后楷书写作"字"。

　　"字"的本义是生养孩子、乳养幼子。那么，为什么表示屋内"生子"之意为"字"，又怎么转而引申为"文字"的"字"呢？说到这里，我们不得不从古人造字法说起。古人最早造字是"依类象形"，即依照事物形态加以描摹，即为象形字。象形字的笔画结构固定，是不可拆解的，是合体字。这部分象形合体字，古人称作"文"；后来象形独体字多数都成为汉字的偏旁部首，在象形独体字上添加象征性符号，使之派生出很多的"字"。如"子"的上部加添"乃"，就成了孕；"子"下面加添"皿"，成为"孟"；"子"左边加添"女"成了"好"；"子"右边加添"亥"就成为"孩"等等。这种由"文"衍生"字"的过程如同妇女生养孩子一样，繁殖不已。因此，本义为生孩子的"字"便引申出"文字"的意思。大约到了秦汉时期，字义转换了，"字"的基本义才用作"文字"。

　　字——汉字的造字之法主要有四种，即：象形，如"人，木，山，水，日，月，火"；指事，如"上，下，末，本，刃"；会意，如"天，立，并，比，歪，焱，森"；形声，如"骑，驱，河，湖，草，藻"。汉字从甲骨文起，形体在不断演变，经历过金文、大篆、小篆、隶书、楷书、行书等几个阶段，到后来，又有繁体和简体之分。现在通行的简体字，由六种方法简化而来：一是更换偏旁，如禮—礼，筆—笔，難—难；二是删除局部，如號—号，奮—奋，醫—医；三是同音替代，如齣—出，隻—只，醜—丑；四是全体改造，如驚—惊，萬—万，歸—归；五是简化类推，如龍—龙，寵—宠，壟—垄；六是草书楷化，如乐，为，书，当。此外，汉字的读音有阴平、阳平、上声、去声之分。汉字的一词多义问题，常常以读音来区分。生长的长（zhǎng）与长短的长（cháng）如此；银行的行（háng）与行动的行（xíng），以及说话的说（shuō）与游说的说（shuì），好汉、好好先生的好（hǎo）与好胜、好强的好（hào），也如此。

汉字常用词语中就有：常用字、字体、字典、字画；字有"字音"，要吐字清楚、字正腔圆；文字与印刷关系密切：如活字、字模、字库、字号等；文字发展过程中形成多种字体：如篆字、隶字、草字、美术字、楷字等，并且称楷书为"正体字"。中国汉字，是艺术的文字，生态的文字，形象的文字，是唯美的文字。她是人类文明史的巨大财富，也是中华民族的伟大功勋，更是一种卓绝的第五大发明创造。

"字"也指人的称呼。古代人有"姓"有"名"还有"字"。《礼记》里说："幼名，冠字。"也就是幼小时由父母起的叫小名，到成年起的叫"字"。《礼记》中又说："男子二十，冠而字。"这就是说，男孩子到了二十岁已经长大成人，可以走向社会，将要为人之父，便束发加冠，举行"冠礼"，这时就要另起一个别名叫"字"。如：孔子，名丘，字仲尼；屈原，名平，字原；关公，名羽，字云长；白居易，字乐天，号香山居士；王安石，字介甫，号半山；陆游，字务观，号放翁；曹雪芹，名霑，字梦阮。

古代人的"名"和"字"在意义上多有联系且相近、相关。如孔子的学生冉耕，他的名叫"耕"，字叫"伯牛"，"耕田"与"用牛"当然关系密切；诸葛亮，其姓诸葛，名亮，字孔明，"明"与"亮"关系相连。

毛泽东，名"泽东"，意思是恩泽东方，字"润之"，"润"就有"泽"的意思。由此可以说，人的别名"字"是在"名"的含义基础上派生出来的。

在古代，对人是称"名"还是称"字"是有一定规矩和讲究的。地位高的人对地位低的人称"名"，对地位高的人或者是平辈要称"字"，若是直呼其名，那是对人的不敬、不友好、不尊重的表现。平民百姓只有"名"而没有"字"；如今现代人大多有"名"无"字"，所以都是直乎其姓，老张、老李，或直呼其姓名。

"字"是受人尊重敬佩的。成语里有"一字师"之说。唐代和尚齐己，爱写诗。一次他写了一首《早梅》，其中有这样一句："前村深雪里，昨夜数枝开。"为了使自己的诗更准确、更生动，就去请教他的朋友郑谷。郑谷看了后认为："数枝"不足以点明"早"，不如改为"一枝"。齐己敬佩而下拜。时人称郑谷为"一字之师"。宋代罗大经《鹤林玉露》卷十三中载，杨万里谈到晋人干宝，误作"于宝"，有吏在旁说，"乃'干宝'，非'于宝'也。"并检书为证。杨万里大喜，说："汝乃吾一字之师。"字，又用作姓。

这个"字"现今归入"宀"部。

17. 田赋，赋税，赋诗，秋色赋——释"赋"

赋	賦	賦	賦
楷书	金文	小篆	繁体楷书

这个"赋"字，它的金文是上下结构的会意兼形声字。请看上方古文字所示：金文"赋"字，它的上半部是"武"字，"武"在甲骨文中由上"戈"下"止"两个字符组成。止指人的足，戈是古代兵器，合起来为武字，表声，也兼表用武力"强行"征讨收取苛捐杂税之意。下半部

是"贝"字。古时候的人，曾用贝壳作为钱币。因此，在汉字中凡是与钱财、交易有关的字多用"贝"做形旁。小篆"赋"字，承接金文而来，只是将下部的"贝"移到了武的左边，成为左贝、右武的"赋"字了，而且线条化、整齐化了。楷书写作"賦"。如今简化后写作"赋"。

《说文解字》对"赋"字解释说："赋，敛也。"敛，就是收敛赋税。《广雅·释古》中说："赋，税也。"赋的本义指赋税，也就是征收租税的意思。"赋"有多种多样，主要的有田赋、地赋。如《尚书·禹贡》中写道："厥土惟白壤，厥赋惟上上。"（句中的"白壤"，就是盐碱地，农作物产量低。）整句话意谓：低等的盐碱田，要交上等田税。《史记·滑稽列传》中还写道："邺三老、廷掾常岁赋敛百姓，收取其钱得数百万。"（"三老"，即掌管地方教化的乡官；"廷掾"，是县令的属吏；"赋敛"是征收赋税之意。）整句话是说：邺这个地方的三老和衙里的官吏每年要向百姓征收赋税，收取的钱有几百万。柳宗元《捕蛇者说》载："其始，太医以王命聚之，岁赋其二。"这话是说：当初，皇家医生利用皇帝的命令来征集这种毒蛇，每年征收两次，充当他所要交纳的赋税。除此之外，还有兵赋、丁赋和徭役等，民众苦难深重。柳宗元《捕蛇者说》写道："孰知赋敛之毒，有甚是蛇者乎！"对封建社会的横征暴敛刻画得可谓入木三分。

这个赋，又可用作"赋予""给予""授予"之义。诸如，人们常说的"这是历史赋予我的使命"。还可以说："这是时代赋予我们的光荣任务。""赋"又特指人自然生成的资质。《韵会》中称赋为"禀受也"。《辽史》中讲："夫兄弟虽曰同胞，赋性各异。"《旧唐书·僖宗纪》中也说："河中节度使王重荣神资壮烈，天赋机谋。"宋代梅尧臣《乞巧赋》中说："愚愚慧慧，自然之经，赋已定矣。"这就是自然而生的天赋、禀赋。

"赋"，从古代诗歌发展而来。汉代班固在《两都赋·序》中写道："赋者，古诗之流也。"唐代大诗人李白在《大猎赋》中也写道："白以州赋者古诗之流"。可见，都是说，赋是由古代诗歌发展过来的。这种赋，是诗歌的一种铺陈写法。"赋"，又被理解为《诗经》三种表现方法：

曰赋，曰比，曰兴。朱熹说："赋者，敷陈其事而直言之者也""比者，以彼物比此物也""兴者，先言他物以引起所咏之词也"。

"赋"，从文学角度看是指论述或创作。陶潜的《归去来兮辞》中写道："临清流而赋诗。"其赋的意义是说创作优美的诗文。班固在《汉书·文艺志》中说："不歌而诵谓之赋。"也就是不用音乐伴奏歌唱，只用口头诵读叫作赋。可以说，相当于现今的朗诵。之后，赋由最初的口头传播，演变成为一种文学体裁，是韵文和散文的综合体。这种文学体裁始于战国的荀况。他的作品有《礼赋》和《知赋》等。赋的意思是铺，即铺张陈述，多用夸张、排比等手法，词欲壮丽，义归博远。这种文学体裁到了汉魏六朝时期达到鼎盛。汉赋在中国文学史上占有重要地位。现在，也有人将自己的作品冠之以《茶花赋》《秋色赋》。这里的"赋"，已失去了赋体的文章之义了，剩下的只含歌颂与赞美之意哉。"赋"，又可以用作姓。

这个"赋"，如今归入"贝"部。

第四篇

汉字与德性

1. 道德，品德，歌功颂德——释"德"

德　艸　徸　德
楷书　甲骨文　金文　小篆

　　"德"，是个会意字。如上方古文字所示：甲骨文"德"字的形体是由两个字符组成，一个是"彳（音斥）"，它在古文字中是表示行动，与道路，与行走有关；另一个字符是一只正视的大眼睛，之上是一条垂直的线，表示下方的目不斜视看得正、行得直、沿着正确的道路前进。这个"德"是从"彳"、从直的合体会意字。金文"德"的形体，会意字的意更为全面了，其眼下又添加了个意符"心"，这表示要走正道、想正事，更强调了目正、心正才算"德"。小篆字形仍然是会意字，其右部的上方变为"直"，"直心"为"德"。隶变后楷书分别写作"悳""悳"和"德"。现如今规范化，以"德"为正体。

　　《说文解字·心部》称："悳，外得于人，内得于己也。从直，从心。"本义为对人讲理于己无愧，即真诚，表里如一。《说文解字·彳部》又称："德，升也。从彳，悳声。"所释为引申义，本义是行得正、真诚、表里如一。

　　"德"的本义指正直的品质和良好的行为，泛指道德、品行与节操。"道"与"德"两字紧密相连，在儒家看来，"道"是理想的人格或社会的蓝图，"德"则为人的立身之本和行为的准则。德是指人的道德、品德。孔子在《论语·述而》中说："志于道，据于德，依于仁。"这句话是说：立志于"道"，据守着"德"，依据着"仁"。孔子在《论语·为政》里又说："为政以德，譬如北辰，居其所而众星拱之。"说的是为政者运用道德来治理国政，就好像北极星，其他众星都会有序地环绕着它。他在《论语·里仁》中还说："德不孤，必有邻。"这句话告诉人们：有道德的人不会孤单，一定会有志同道合者和他相伴。《荀子·劝学》篇中写道："积善成德"。他在《非十二子》篇中又说："不知则问，不能则学，虽能必让，然后为德。"意为：一个人做到"问""学""让"才能算是有"德"。"德"在古代主要体现在儒家提出的"五常"（仁、义、礼、智、信），上至君王，下到百官，无不提倡德的修养。

这个"德"字，不是一个脱离实际的概念，而它常常体现在对他人的帮助上，德由此引申指恩德、恩惠、情义的意思。如《史记·秦始皇本纪》载："刻石颂秦德。"句中的"德"，为恩德。大意是：用刻石树碑的方式来歌颂秦王朝的恩德。《战国策》载："人有德与我，不可忘也；吾有德于人，不可不忘也。"句中的"德"表示恩惠。此外，"德"还表示信念、意向，如同心同德、离心离德。

这个"德"不是一个脱离实际、虚幻的概念，而是实实在在，常常体现在对他人的帮助上。子女孝顺父母长辈，这就是为人子的德行表现；父母以身作则，爱护教育子女，管理好家庭，这是做父母之德；有一颗善良的心，帮助社会上需要帮助的人，这是人与社会相处的德；朋友之间往来讲究信义，这是朋友之间交往的德。由此可见，德，道德，与我们每一个人都息息相关。儒家提倡的伦理道德，在中国传承了几千年，成为中国伦理文化的核心。"德"，又用作姓。

这个"德"，如今德归入"彳"部。

2. 仁慈，仁厚，仁者爱人——释 "仁"

楷书　　金文　　小篆

　　这个 "仁（rén）" 是会意兼形声字。如上方古文字所示：甲骨文、金文乃至篆文的 "仁"，皆由 "亻（单人傍）" 和 "二" 两字组成。从人，从二，有二人会亲近，有待人之意，也就是对人亲善、同情、友爱，人也兼表声。经隶变后楷书写做 "仁"。

　　《说文解字·人部》对仁的解释是："仁，亲也。从人，从二。" 仁的本义是和善、仁爱。

　　"仁"，在中国古代是一种含义广泛的伦理观念。而且在孔子之前就将尊亲敬长、爱民忠君和仁义美德皆称为仁。孔子的主要贡献在于继承了前人的观念，把已有的伦理道德规范集于一体，明确以 "爱人" 释 "仁"，突出了 "仁" 在所有德中的主导地位，并以 "仁" 为中心，探讨 "仁" 与其他伦理德行的关系。形成了以 "仁" 为核心的伦理思想体系，使 "仁" 发展成为最高的道德标准和道德境界。在孔子看来，只有 "爱人"，才能使 "老者安之，朋友信之，少者怀之"。（《论语·公冶长》）

　　"仁" 是儒家思想的核心，孔子赋予 "仁" 更为丰富的内容，且表现在《论语》之中。那么，究竟什么是 "仁" 呢？我们翻阅了现存的《论语》二十篇，共有 105 个 "仁" 字。在《论语·阳货》篇中，学生子张向孔子询问什么是仁。孔子回答说："能行五者于天下，为仁矣。" 这是说：能够在天下处处实行五种德行就可以说是仁了。" 子张接着又问：请问是哪五种品德？孔子回答曰："恭，宽，信，敏，惠。" 也就是能做到谦恭、宽厚、守信、勤敏、慈惠，就能达到 "仁"。他认为，谦恭，就会得到人们的尊重；宽厚，就能获得众人的拥护；守信，就会得到人们的信任；勤敏，就能取得成功；慈惠，则足以领导别人。他的弟子樊迟也问到仁这个问题，孔老夫子回答了两个字："爱人"。孔子所讲的话，也适用于我们当今社会。为"仁"者要爱人，对于他人要亲善，要有基本的同情心和关爱之情，不自私，不狭隘，如《论语》中讲道："己欲立而立人，己欲达而达人""己所不欲，勿施于人"等。"仁爱"思想教导人们应该相互体谅，相互关爱，不要使自己变成为富不仁、狭隘、自私的人。《论语》又云："孝弟也者，其为仁之本欤。"

在古代春秋战国期间，不仅儒家倡导"仁"，就连其他各家也都提倡"仁"。墨子提倡的"兼爱"（博爱），完善了"仁"的内容。还有儒家第一传人孟子，他在孔子仁学的基础上，进一步形成亲民重民思想，而且提出"仁政"学说，使"仁"的道德含义向政治思想渗透。《孟子·公孙丑下》中说："得道者多助，失道者寡助。寡助之至，亲戚畔之；多助之至，天下顺之。"这句话告诉人们，讲道义者帮助他的人就多，失去道义者帮助他的人就少。帮助他的人少到了极点，就连亲戚都背离了他；帮助他的人多到了极点，天下的人都能顺从他。孟子以此规劝当时统治者要亲民、爱民，只有这样天下才能长治久安。主张以法治国的法家人物韩非子也大力提倡"仁"。他在《解老》篇中说："仁者，谓其心中欣然爱人也。其喜人之有福，而恶人之有祸也。"此句话的意思是说："仁"就是心中很高兴地去爱别人，而且更喜欢别人能幸福，而讨厌别人有祸。

"仁"，是华夏民族倡导的美德，实现"仁"，建立和平、民主、文明、幸福的新世界，是中华民族义不容辞的责任。"仁"，又用作姓。

这个"仁"归入"亻"部。

3. 道义，情义，舍生取义——释"义"

义　　羊　　篆　　義

楷书　　甲骨文　　金文　　小篆

这个"义"是简化字写法，它的繁体写作"義"。那么，"义"字是什么意思？"义"本有正义、道义、情义、意义多种意思。人们把"义"作为道德标准之一，这从其造字中可见一斑。

如上方古文字所示：甲骨文和金文的"義（义）"字，从造字字形看，是上下结构，其上部是个"羊"字，下方是"我"字。由"羊"和"我"组成"義（义）"。古人把"羊"作为吉祥、和善、美好的象征；"我"的字形，有与人为善，一切好事、善事从"我"做起的意思。这个"義（义）"字，从甲骨文到小篆乃至繁体楷书的"義"一脉相承，都是上"羊"下"我"组成一个"義"字。"義"是个形声兼会意字，即从羊从我。简化字的"义"，则是借同音字"乂"上加一点作为简化字"义"，且为正体。

这个"义"字，在中国古代是一个含义广泛的道德范畴，是追求善良、美好、公平、公正和正义。后经儒家的诠释，"义"被用于社会伦理道德之中，为儒家"五常"的"仁、义、礼、智、信"之一。而且"论语"里记载了孔子许多关于"义"的论说，例如，"君子喻于义，小人喻于利。"这是说，君子看重的是道义，小人看重的是利益。这句话比喻君子只做合乎道义的事，而小人做的是眼前的有利益的事。此外，《论语》中还记载了孔子有关"义"的论说，例如："见利思义，见危授命。"还有"其养民也惠，其使民也义"。句中的"义"都表示公理、道义。孔子在《论语·为政》中还谈道："见义不为，无勇也。"就是说见到应该挺身而出的事却袖手旁观，这是没有勇气、没有胆量的表现。古今中外，匡扶正义，对维护社会安定有着十分重要的意义。现如今，我

汉字里的传统文化

们提倡见义勇为，而且要保护、褒奖见义勇为者的义举，不让义举者流血、流泪。路见不平一声吼，这是有正义感的人的真心呼唤。

提到"义"，人们都会联想到，《水浒传》中一百单八将奔上"梁山泊"的"聚义厅"的忠义故事。《三国演义》中的桃园三结义也可谓之典范。故事发生在东汉末年，刘备、关羽、张飞三人意气相投，在张飞庄后的桃园结拜为兄弟，后来齐心协力、共举大业，打下了一片天下，立蜀为国。这是为人们一直传颂的故事。

这个"义"，后来作为人们应该遵循的道义，是指符合正义和道德规范的思想行为。如《中庸》里写道："义者宜也。"宜什么？就是思想行为符合一定的道德准则。《墨子》中说："义者正也。"韩愈的《原道》中也说："行而宜之之谓义。"可见，人们都将事物的正确合宜称为"义"。因此，人们常用"义"称赞高尚的人和事。孔子也说过："见得思义，见利思义""义然后取"。这句话是告诫人们，财物来了，权位来了，那就先问问自己，思量一下可得否？该得否？孔子告诉人们："不义而富且贵，于我如浮云。"这句话是说：干不正当的事获得的富贵，对我来说如同浮云。

中文词汇里有"义气"一词，指私人间之信义，可替朋友两肋插刀，甘于承担风险甚至牺牲自己，可谓"很讲义气"。这个"义"，又用作姓。

这个"义"如今"义"归于"丿"部，繁体"義"归于羊部。

4.忠勇，忠义，精忠报国——释"忠"

楷书　　金文　　小篆

"忠"这个字，未见于甲骨文。金文"忠"字是上下结构。它的下部是"心"，表示尽心尽力；上部是个"中"字，中是在中心，不偏不倚之意，只有心甘情愿且正直无私才能尽心竭力。"忠"，是个从心，从中，中也声的会意兼形声字。篆文承接金文字形。经隶变后将以前图画样的"心"简化作心，楷书写作"忠"。

《说文解字》称："忠，敬也。从心，中声。"段玉裁注："敬者，肃也。未有尽心而不敬也。""忠"的本义是尽心竭力、忠诚无私。

"尽心于人曰忠，不欺于己曰信"，忠是指为人厚道，尽心尽力为人，对人尽到自己的责任。忠诚是做人的根本。《论语·公冶长》中，子张问孔子道："令尹子文三次就任令尹职务，他没有高兴的神色；三次被罢免，没有怨怒的神色。还把自己任令尹的施政之道毫无保留地告诉新到任的令尹。这人怎么样？"子曰："忠矣。"《左传·僖公九年》载："公家之利，知无不为，忠也。"这句话告诉我们，对国家有利的事，人们知道了没有不尽心尽力去做的，这就是忠。《论语·学而》中，曾子说："吾日三省吾身：为人谋而不忠乎？与朋友交而不信乎？传不习乎？"句中的"吾日三省吾身"之言，这是众所周知的修身做人之道，曾子每天都要提醒自己多遍。反省的第一条就是"为人谋而不忠乎？"意思是：为别人谋划要办的事情是否尽心尽力去办了呢？反省的第二条就是"与朋友交而不信乎？"儒家主张人际交往要诚实待人，别人托付的事情就应该尽心尽力忠实地去完成，与朋友交往是否言而有信、诚实相待了呢？

古代人讲忠于君王、忠于朝廷。其实儒家主张君臣关系应该合情合理，臣的忠是有条件的。《论语·八佾》中，子曰："君使臣以礼，臣事君以忠。"君有礼、臣尽忠，这就是君臣大义。但这句话的前提条件，先是君对臣有礼，后才有臣对君的尽"忠"，而不是无条件的服从。

对于这个"忠"字，儒家对其十分重视。孔子教授的弟子有"文、行、忠、信"四个方面的必读课程，即称为"四教"，"忠"就是其中的一门，可见孔子对"忠"的重视，对"忠"的倡导。而且还产生了一些由"忠"字组成的词语，如忠诚、忠厚、忠言、忠告、忠孝、忠顺，还有忠贞、忠义、忠勇、忠良等，以及忠于祖国、忠于人民。这些"忠"，都是忠的本义。不仅如此，还有由"忠"字形成了诸多的成语，如"忠孝节义"，意谓对国家尽忠，对父母尽孝，对夫妻尽节，对朋友尽义。"忠贯白日"，是说忠诚之心可以上通白日，形容无限的忠诚。"忠肝义胆"，指忠心耿耿，仗义行事。"忠诚义士"，说的是忠诚而有节操的臣民。还有一个成语"精忠报国"，那是浸入岳飞肌肤的四个大字，也是深入人心的四个字。"忠"与"奸、邪"相对，是水火冰炭互不相容的。杭州西子湖畔岳飞墓前的照壁上刻的字，让我们知道"精忠报国"的岳武穆公流芳千古，奸佞卖国的秦桧遗臭万年。"忠"，又用作姓。

这个"忠"，如今归入"心"部。

5. 孝道，孝敬，百善孝为先——释"孝"

孝　　　甲　　　孝　　　𡥈

楷书　　甲骨文　　金文　　小篆

这个"孝"字是个会意字。如上方古文字所示：甲骨文"孝"字，其形犹如长着长头发的老人。金文"孝"字是由上下两部分构成，上半部是一个面朝左的、长着长长头发的、佝偻着身体的、老态龙钟的老人；其下半部分是一个孩子的"子"。整个字形看上去像一个老人按扶着小孩的头，像小孩用头支撑着老人走路，孩子起着拐杖作用。小篆"孝"字的构形与金文"孝"字相类似，只是在笔画上线条化了。楷书"孝"字在小篆字形基础上经过隶变、楷化后成为今天的"孝"字，但仍然可以看出"老"与"子"的关系。

《说文解字·老部》对这个"孝"字解释说："孝，善事父母者。从老省，从子，子承老也。"许慎的解释符合"孝"字所体现的观念。这种"孝"的观念最早产生于何时？学术界有这么几种看法：有人说起源于殷代，也有人说起源于父系社会，还有人认为"孝"的意识不仅始于父系氏族社会，而且成熟于父系氏族社会时期。不过，学术界比较一致的看法是在西周时期。因为从这一时期开始，"孝"的观念一直发展着。古时"孝"的观念包括两个方面的内容：一是对活着父母奉养的"孝"，二是对已故父母及先祖的"孝"。对在世父母的"孝"，包含侍奉、尊敬、服从等诸多方面；对于已故父母及先祖的"孝"，一般称为"追孝"，其内容是继承先人的事业，照着祖先的遗志办事。《诗经》中说："善弟（悌）父母为孝，善兄弟为友"。孔子在《论语·学而》中要求他的学生："其为人也孝弟（悌）"，"弟子入则孝，出则弟（悌）"。这里都是把孝顺父母、尊敬兄长的道德修养放在首位。由此在儒家的道德观念里，"孝道"占据着极为重要的地位。《诗经》里说："夫孝，德之本也，教之所由生也。身体发肤，受之父母，不敢毁伤，孝之始也。立身行道，扬名于后世，以显父母，孝之终也。"这里把孝与立身扬名、光宗耀祖联系起来。这一观念对后人有着很大的影响。

社会发展到汉代时，甚至将"孝"定为选拔官吏的科目之一。那时候出现的"举孝廉"，其中的"孝"就是指孝敬父母，其中的"廉"指正直清廉。

"孝"是社会的一种美德。在古代书籍里有"孝鸟"一词，小鸟怎么孝顺老鸟呢？崔豹的《古今注·鸟兽》一书中就有："乌，一名孝鸟。"乌鸦怎么会成为"孝"鸟？这个"孝"字指的是什么？我国明代著名医药学家李时珍在他的《本草纲目·禽部》中做了明确解释："慈乌，此鸟初生，母哺六十日，长则反哺六十日，可谓慈孝矣。"原来乌鸦称为孝鸟就在于它会反哺。乌鸦产卵孵化出小乌鸦，在老鸦哺育小鸦六十天后，小乌鸦羽毛丰满长成能够独立捕食生活了。而老鸦此时却羽毛脱落，失去了飞翔能力，只能待在巢里等着喂养。这时候小乌鸦就担当起赡养老乌鸦的天职。小乌鸦这种侍奉慈母的行为受到人们的称颂。西晋李密在他的《陈情表》中称道："乌鸟私情，愿乞终养。"表达了他要像孝乌那样报恩于祖母的心情。唐代大诗人白居易的《慈乌夜啼》诗写得十分动人："慈乌失其母，哑哑吐哀音……声中如告诉，未尽反哺心。"

"孝"作为中华民族的传统美德，今天仍然需要大力倡导，它可以使我们的国家更加安定，家庭更加和睦。"孝"，又用作姓。

这个"孝"，如今归于"子"部。

6. 和睦，和气，和为贵——释"和"

和　　　　　　
楷书　甲骨文　金文　小篆繁体　小篆

这个"和"，是形声字。如上方图形古文字所示：甲骨文"和"字的形体，其右上部是多个竹管联结一起，如同笙箫之形，下部是"口"，表示用口能吹响笙箫，左上方的"禾"表读音，是形声字。金文"和"的形体，由甲骨文演变而来。小篆"和"的形体繁化了，成为小篆的繁体字。小篆还有个左"口"右"禾"的篆文简体字。楷书的"和"，将"禾"搬移到左边，成为左"禾"右"口"的"和"字。

许慎在他的《说文解字·口部》中对"和"字的解释是："和，相应也。从口，禾声。"

其实，"相应"并非本义。"和"的本义是一种笙类乐器声音和谐，协调一致。例如《仪礼·乡射礼》："三笙一和而成声。"这是说：三个人吹笙，一个人吹和，才能成音乐。由此"和"又引申为"和谐、协调"。如《礼记·乐记》："其声和以柔。"这句话是说：在歌唱时，有人唱，有人跟着唱亦称作"和"，且能使声音和谐而柔美。《后汉书·黄琼传》中还说："阳春之曲，和者必寡。"这是说：唱那些高雅曲子，能跟着唱的人就很少。如《周易·中孚》中又有："鸣鹤在阴，其子和之。"说的是，鹤在树荫下鸣叫，它的孩子小鹤应和着它鸣叫。以上几句话中的"和"，都应读作 hè。

还有应和别人诗词的题材写作的诗词，也读作 hè。如毛泽东同志写的诗词中就有《七律·和柳亚子先生》，还写过一首词，叫《满江红·和郭沫若同志》。这两处的"和"字都读作 hè。

"和"又有"声音相应、协调一致"之意。如民间的管乐合奏曲《百鸟朝凤》，是模拟各类鸟儿鸣叫，相互应和而奏出的美妙乐声。文学家朱自清在《春》这篇文章中写道："鸟儿……卖弄清脆的喉咙，唱出婉转的曲子，跟轻风流水应和着。"

"和"是个多音字，以上诸句中的"和"都读作 hè。除此之外，"和"还读作 huó，如和点面包包子，和点水泥砌墙；还有一个读音读作 hú，是打麻将时常用的字，打麻将赢了就叫作"和（hú）了"。

此外，还有一个最常用的读音 hé。多用于泛指关系融洽、协调一致。如和睦相处、和衷共济。《论语·学而》中先贤指出："礼之用，和为贵。"这里的和，是指无相争相夺，互不侵扰，互爱互让，你对我和我与你善。常言道，家和万事兴、和气生财、人和政通。数千年来"和"的思想已深入人心，"和为贵"的观念成为中华文化的精髓之一。和之道，大矣哉！

"和"还用作连词，作用相当于"跟""与"，如宋代岳飞《满江红》词云："三十功名尘与土，八千里路云和月。"又如：他和你，电视和电影，儿子和他妈一样高。"和"，也用作姓。

这个"和"，如今归于"禾"或"口"部。

7. 喜爱·友爱·用心去爱——释"爱"

爱　　　　　　爱　　　爱
楷书　　金文　　小篆　　隶书　　繁体楷书

　　这个"爱"是简体写法，它的繁体写作"愛"。"愛"是个会意字。这个"愛"字在甲骨文中尚未找到。金文"愛"字的构形，是一个人两手抱着一棵"心"，是用心表示爱，右下方的一条弧线，则表示走了很长的路，上部是回头张口诉说他心中的爱意。小篆"愛"字的形体，与金文大致相同，只是将金文右下部的那条长长的弧线变为了"夊（脚）"。其形仍然是双手抱心，用心去爱。上古时期也有一个"炁（爱）"字，是上"旡"下"心"的"炁（是爱的本字）"。以上的金文、小篆乃至上古时期的"炁（愛）"，都是用"心"爱人或事物，有感情的爱。即使到了隶书、楷书繁体的"愛"字，也是从"爫（爪）"，从"心"从"夊"，也是以心去爱人，有感情的爱。到了简化字的"爱"字，则将"愛"字中的"心、夊"拿掉了，换成了"友"字。成了上"爫（爪）"下"友"的"爱"。友爱也是一种爱，简化的"爱"字，变成了新的会意文字。

　　"爱"的本义是给人以"恩惠"，是对人或物有深厚的爱，不是姑息，而是有德于人。所以《礼记·檀弓》中说："君子之爱人也以德，细人之爱人也以姑息。"意思是应该按照传统道德标准去爱护和帮助人。

　　由爱组成的词，无一不是美好的，喜爱、怜爱、友爱、爱护、爱好、爱心，又有男女两性的爱慕、爱情。文学家说，爱是一首激动人心的抒情诗，是历代文人歌颂的主题。《诗经·国风·关雎》载："关关雎鸠，在河之洲。窈窕淑女，君子好逑。参差荇菜，左右流之。窈窕淑女，寤寐求之。求之不得，寤寐思服。悠哉悠哉，辗转反侧。"这段文字讲的是：爱上了一个采荇菜的姑娘，时时刻刻忘不掉她，爱恋得在床上翻来覆去睡不着觉。爱是历代文人歌颂的主题，如梁山伯与祝英台，还有《红楼梦》中的贾宝玉与林黛玉等。苏轼《诗四首·之三》言道："结发为夫妻，恩爱两不疑。"

《宋史·岳飞传》写道："文官不爱钱，武将不惜死，天下太平矣。"句中的"爱"作"贪图"讲。整句话意为：做文官的不贪用钱财，廉洁为民；做武将的不怜惜生命，打起仗不怕死，战事尤能平息，天下就会太平。"爱"，又用作姓。

在北京市郊有个"修养堂养老服务中心"，其门外贴有这样一副对联：上联说"帮天下儿女尽孝"，下联言"为世上老人解忧"。一个"尽孝"，一个"解忧"，对老年人的"爱"表示得是何等的好呀！

这个"爱"，如今归入"爪"部。

8. 礼貌，礼聘，礼尚往来——释"礼"

礼　豊　豐　禮　禮

楷书　甲骨文　金文　小篆　繁体楷书

这个"礼"，在甲骨文和金文中是个会意字。如上方古文字所示：甲骨文"礼"，下面像是个古代礼器高脚盘（豆），其上部放满了玉块之状祭品。在商代，把玉放在器皿里用以祭祀鬼神之意。金文"礼"字与甲骨文"礼"的形体相同。小篆"礼"的字形以金文为基础，在右边另加意符"示"，右边成了表示礼器的豊。这样就成了从示，从豊会意，豊也兼表声的会意兼形声字。经隶变、楷化后楷书写作"禮"与"礼"，如今汉字规范化后，以"礼"为正体。

《说文解字·示部》载："禮，履也，所以事神致福也。从示，豊声。"本义为敬事神灵以求福。

中国人崇尚礼仪，是闻名世界的礼仪之邦。礼义廉耻，指崇礼、行义、廉洁、知耻，是古代推行的道德准则。礼的形成，是中国上古历史进步的产物。人们习惯将礼的产生追溯到夏代，那是因为孔子说过周礼因于夏礼、殷礼。实际上，夏、殷两代还没有出现严格意义上的礼，只是有了某些程式化的仪式。周代的周公推行德政，还在朝中设置礼官，专管礼仪。周朝的礼，曾被儒家视为行为的准则。孔子致力于"克己复礼为仁"，礼的内涵也就变得更为具体而明确。《论语·为政》中有："道之以德，齐之以礼。"这就是用道德来引导人民，用礼来教化民众。孔子在《论语·颜渊》中指出："君子敬而无失，与人恭而有礼，四海之内，皆兄弟也。"这句话是说：君子敬慎而没有过失，待人恭敬而讲礼节，四海之内的人都会是他的兄弟。孔子还告诫他的弟子："非礼勿视，非礼勿听，非礼勿信，非礼勿动。"《左传·昭公二十六年》载有晏子的话："君令臣共，父慈子孝，兄爱弟敬，夫和妻柔，姑慈妇听，礼也。"可见，在那个时代，礼的标准已转向遵守家庭伦礼了，即儒家的孝悌之道。中国古代的礼仪多是围绕着对人的教育进行的，称为人生礼仪。儒家的所谓教育不是空洞的说教，而是寓教在各种礼仪之中，即寓教于礼。民众在参与仪式的过程中，受到潜移默化的影响。

中国是"礼义之邦"，以知礼达礼为荣。然而，"礼"的含义有多种，一是表示内心敬意的礼节、礼貌，一是表示物质馈赠的礼品、礼物。如看望长者、亲友，既表达了亲情和慰问，又表示有物质馈赠的礼物，较为相宜。礼是可以有来有往而互赠的，给皇帝送礼那叫贡品，民间送的叫礼品。不过这种互送礼物，一旦越矩就成贿赂之举。《晋书·陆纳传》中说："及受礼，唯酒一斗，鹿肉一桦（桦：同盘）。"礼品多为生活用品，价值不高。但是，有些送礼者意在"投桃报李"，收礼者则开方便之门，累积起来，积少成多，集多成灾祸而弄得某些人身败名裂。清代官吏张伯竹，在他写的《禁示馈送檄》文中称："一丝一粒，我之名节，一厘一毫，民之脂膏。宽一分，民受赐不止一分；取一文，我为人不值一文。"廉洁自好的品性，于细微中可见一斑。

随着礼仪文化的发展，相应产生了"三礼"，即《周礼》《仪礼》和《礼记》。这是儒家的经典著作。这些专著的出现，标志着礼仪发展到成熟阶段，形成中国特色的礼仪规范和道德准则，对中国后世的政治、社会思想、文化传统以及伦理观念方面都有很大的影响。中国古礼是富有人文精神的体系，最能体现中国传统文化特色。现如今，对于礼中的封建糟粕可以去除，吸收其合理部分加以创新，就可使传统礼仪文化得到合理的传承。

"礼"也可用作动词，表示膜拜，如烧香礼佛的"礼"。"礼拜"一词是指宗教教徒向所信奉的神行礼。基督教徒在星期日做礼拜，因而星期日也叫礼拜天。又如"礼贤下士"的"礼"作动词使用。"礼"，又用做姓。这个"礼"，如今归入"礻"部。

9. 忠诚，真诚，诚心诚意——释"诚"

诚　諴　誠

楷书　　小篆　　繁体楷书

这个"诚"字在篆文中才出现，是个左右结构的形声兼会意字。如上方篆文的构形：小篆"诚"左边是"言"，右边是"成"，是个从言，成声，成也兼表盟定之意的形声兼会意字。"誠"经过隶变、楷化后，楷书繁体写作"誠"，如今简化后写作"诚"。

《说文解字·言部》称："诚，信也。从言，成声。"是说诚意为真心实意，信实不欺。

"诚"，本义就是真心实意，不诡诈，不虚伪。如《后汉书·马援传》中说："开心见诚，无所隐伏。"这句话告诉我们：他真心而坦诚，不隐瞒不遮掩什么。《荀子·乐论》中也说："著诚去伪，礼之经也。"（诚：

诚心。）这句话说的意思是：表达诚心，去掉虚伪，是礼的原则。《三国志·蜀志·诸葛亮传》中载有三国时蜀汉承相诸葛亮的一句话："开诚心，布公道"，意思是说：敞开赤诚之心，诚心相待，办事公正无私。对忠于蜀汉的人，即使跟他有仇，也一定给予奖赏；对有害于蜀汉的人，即使是亲属，也一定给予惩罚。后来"开诚心，布公道"成为成语"开诚布公"，表示推诚相见，坦诚无私之意。又如成语"精诚所至，金石为开"中的"精诚"，意指"至诚"，意思是至诚所达到的地方，连金石那样坚硬的东西也会被打开。《红楼梦》第六回中有这样一段文字："姥姥你放心，大老远的诚心诚意来了，岂有个不叫你见个真佛儿去的呢？"句中的"诚心诚意"就是形容十分真诚之意。《孟子·公孙丑上》中写道："以力服人者，非心服也，力不赡也；以德服人者，中心悦而诚服也。"这一段话说的是：用武力使人服从，人心不服；以德以讲道理使人服从，人才会从心眼里真诚信服。《西游记》第九十九回中写道："委实心虔志诚，料不能逃菩萨洞察。"（虔：指恭敬；志：指心意。）成语"诚惶诚恐"（诚：真诚，真心。惶、恐：恐惧、害怕。）这个成语意思是：封建时代官员给君主奏章中常用的一句套语，表示对皇帝的敬畏达到惶恐不安的程度。成语中还有"真心诚意""以诚待人""精诚团结"等；由诚组成的词语也不少，如"诚实"，是言和行与内心想的一致，真实而不虚假。"诚信"，就是诚实而守信用，生意人应当以诚信为本。"竭诚"，就是竭尽忠诚，如竭诚为读者服务。"真诚"，就是真实诚恳，没有半点的虚假。还有"诚心""诚挚"等。

由"诚"可引申指真实。《增韵·清韵》中这样自释说："诚，无伪也，真也，实也。"《管子·乘马》中有这样一句话："非诚贾不得食于贾；非诚工不得食于工；非诚农不得食于农；非信士不得立于朝。"这些话告诉我们：不是真心诚信的商人，不得经商；不是诚信的工匠，不得做工；不是诚信的农民，不得务农；不是守信用的士人，不得在朝中任官职。

这个"诚"，如今简体"诚"归入"讠"部，繁体"誠"归入"言"部。

10. 言必信，信必果——释"信"

信 𨺃 信

楷书　　金文　　小篆

　　这个"信"字，是做人的根本，是做事、治世之道。守信用、讲诚信是做人的美德。《尚书》中就有："信用昭明于天下。"《周书》中有"允哉，允哉！以言非信则百事不满也。""信"，是儒家倡导的道德修养文化内容之一。先贤孔子曾经这样说过："人而无信，不知其可也。"其意思是：人一定要讲诚信，人如果没有信用，不知道那怎么可以。此后，讲究诚信逐步成为中华文化的一种优良传统。

　　"信"字在甲骨文中尚未见到，最早出现在金文中。如上方古文字所示：金文"信"字的构形是左右结构。其左边是一个面朝左站立着的人形，右上方是个口，表示人口中说出来的话要真实，是个从人，从口的会意字。小篆"信"的字形为了明确字义，又在"口"上部加"舌"，成为"言"，仍表示人的语言要真实可信。这就变为从人，从言的会意字。以此为基础，"信"字经过隶变、楷化后，逐渐简化，写作"信"。

　　《说文解字·言部》称："信，诚也。从人，从言。会意。"

　　"信"的本义是语言真实，人言为信。《老子》第八十一章中有这样一句话："信言不美，美言不信。"这句话告诉我们：诚实的话其言词并不美丽，漂亮的言辞并不一定真实可信。现有信用，失信等词。《左传·曹刿论战》中有："牺牲玉帛，弗敢加也，必以信。"此话意思是：祭祀用的牛羊玉帛，不敢擅自虚报数目，一定反映真实情况。"信"字，在伦理学中的意义就是真诚、无欺，讲究信用，信守不渝。

　　儒家倡导的"仁、义、礼、智、信"五常中，"信"是重要的道德原则之一，是做人的根本，是兴业之道、治世之道。在《论语·学而》中孔子说："与朋友交，言而有信。"说的就是：与朋友交往，说话要诚实有信。孔子在《论语·学而》中又说："主忠信，无有不如己者，过则勿惮改。"这句话说的意思是：恪守忠诚信实的道德要求，不与道德上不如自己的人交往，有了错误就不要怕改正。孔子还曾说"言必信，行必果"，意思就是：说话要守信用，说到做到。孔子认为"信"是最起码的道德要求，有了诚实的品德，方能得到他人的信任，办事才能通达顺畅。

"信"又可引申指相信、信任。《论语·公冶长》中说："始吾于人也，听其言而信其行；今吾于人也，听其言而观其行。"这句话是说：从前听了别人的话就会相信他的行为；如今我听到别人的话还要观察他的行为。李白《长干行》中写道："常存抱柱信，岂上望夫台。"其中的"常存抱柱信"典出《庄子·盗跖》，说的是一个名叫尾生的男子与一个女子约定在桥梁下相会，久等女子不到，桥下水涨起来，尾生抱桥柱依然等待不肯离去，最后溺水而死。后人就以"尾生抱柱"比喻坚守信约。

"信"由相信、信任，引申指信仰、信奉。如《论语·述而》中孔子说："述而不作，信而好古。"这句话意为：传述而不创作，相信并且喜欢古代文化。"信"也是佛家的道德规范。《智度论》中有："佛法大海，信为能入。"也就是说入佛门以诚为先。

在中国几千年的传统文化及道德规范中，"信"是做人的根本，是维护社会秩序的基础。作为一个人，就要言而有信，说到做到，"言必信，信必果"，所以又有"一言九鼎""一言既出，驷马难追"之说。"信"，又用作姓。

这个"信"，如今归入"人、亻"部。

11. 廉民，廉政，廉洁奉公——释"廉"

廉　　廉　　廉

楷书　　小篆　　隶书

　　"廉"在甲骨文和金文中尚未出现。这里只能依据小篆字形来解析。从小篆"廉"的字形看，"廉"是个上下结构的会意兼形声字。它的上部是从广，广的本义是依山崖建造的宽敞大屋，从兼，像手持两棵禾苗，会堂屋侧边狭窄之意，兼也兼表声。隶变后楷书写作"廉"。

　　《说文解字·广部》载："廉，仄也。从广，兼声。"本义为殿堂基座的边缘与墙根之间空出的狭窄侧边。"廉"用作名词。王安石《和平甫舟中望九华山》中说："毅然如九官，罗立在堂廉。"又如《仪礼·乡饮酒礼》也说："设席于堂廉，东上。"郑玄注："侧边曰廉。""廉"也指其他事物的边，如苏轼《五月十日与吕仲甫等泛湖游北山》中说："世人骛朝市，独向溪山廉。"

　　由于厅堂侧边的"廉"有着平整、不歪不斜的特点，所以古代人常用"廉"来比喻人的品行端庄、正直。如宋代苏洵《御将》一文中有这样一句话："况为将者又不可责以廉隅、细谨，顾其才何如耳。"此话意思是说，对将帅不能光以品行端正之类去要求，只要看他才能如何就可以了。从古到今"廉洁"都是考察官员的重要标准。汉代的时候，"孝廉"是选拔任用官员的科目之一。但"孝廉"是由地方官员推举的，考与不孝由地方官员说了算，难免有腐败现象。东汉时期流传着这样一首童谣："举秀才，不知书。举孝廉，父别居。寒素清白浊如泥，高第良将怯如鸡。"这首童谣俗语，是对汉代选拔官员的辛辣讽刺。宋朝时开封府有位高官，办案铁面无私、明辨忠奸，且断案如神、为官清廉，他就是包拯，就是百姓称颂的"包青天"。

由"廉"字组成的词和成语也不少。如"廉白"其意为廉洁清白。《三国志·魏书·管宁传》载:"太中大夫管宁……清虚足以侔古,廉白可以当世。"又如"廉洁"意谓:不贪不占,立身清白。《汉书·哀帝纪上》中言道:"初起为亭长,为人廉洁。"还有"廉明",意为廉洁而清明。《聊斋志异·梦狼》称道:"邹平李进士匡九,居官颇廉明。"还有"廉政""廉耻""低廉"等词。在成语中有个"廉洁奉公",其意是:为官一任,不贪污,不受贿,不以权换钱,忠诚正直地奉行公务。成语还有"廉明公正""廉能清正"等。

"廉"字本义已经不再使用。现如今"廉"是个非常美好的字。由它组成的词语让人看到、听到都会感到十分亲切,如廉洁、廉明、廉正、清廉、廉政,还有廉耻。从这个"廉"字中可以体会到人格的高尚,人品的峻洁。这个"廉"字,也可以说是专门用于评价官员人格、品德的一个褒义词。"廉"也是个姓氏字。

这个"廉",如今归入"广"部。

12. 可耻,知耻,不以为耻——释"耻"

耻　　　耻

楷书　　小篆　　繁体楷书

这个"耻"字,早见于小篆,是个左右结构的会意兼形声字,从心,从耳,会心羞之情现于耳之意,耳也兼表声。经隶变后,楷书写作"耻"。现如今汉字简化后,规范以"耻"为正体。

《说文解字·心部》称:"耻,辱也。从心,耳声。"其意为:耻,羞辱。从心,耳声。本义为羞惭、有愧。

"耻"的本义为羞惭,有愧,是羞耻之心。也即是知好知坏、知善知恶、知是知非的道德良心。知耻、知羞、耻感，是中华文化特色之一。在历史上，不食周粟的伯夷、叔齐饿死首阳山；还有无颜面对江东父老的项羽自刎于乌江。在他们身上都明显带有耻感文化的烙印。

孔子有着强烈的耻感思想，无论是学习还是做人方面都有解说。如他在《论语·公冶长》中称："敏而好学，不耻下问，是以谓之'文'也。"这是说：勤勉好学，不以向地位、学问比自己低的人请教为耻，因此给予他'文'的谥号。孔子认为，君子的行为也要有羞耻之心。孔子在《论语·子路》篇中又说："行己有耻，使于四方，不辱君命，可谓士也。"这话是说：为人处事用羞耻之心来约束自己的行为，不管走到四面八方什么地方，都能完成君主交给的使命，这样的人可以称得上是"士"了。孔子反对那种言而不实、表里不一的行为。如孔子在《论语·公冶长》篇中指出："巧言、令色、足恭，左丘明耻之，丘亦耻之。匿怨而友其人，左丘明耻之，丘亦耻之。"这话告诉我们：表面上对人友好，却又花言巧语、容貌伪善、过分的恭敬，左丘明认为，这类人很可耻，孔子也认为这样的人很可耻。心里怨恨这个人，表面上还是与人做朋友，左丘明认为这样很可耻，孔子也认为这样的人很可耻。又有成语"厚颜无耻""荒淫无耻""礼义廉耻""奇耻大辱"，还有个"恬不知耻"。

知耻就是有羞惭之心、廉耻之心，而能自省其身。春秋时期，吴越之战，越国战败。越王勾践不忘国耻，立志报仇。他睡坐在柴草上，饮食睡前而舔尝苦胆，痛心彻骨，策励自己不忘耻辱。经过准备，终于打败了吴国而雪了国耻（见《史记·越王勾践世家》和《宋史·胡宏传》）。成语"卧薪尝胆"由此而来。孔子在《礼记·中庸》中说："知耻近乎勇"，把"耻"与"勇"连在一起，意思是要人知耻而勇于改过，这是值得推崇的品德。这个"耻"，又用作姓。

这个"耻"，如今归入"耳"部。

第五篇

汉字与民生

1. 天地之性人最贵——释"人"

楷书　　甲骨文　　金文　　小篆

"人"，从甲骨文直到今天楷书的"人"，均为象形字。甲骨文的"人"字是一个侧身而立的人像。他上有头，中间有身子和手臂，下有腿足，是一个完整人的形象。到了周代晚期出现的金文"人"字，是以甲骨文为基础造出来的。秦代小篆"人"字与甲骨文"人"字类同，但笔画圆润优美；隶书和楷书"人"字的写法，基本看不出人的模样了。

"人"，这个字笔画非常简单，只有左一撇、右一捺，两笔写成一个人字，但却明白、形象地表现出人体如此复杂的形态，令人对造字者佩服得五体投地。这也充分反映古人准确把握人的特征和高度抽象概括的自我认识能力。

"人"是高等动物。人的灵性和智慧，与其他动物有着本质的差别。人之所以为人在于人会思维，能直立行走和双手的解放，会制造和使用工具进行劳动。这是其他动物所不能的。很多古书典籍中在论及人时，无不肯定人的自身价值。《尚书·泰誓》中称："惟人，万物之灵。"《说文解字·人部》说："人，天地之性最贵者也。"《列子·天瑞》也说："天生万物，唯人为贵。"《论衡·辨崇》谓："人，物也，万物之中有智慧者也。"就连英国戏剧家莎士比亚在他的《哈姆雷特》剧作中也有一句名言："人类乃宇宙的精华，万物之灵长。"

"人"的意义有泛指和特指之别。其泛指就是指人类社会全体成员；特指就是特别地指某类人、某些人，如男人、女人、老人和老实人；还有猎人、匠人、艺人、僧人、道人、工人、商人、军人、主持人等。《古诗十九首·行行重行行》中有"思君令人老"之句，这其中的"人"，是指"自己"，其意思是说，由于思念丈夫使"自己"衰老了。宋濂《送东阳马生序》中说："以是人多以书假余。"这里的"人"指的是"别人""他人"，意思是人们大多（愿意）把书借给我。《史记·夏本纪》说："于是帝尧乃求人，更得舜。"这里的"人"特指"人才"。说的是帝尧求访"人才"而得到了舜。

"人"字是个部首字，在汉字中，凡由"人"字组成的字，大多与人的行为状态有关，如从、众、仆、保、代、休等。用"人"组成的词很多，不过有的词是应该注意的。如《雅尔·释木》书中说的"核人"，就是我们平常说的"果仁"。若见到老中医开处方中写的"枣人""桃人""杏人"，切不可笑话人家用错了字。其实，这在元代之前医药典籍中都是可以找到根据的。

以人字打头的成语也不少。据不完全统计就有一百多个。"人才辈出"——指有才干的人一批接一批地大量涌现。语出自《续资治通鉴·元纪·世祖至元二十年》："得如左丞许衡教国子，则人才辈出矣。""人才济济"——形容有才能的人很多。"人才难得"——有才能的人不容易得到。明代余继澄《典故纪闻》卷十七载："若谓人才难得，姑且试焉，则兵者危事……""人面桃花"——唐代崔护清明独游长安城南，见一人家桃花绕宅。崔护扣门求饮，一女子予杯水。二人一见倾心。第二年崔护再往，但见门锁。崔护题诗于门扉："去年今日此门中，人面桃花相映红。人面不知何处去，桃花依旧笑春风。"后用以泛指爱慕而不能再见的女子，也形容由此而产生的怅惘心情。人，又用作姓。

这个"人"字可用作偏旁，写在左半边写作"亻"，写在上部写作"人"。现如今仍设有"人"部。

2. 衣冠楚楚——释"衣"

衣	⿱	⿱	衣
楷书	甲骨文	金文	小篆

"衣（yī）"字是个象形字。如上方古文字：甲骨文"衣"的字形与金文"衣"的字形完全相同，都像一件上衣之形，其上端"人"形部分像上衣的领口，左右两边歧出的笔画像两边的衣袖，下部两笔像左右掩覆的衣襟。领、袖、襟三者结合便成"衣"。这是抓住古代上衣特征，用最简便的线条将"衣"字描画出来。由此可以看出我们先祖的聪明智慧。小篆"衣"的字形没有大的变化。楷书"衣"字的字形，趋向线条美观，但失去了象形的韵味，变得已经看不出衣的样子了。

"衣"的本义只指上衣，其字形就是上衣的样子。现在的"衣裳"一词，在古代汉语中却是两个词，上身穿的为"衣"，下身穿的为"裳"。《诗经·邶风·绿衣》一诗中写道："绿兮衣兮，绿衣黄裳。心之忧矣，曷维其亡！"诗的大意是：绿色的上衣啊，绿色的上衣黄色的下裙。见到这绿衣黄裙我心中忧伤，旧情深深我怎能忘！

"衣"无论是布麻、丝绸、皮革还是其他纤维质料制成的衣服，都是人们用来蔽体御寒的东西，后来"衣"都泛指上身穿的各色服装。如棉衣、毛衣、大衣、风衣、睡衣等。衣食住行，服装和粮食，都是人们须臾不能离开的东西，所以把供给我们吃穿的人称为"衣食父母"。"锦衣玉食"，是指拥有华丽的衣服，珍美的食品，形容豪华而奢侈的生活。还有"丰衣足食""缺衣少食""节衣缩食"等词。

"衣"是名词，也可引申作动词，如《庄子·盗跖》中说："不耕而食，不织而衣。"这是说不耕田却吃粮，不纺纱不织布却穿丝绸，形容不劳而获。成语"衣锦还乡"，就是穿着华丽锦绣衣服回乡，向亲友炫耀。"衣香鬓影"用来形容妇人的仪态娴雅，服饰艳丽。

衣与帽合称为"衣冠"，而且常常一起使用，如成语"衣冠楚楚"，形容穿戴整洁、漂亮、大方。"衣冠禽兽"，比喻不知礼仪，道德败坏，行为卑劣，如同禽兽一样的人。

成语中还有"一衣带水"，是说像一条衣带那样狭窄的水流，用以形容间隔很近，如两国以水相隔，可以称为一衣带水的邻邦。衣服是罩在人身体外面的，因此"衣"又引申泛指套在器物表面的东西，如婴儿的胎盘称为"衣胞"；套在大炮或剑外面的布套叫"炮衣""剑衣"；包裹在香肠外面的叫"肠衣"；套在药片（丸）外面的叫"糖衣"。也可指物的外皮，如"花生衣"；昆虫中的蝉，在变为成虫时蜕下的皮壳称为"蝉衣"。在现代汉语中，有个成语"糖衣炮弹"，也可说成"糖衣裹着的炮弹"，比喻用诱惑、腐蚀等方式拉人下水犯错误的手段。毛泽东同志有这样一句名言："可能有这样一些共产党人，他们是不曾被拿枪的敌人征服过的，他们在这些敌人面前不愧英雄的称号；但是经不起人们用糖衣裹着的炮弹的攻击，他们在糖弹面前要打败仗。"这个"衣"，也用作姓。

（商）贵族服饰复制品

这个"衣"，如今仍设"衣"部。作左偏旁使用的"衤"，是由"衣"字演变而来。凡是以衣"衤"取义的字都与服装、穿着等义有关。

3. 轻裘，狐裘，集腋成裘——释"裘"

裘　　衲　　衲　　裘
楷书　　甲骨文　　金文　　小篆

　　"裘"，这个字的造字方法随着字体的演变而有不同。"裘"最早是个象形字，如上面图形古文字所示：甲骨文"裘"字的字形，像一件毛朝外的皮衣，其上部两侧的缺口处，就是衣袖，其下部表示衣襟的两边有许多歧出的笔画，正像裘皮服装毛外露的形状。所以"裘"字解释为皮衣。上古时期，人们多用兽皮蔽体御寒。"裘"正是古人服饰着装的写照。现如今世界上仍有一些土族部落，仍保留着这种着装穿戴。金文"裘"字的字形起了很大的变化，由甲骨文的象形字变成了形声字。皮衣外的毛没有了，简化成为"衣"形，在"衣"字中间又增加了一个"求"，是表声音的。这就成为外形为"衣"，内声为"求"的形声字了。小篆"裘"字的字形与金文一致，都是"衣"内有"求"的形声字。"裘"字发展到楷书，则把"求"字移到"衣"上，写成了上"求"下"衣"的"裘"字。这个"裘"字就成为今天的标准写法。

　　"裘"是西周时代的一般服饰，在现代人看来，皮衣应该是高档服装，但在古代人们却不这样认为。我们的先祖最早是用兽皮遮体御寒的。那个时候的人，还不会对兽皮进行处理，都是直接用皮制成衣服，因此时间长了衣服会有臭味。到了西周时，人们已经掌握了鞣制熟皮的方法，还懂得了多种兽皮的性质。裘衣的穿着也很有讲究，且有等级之分：天子的裘衣是用最好的黑羔羊的皮制作的，贵族穿的裘衣是用狐狸的皮制作的，狐裘中又数白狐裘最为珍贵。除了白狐裘，还有黄狐裘、虎裘、貉裘等也是较为高级的。最普通、最常见的就是狼皮、狗皮和老羊皮制作的裘衣了。

"裘"的本义是"皮衣"。《说文解字·裘部》载："裘，皮衣也。从衣，求声。""皮衣"一词是名词，如《诗·小雅·都人士》中说："彼都人士，狐裘黄黄。"其意思是，那些京都人士，穿的狐裘黄得闪闪发亮。《后汉书·严光传》中写道："有一男子，披羊裘钓泽中。"其说的是：有一个男子，披着羊皮裘衣，在水塘中钓鱼。杜甫的《壮游》诗中有："裘马颇清狂"之句，你若将此句理解为"裘马奔跑得很狂"，那你可就理解错了。其实"裘马"是"乘肥马，衣轻裘"的缩写语。诗句是形容生活的豪华。

成语"集腋成裘"，语出《慎子·知忠》："狐白之裘，盖非一狐之腋也。"其意思是说：狐狸腋下的毛皮虽然只是很小的一块，但把很多狐狸腋下的皮搜集起来，就能缝制成一件美丽珍贵的皮袍。后人们便用"集腋成裘"比喻积少成多，聚众人之力以成一事。

"金尽裘敝"这个成语，语本出自《战国策·秦策一》中："（苏秦）说秦王书十上而说不纳。黑貂之裘弊，黄金百镒尽，资用乏绝，去秦而归。"其说的大意是，皮衣穿破了，钱也用完了，是形容穷困、潦倒、失意而归的样子。《阅微草堂笔记·滦阳续录五》中也说："金尽裘敝，耻还乡里。"也作"裘敝金尽"：清代王韬在《海陬冶游录》中说："不一月，裘敝金尽，犹不肯去。"还作"裘敝金残"：清代俞蛟的《潮嘉风月记》中说："迨夫色荒情倦，继以裘敝金残。"

"肥马轻裘"此成语出自《论语·雍也》之中："子曰：'赤之适齐也，乘肥马，衣轻裘。吾闻之也，君子周急不继富。'"朱熹注曰："言其富也。"《元曲选·石子张〈竹坞听琴〉第二折》中也说："则我这粗衣淡饭贫休笑，你那里肥马轻裘富莫夸。"后用"肥马轻裘"形容生活富裕豪华。又作"轻裘肥马"：宋代辛弃疾在《水龙吟·题瓢泉》中说："苍颜照影，故应零落，轻裘肥马。"同样是形容生活富足而豪华。

为了分化字义，后来专用这个"裘"表示皮衣，而以"求"表示寻求等义。这个"裘"，也用作姓。

这个"裘"，归于"衣"部。

4. 衣冠，皇冠，冠冕堂皇——释"冠"

冠　　　　　　
楷书　　金文　　小篆

　　这个"冠"字，在甲骨文里还没有找到，早见于金文。金文"冠"的字形由三个部件构成。冠从"冖"，今俗称"秃宝盖"，表示盖在头上的一块布帛，也就是帽子的雏形；从"元"，元字在甲骨文中像一个站立的人，上部一小横是人头；"寸"，表示人的手。三形组合起来，会用手拿帽子戴在头上之意，是个合体会意字。小篆"冠"的字形，完全与金文相同。古代将这种布帛制品戴在头上称为"冠"，也就是现如今的帽子。由此可见，"冠"的本义是帽子，名词。寸也表示尺寸、法度，因为戴帽子有尊卑等级制度，所以字形采用"寸"作偏旁。小篆"冠"的字形与金文基本相同。隶变后楷书写作"冠"。

　　《说文解字·冖部》载："冠，絭也。所以絭发，弁冕之总名也。从冖，从元，元也声。冠有法制，从寸。"许慎对冠的解释是正确的。但最后一句"冠有法制，从寸"对寸的解释欠妥。将其中"从寸"释为"冠有法制，从寸"不太符合造字本义。其实，冠字中的"寸"不是当作长度单位的寸，而是表示手的构件，即是用手去拿着帽子戴在头上之意。

　　"冠"的本义为帽子，也指各类帽子的总称，名词。如"王冠""桂冠""冠冕堂皇"等词中的"冠"字都是指帽子。杜甫的《梦李白二首》中有"冠盖满京华，斯人独憔悴。"诗中"冠盖"一词，意指戴着官员帽子，乘着华盖车的官员。魏学洢《核舟记》中说："船头坐三人，中峨冠而多髯者为东坡。"这句话意谓：船头上坐着的三个人中，那个戴着帽子的而且胡须多的就是苏东坡。《楚辞·九章·涉江》有这样一句话："带长狭之陆离兮，冠切云之崔嵬。"诗中的"冠"，即指帽子。而且极为夸张地说：我身上悬挂着长长的宝剑，头上戴的高冠直冲云天。

"冠"字由帽子的本义可引申指类似帽子的覆盖物，而且又往往同帽子一样处于物体的顶端，如鸡冠、花冠、树冠等。这个冠，也用作姓。

"冠"又读作 guàn，表示戴帽子，动词。中国古代有一种礼仪，就是男孩子到了二十岁就算长大成人了，则要举行成年加冠礼。加冠仪式一般在宗庙举行，由年长者为其梳发绾于头顶，戴上冠。这就表示进入成年人了。《白虎通》称："男子幼，娶必冠。女子幼，婚必笄。"指男子二十岁举行冠礼后方可以婚娶；女子十五岁举行笄礼后才能结婚。古代人十分重视礼仪，一次齐景公披发未戴冠出门，被门人击马腿而拦阻，逼景公回宫。

"冠"可引申指超出众人，动词。如《史记·魏其武安侯列传》中就有："名冠三军。"《汉书·地理志下》也有："后有王褒、严遵、扬雄之徒，文章冠天下。"以上两句话中的"冠"都是顶尖的意思。又可引申指名列第一，位居第一，形容词。《韩非子·难三》："夫尧之贤，六王之冠也。"又可引申为体育竞赛中的第一名，如集体冠军、单打冠军、双打冠军，还有三连冠、五连冠、名冠全球等词。

由"冠"字组成的成语可不算少，诸如"衣冠楚楚"：形容衣帽穿戴庄重、整齐而漂亮。源自唐代崔损《凌烟阁图功臣赋》中："名位雍雍，就丹楹而成列，衣冠楚楚，焕藻井而相鲜。"又如"沐猴而冠"，语出《史记·项羽本纪》："人言楚人沐猴而冠耳。"意谓：猕猴戴上帽子，穿上衣服，装模作样成为人样。比喻虚有仪表或地位，形同傀儡而品行低下。还有一个词语叫作"衣冠禽兽"：这个成语意谓：穿着衣服、戴着帽子的禽兽。比喻品德败坏、行为如同禽兽的人。除此之外，还有"张冠李戴""南冠楚囚""怒发冲冠""冠冕堂皇"等词。

这个"冠"，如今冠归于"冖"部。

5. 草鞋，布鞋，皮鞋——释"鞋"

鞋 鞵 鞵

楷书　　小篆　　繁体楷书

这个"鞋"字，目前尚未找到甲骨文和金文的字形。出现最早的是篆文字。它的左半边是个"革"，表示皮革是制鞋的一种材料，右半边是"奚"。这个"鞵"是个从革、奚声的形声字。后来，隶变后楷书写作"鞵"，又成了从"革"、从"圭"的会意字"鞋"，而且成为正体流行开来。从此"革"和"奚"两字组成的"鞵"字就"束之高阁"保存在字典、辞书之中了。

《说文解字·革部》段注称："鞵，革生鞮也。从革，奚声。"本义为穿在脚上，走路时踩在地上，对脚有保护作用的东西。

我国在每个历史阶段中都有不同的字用来表示"鞋"。上古时期将鞋叫作"屦（jù）"，这种"鞋"是用草葛制成。如明代医药学家李时珍在他的《本草纲目》中说："古者以草为屦"，也就是用草藤类植物编制成鞋子。《诗经·魏风·葛屦》中吟道："纠纠葛屦，可以履霜？"（纠纠：缭缭，绳索缠结缭绕状。）诗句意为：用葛草等缠结缭绕而成的屦，是人们夏天穿用的，怎么能在冰霜上行走呢？

到了汉代之后，"屦"这种鞋子的称呼换为"履（lǚ）"。古文字学家朱骏声在《说文通训定声》中说得很清楚："古屦，汉以后曰履，今曰鞋。"李时珍在他的《本草纲目》中说：古者"以帛为履"。这话是说使用丝织品这种材料做鞋子。古代有个"郑人买履"的成语故事。故事说：有个郑国人在家里量好了自己脚的尺寸，却忘记带记录尺寸的绳子了。到了市场买鞋时，拿不出量好的尺寸，只好回家去取。等他返回到街市时，市场已经全都关门了。这个成语故事是讽刺那些不顾事实、死搬教条的人。

　　古代人穿鞋很讲究，从用料上讲，有丝履、锦缎履、皮履、麻草履等；从样式来说，有鞋头高高翘起，且上有虎头状的，有凤凰形态的，还有镶嵌珍珠宝石的，也有在鞋面上绣花的等，样式很多，各有不同，美观而漂亮。而且我们还可以从古代人穿的"鞋"上推断出其人的身份。如《太平御览》中说："贾子曰：天子黑方履，诸侯素方履，大夫素圆履。"而草鞋为贱履，是穷人穿的，如《汉书·卜式传》中有："式既为郎，布衣革履而牧羊。"

　　到了南北朝时期盛行穿木屐。这是用木材做底的鞋，称为木屐。李白在《梦游天姥吟留别》诗中吟道："脚著谢公屐，身登青云梯。"还有一种鞋，叫作靴子。从南北朝时期开始，靴子在汉族中开始得到普及，直到清代，靴子都是历代官员的正式穿着。

　　现在的鞋，依原料分，有布鞋、皮鞋、棉鞋、旅游鞋等；从样式上分，有长筒鞋、平底鞋、高跟鞋、拖鞋等。此外，由鞋延伸出来的词语，还有鞋面、鞋底、鞋帮等词。

　　这个"鞋"，如今归入"革"部。

6. 素食，荤食，丰衣足食——释"食"

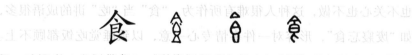

楷书：　　甲骨文　　金文　　小篆

　　俗话说"民以食为天"，吃饭问题是头等大事。那么，我们先祖是怎么造出这个"食"字的呢？如上方图形古文字所示：甲骨文"食"字，由两个部分组成，其上部是个倒口，下部是一个装着丰盛食物的食器之形，口下两个小点是吃食时口中掉出的食粒。这个"食"字是个上下结构的合体会意字。金文"食"字为了书写方便，稍有简化。小篆"食"字下部变得不太像食器模样了，但形体上更加整齐美观。经过隶变后楷书写作"食"。

"食"的本义是可以吃的食物、食品。说得通俗点，人吃的东西都可以称为"食"。如"粮食""食物""主食""副食""食品"等。《论语·颜渊》中有："足食，足兵，民信之矣。"孔子认为：粮食充足，军备充足，老百姓对政府也就信任了。"夫定国之术，在于强兵足食。"这是曹操在《置屯田令》中说的一句话，意思是说：使国家安定的方法，在于有强大的兵力和充足的粮食。有个成语"缺衣少食"，意为衣食不足，谓之贫穷。然而，人总是向往好的生活。孔子在《论语》中有句名言："食不厌精，脍不厌细。"意思是说：粮食不嫌碾舂得精，鱼和肉不怕切得细。后人就用这个成语形容对食物的精制而讲究。还有个成语叫作"丰衣足食"，形容生活富裕，衣物和食物充足。

人们还将日、月亏缺的天文现象称之为日食、月食呢。

由"食物"的意思引申为"吃"，当"吃东西"讲。"食"又用作动词，如嚼食、吞食、绝食。以上诸词中的"食"都当吃讲。《论语·学而》中载有孔子这样一句话："君子食无求饱，居无求安。"句中的"食"当吃讲。这句话是说：君子吃不要求饱，居住不要求舒适。在《论语·阳货》文中，孔子说了另外一句话："饱食终日，无所用心，难矣载！"此话与上边的一句意味大不相同。这话大意是：整天吃饱喝足，却什么事也不关心也不做，这种人很难有所作为。"食"当"吃"讲的成语很多，如"废寝忘食"，形容对一件事情专心一意，以致睡觉吃饭都顾不上。成语"解衣推食"，语出《史记·淮阴侯列传》："汉王授我上将军印，予我数万众，解衣衣我，推食食我。"后简化作成语"衣我推食"。（衣我：给我衣穿；推：让也；食我：给我食吃。）这个成语的意思是说：脱下他自己的衣服给我穿；让出他自己的食物给我吃。形容他人对自己慷慨而十分宠信，并表示关系深厚。还有成语"食不果腹""食不念饱""食不甘味""食言而肥""自食其力""食前方丈"等。

"食"是个多音字，又可以读作 sì，表示拿东西给人吃、食或喂养。例如："饮之食之，教之诲之。"《诗经·小雅·绵蛮》这句诗中的"食"，用的就是上述这个意思。现在我们将这个意思转给了"饲"。"食"，也用作姓。

这个"食"，现今仍设有"食"部。请注意，"食"作左边偏旁时要简化为"饣"。凡以"饣"取义的字都与吃、食物等义有关。

7. 独饮，对饮，开怀畅饮——释"饮"

饮		餟	飲
楷书	甲骨文	金文	小篆	繁体楷书

这个"饮"字在古文字里，它的构形很新奇而又复杂。若探讨一下它的来源，我们就不能不为先祖们造字的创意而赞叹。那么，"饮"字是怎么造出来的。如上方图形古文字所示：

甲骨文"饮"的构形。它的左半部下边是个酒坛（酉）之形；它的右半边是个面朝左站立着的人形。可以看出，此人伸出手臂扶着酒坛，又伸着长长的脖子，低着头，张开嘴，头伸在酒坛之上，又伸出长长的舌头似在饮酒。如此造字，让人识读起来感到耳目一新。

金文"饮"字的构形，其右半部是张着大口站着之人；左下半部是个酒坛子，它的上部又增添了个张口朝下且与"口"意相同的"今"。今既用以表意，也兼而表声，"饮"成了个从酉，从今，今也声的会意兼形声字。

小篆"饮"的字形与金文"饮"类同，只是右半边的人讹变成了个"欠"。形体更为规范而且整齐化了。但仍然是会意兼形声字。汉隶后直到楷书的"饮"字，左半部变为"食"表示吃、喝，右半部的"欠"

表示张着大口的人，如此这样"饮"字变成纯粹的会意字。

这个"饮"字的本义为喝，用作动词。如"饮而不食者，蝉也。"《荀子·大略》中告诉我们，此句中的"饮"表示喝意。是说蝉这种昆虫不吃东西，成虫只刺吸植物的汁液。《荀子·劝学》篇中又说："上食埃土，下饮黄泉。"这里又告诉我们，蚯蚓这种小动物，既没有锐利的爪子又没有坚硬的牙齿，也没有强健的筋骨，却上能吃到泥土，下能喝到黄泉之水。

"饮"又特指饮酒，如独饮、对饮、豪饮、宴饮、开怀畅饮。古代人喜爱喝酒，有个成语"觥筹交错"，表示酒杯、酒筹杂乱地放着，形容许多人聚会喝酒的场景。古代有许多描写饮酒的诗词，如"花间一壶酒，独酌无相亲。举杯邀明月，对影成三人"。这是唐代大诗人李白《月下独酌》中的两句诗。虽然没有出现"喝""饮"的字样，但一人饮酒之意已经显露出来。又如李白在《江夏赠韦南陵冰》诗中吟道："秋来饮酒二千石，寒灰重暖生阳春。"还有唐代王翰《凉州词》中的："葡萄美酒夜光杯，欲饮琵琶马上催。"或借酒浇愁，或抒发豪情，各种复杂的情感全可以借酒来表达。除了喝酒的诗外还有喝水的佳话，如陈毅送别缅甸驻华大使时写下这样两句诗："我住江之头，君住江之尾。彼此情无限，共饮一江水。"诗意如甘泉似美酒注入人们的心田。"饮"也泛指一般意义上的喝，如饮酒、饮茶、饮水思源；此外还指一些喝的液体，如饮料、热饮、冷饮等等。

"饮"又读作 yìn。如今专指给牲畜喝水，如饮牛、饮驴。唐代元稹在《早归》一诗中写道："饮马鱼惊水。"诗中的"饮马"就是让马喝水的意思。马在这里是主语，所以"饮"必须读为 yìn。

这个"饮"，现如今归于"饣"部。凡从饮取义的字都与喝等义有关。

8.设宴，宴请，宴席——释"宴"

宴　　　　　　　　宴

楷书　　金文　　小篆　　隶书

这个"宴"，是个会意兼形声字。如上方图形古文字所示：金文"宴"的形体，其上部是"宀"，是房屋，屋内是"晏"，是个从"宀"，从"晏"（偃息）会意，"晏"也兼表声的会意兼形声字。小篆"宴"线条化、整齐化。隶变后楷书写作"宴"。

《说文解字·宀部》载："宴，安也。从宀，晏声。"段注："引申为宴。""宴"，本义为安逸、闲适、安乐、安居，用作形容词。《字汇》中称："宴，闲也。"如《周易·随卦》中说："君子以向晦入宴息。"这句话是说：君子在向晚时安然休息。

可引申指"喜""乐"。《字汇》载："宴，喜也。"形容词。如《诗经·邶风·谷风》中吟道："宴尔新婚，如兄如弟。"朱熹注："宴，乐也。"诗意谓：你们新婚多快乐，亲密得像兄弟一样。《古诗十九首·青青陵上柏》中有："极宴娱心意，戚戚何所迫。"（"极宴"：豪奢的宴饮；"戚戚"：忧惧的样子。）诗意说的是：豪奢的欢宴只为使心情畅快，为什么忧惧重重呢？

"宴"，具有"宴请""宴饮"之义，以酒肉招待客人，动词。如白居易的《琵琶行》中这样写道："添酒回灯重开宴。"这句话是说：邀请与对方相见，并且添上酒，移回灯，准备重新开宴席。现如，亲朋好友聚在一起吃饭、饮酒，就叫作"宴请""宴客""欢宴"。

由"宴请"引申为"酒食筵席"，用作名词。《左传·昭公九年》载："君彻宴乐，学人舍业，为疾故也。"这句话是说：国君撤除酒食音乐，学乐的人停止演习，这是为了避讳不吉之日。还有词语设宴、盛宴、午宴、晚宴、国宴等。

除了这个"宴"字外，还有一个上"日"下"安"的"晏"字。"宴"与"晏"，形体相近，读音完全相同，都是会意兼形声字。要注意它们的区分。宴饮一般在屋内进行；而这个"晏"的"日"在"屋"之上，表示晴朗没有风云之意。二者略有不同。"晏"还是个姓氏字，如春秋时期齐国有位宰相就姓"晏"，名晏婴，后人都尊称他晏子。晏子虽然身材矮小，但他是个非常机智聪明、能言善辩的人。一次齐国国王派晏婴出使楚国。楚国人见他又矮又小，便关闭宫的大门，让晏子从小门进去。晏子看得明白，对迎接他的官员们讲："这是狗进出的门吧？如果我出访的是狗国，自然该走狗门。我现在是访楚国，也需要从狗门进吗？"迎宾官员听了赶忙带路，晏子堂堂皇皇地从宫门进去了。

这个"宴"，如今归于"宀"部。

9. 柴门，午门，敞开大门——释"门"

门	𦣻𦣻	𦣻𦣻	門	門
楷书	甲骨文	金文	小篆	繁体楷书

"门"，完全是个象形字。甲骨文"门"的形体，完全像简易的两扇柴门的形状。金文"门"的字形，和甲骨文"门"完全相同，只是线条粗了一些。小篆"门"字，为适应秦篆统一形式的需要，把两边门框脚向下伸长了。由此相沿发展成为楷书繁体字的"門"字。汉字简化后写作"门"，是由古代草书楷化而来。

"门"，本义为门户、门扇。如板门、铁门，如今又有塑钢门、玻璃门。人类进入阶级社会后，门不仅是供人出入的通道，还反映着人的地位和等级——对一般百姓来说是衡门、柴门、蓬门；对官宦贵族富户来说是侯门、朱门、豪门。北京故宫的紫禁城，有高大神圣的四座朱门，南门叫午门，北门叫神武门，西门叫西华门，东门叫东华门。这四门当中唯独东门特殊，其他每扇门上都有九排门钉，每排九个，共八十一个门钉。东华门则不然，九排门钉，每排少一个，共七十二个门钉。至于为什么，目前还没有考证出来。

"门"，也有一些本来与门无关的东西也喜欢用"门"造词。如人的前额不可开合也不像门，偏偏叫"脑门"；医生看病与房门无关，却称"门诊"；一个地域的关塞要隘，称燕门、玉门、江门；一门学问、两门功课、三门大炮，量词也用了"门"。除此之外，又造出"电门""气门""水门"等。上述含"门"的词语，却属于"正门"，其他有关门的词语还有邪门儿、走后门、歪门邪道等。邪门儿，是不正常或反常的意思，比如说"最近的天气真邪门儿，忽冷忽热"；"歪门邪道"，是不正当的途径或坏点子，比如说"这家伙想的尽是歪门邪道"；"走后门儿"比喻用权钱交易等不正规的手段达到目的。

明代有个没有留下姓名的人，在《字触》中留下了这样一个字谜："依阑干柬君去也，霎时间红日西沉，灯闪闪人儿不见，闷昏昏笑话无心。"其第一句意思是"阑"字中的"柬"（实为柬）走掉了，剩下的自然是个"门"了；第二句意思是"间"中的"日"落下去了，留下的当然也是"门"；第三句意思是"闪"字中没有了"人"剩下的又是个"门"字；第四句里的"闷"字没有了"心"，剩下的还是个"门"字。整个字谜说的都是我们每天进进出出的"门"。

"门可罗雀"，形容门庭冷落，来访客人稀少。其典故出自《史记·汲郑列传》中，典中称："始翟公为廷尉，宾客阗门；及废，门外可设雀罗。"其大意是说：翟公担任廷尉，有职有权有势时，家中宾客满门；后来被朝廷罢了官，没有了权势，就再没有人去拜访他了，大门外冷冷清清，简直可以设置捕鸟雀的网了。翟公知道后，在大门上写了几个大字："一死一生，乃知交情；一贫一富，乃知交态；一贵一贱，交情乃见。"可见，"门可罗雀"典故中的"门"字，是"门第"的意思。

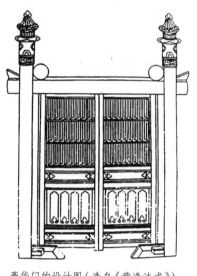
豪华门的设计图（选自《营造法式》）

"门庭若市"，典出《战国策·齐策》中。说的是齐威王受臣子的蒙蔽，听不到下边的正确意见。他在邹忌的启发下，发布命令："凡是官吏和百姓当面指责我的过错的，受上等奖；上奏章规劝我的，受中等奖；在街头巷尾议论我过失的，被我听到的受下等奖。"这道命令宣布不久，"群臣进谏，门庭若市"，纷纷进宫向齐威王提意见。后来以"门庭若市"形容来者很多。"门"也用作姓。

这个"门"，如今仍设有"门"部。

10. 门户，住户，夜不闭户——释"户"

户	曰	戶
楷书	甲骨文	小篆

"户"，是个象形字。它像什么？像个门，而且是个单扇门。户怎么像门呢？那么，我们就来做个"户"与"门"的字形比较。不难看出，"門"为两个"户"，而"户"是个单扇"門"。

《说文解字·户部》载："户，护也。半门曰户，象形。"许慎说：户，护也。护是声训，意谓"户"是起保护作用的。

"户"的本义是单扇门。南朝的辞书《玉篇》也告诉我们："户，一扇曰户，两扇曰门。"还有《诗经·小雅·斯干》诗中讲："筑室百堵，西南其户。"（堵：方丈为堵。）这句话是说：建筑宫室的墙合一百方丈，向西南方向开门户。有个成语为"夜不闭户"，指夜里睡觉不用关门，形容社会治安情况良好。

后来户又引申出"门户"，人家、住户的意思。如南北朝的《木兰诗》云："唧唧复唧唧，木兰当户织。"诗中的"户"说的是门户。诗意谓，唧唧声接连不断，木兰在家里纺织。又如《周易·讼》中也说："其邑人三百户，无眚。"这句话告诉我们，邑这个地方的三百多户人家，都没有过错。现如住户、户主、安家落户、挨家挨户、千家万户等词。

"户"还指从事某种职业的人或人家。如《皮日休文集》中说："彭泽县，乡曰黄花，有农户曰逢氏。"这个"农户"指的是农业户。徐珂《清稗类钞·冯婉贞》一书中写道："距圆明园十里，有村曰谢庄，环村居者皆猎户。"此话是说，谢庄及其周围居住的人都是猎人。

白居易《久不见韩侍郎，戏题四韵寄之》："户大嫌甜酒，才高笑小诗"这两句诗中的"户"是何义？若将它解释作"门户""住户"，都解释不通，其实这个"户"指的是"酒量"。意谓酒量大的人喝甜酒不过瘾。

由"住户"又可引申出"门第"。其意指：家庭的社会地位和家庭成员的文化程度等，如书香门第、门第相当。由"户"组成的成语，如"户列簪缨"。（户：指门；簪缨：古代官吏的冠饰。）这个成语是说：门前陈列着官吏的簪缨，形容为官的显耀。又如"门当户对"，其意指结亲两家的社会地位和经济状况相当，结亲是合适的。成语"户限为穿"（户限：即门槛；穿：破。）意思是说：门槛都被踏破了，形容进出的人很多。除此之外，还有"户告人晓""户枢不朽""门户之见"等成语。"户"，也用作姓。

这个"户"，如今仍设有"户"部。

11. 青羊宫里应如旧，肠断春风万里桥——释"宫"

宫　俞　園　園　宫

　　楷书　　甲骨文　　金文　　小篆　　繁体楷书

　　这个"宫"是个会意字，如上方古文字所示：它们外部轮廓都像房屋，其内部都有两个方块如"口"的字样，像房间、似居室。正如古文字学家罗振玉所说："像有数室之状。"金文、小篆"宫"的字形与甲骨文"宫"的字形大同，只是金文内部居室排列整齐化了，小篆"宫"在两室之间加了一小竖，使居室连了起来。隶变后楷书繁体写做"宫"，汉字规范化后写作"宫"。

　　《说文解字·宫部》说："宫，室也。"说明"宫"的本义是"室"，也就是人们居住的房舍。在上古时期乃至先秦时期，"宫"与"室"均无差别，可以说是同义词。《尔雅·释宫》中称："宫谓之室，室谓之宫。"说明宫与室原来是一样意思。上古时期，不论房屋的高矮大小，也不论人的身份贵贱，住宫住室没有差别。《诗经·豳风·七月》中说："我稼既同，上入执宫功。"其意是说：我们将田里的庄稼刚收割完，又要去为贵族修理房子。这里的"宫"就是普通的房子。《战国策·秦策》中有：辩士苏秦得志后，一次路经故乡，"父母闻之，清宫除道，张乐设饮，郊迎三十里。"这里的"清宫"就是打扫房子。以上两个例子中的"宫"，指的均为房舍，并非指宫殿。

　　秦汉之后，"宫"逐渐被帝王霸为专用，专指帝王居住和理政的地方。从此"宫"就专指帝王的宫殿，而其他民众居屋则称为"室"。唐代陆德明在《经典释文》中说："宫，古者贵贱同称宫，秦汉以来王者所居称宫焉。"秦始皇为了显示自己的尊贵，建造了"阿房宫"；汉代萧何为皇帝营造了"未央宫"；汉惠帝为其母营造了"长乐宫"；唐代长安

汉字里的传统文化

建造有"大明宫";明清两代的"紫禁城",即今天的"北京故宫"等,都是帝王理政和居住的宫殿。在翻译为汉语时,有的外国帝王或统治者理政和居住的房舍也称"宫",如在巴黎市中心有法国封建帝王的宫殿"卢浮宫",又有行宫"凡尔赛宫";在华盛顿城内有一座白色建筑,是美国总统的官邸,叫"白宫";俄罗斯莫斯科市内有个"克里姆林宫",英国还有个"白金汉宫"。

皇宫是个大杂院,有东宫、西宫,后宫妃嫔姬妾三千人。唐·元稹有首《行宫》诗吟道:"寥落古行宫,宫花寂寞红,白头宫女在,闲坐说玄宗。"诗意是:冷落空虚的古行宫里,白了头的宫女,寂寞无聊地闲坐在那里,谈论唐玄宗天宝年间的往事。

"宫",又让人联想到神仙的住所。如"天宫",海里的"龙宫",传说中的"广寒宫",据说广寒宫是月中嫦娥仙子的住所,它又叫月宫和蟾宫。此外,佛教、道教的庙宇及宗庙也可称为宫。如北京的"雍和宫",西藏有藏传佛教的庙宇"布达拉宫",每到法事之日,钟磬齐鸣,香烟缭绕,好不热闹。道教寺观也称为宫,如山东崂山的"太清宫""上清宫""华楼宫";四川成都有个道观"青羊宫"。宋代陆游有《梅花绝句》云:"青羊宫里应如旧,肠断春风万里桥。"唱的就是"青羊宫"。现如今的"宫"字,则用作民众娱乐的地方,如少年宫、青年宫、老年宫、民族宫、艺术宫,以及劳动人民文化宫等。

含"宫"字的词还有个"宫刑",又叫"腐刑",是一种阉割男子生殖器官的酷刑。著名史学家司马迁曾受过宫刑,但他忍辱负重,发奋著书,终于完成了流传千古的名著《史记》。"宫",也用作姓。

这个"宫"字,如今归入"宀"部。

12. 茅屋，草屋，屋漏更遭连阴雨——释"屋"

屋 屋 屋

楷书 《说文解字》籀文 小篆

"屋"，是个会意字。如上方小篆"屋"的字形，其上部是个"尸"字，像人形，下半部是"至"字。人、至会意，是个合体会意字，且表示人止息居住的地方。异体籀文"屋"的字形，在尸下、至上之间增加了个"厂"字。这不是工厂的厂而是表示山石崖壁的"厂（hǎn）"字。古时候人们多在山崖之下挖洞以供居住。上方异体籀文字形是个由尸、厂、至三个字会意，也就是用以表示古时候半地下屋的顶部有遮盖物的居室。隶变后楷书写作"屋"。

《说文解字》中说："屋，居也。从尸，尸所主也。一曰尸象屋形；从至，至所止。室屋皆从至。"古文字学家段玉裁注称："屋者，室之覆也。"

屋，它的本义是古代半地下穴居屋上部的覆盖物的部分，即房顶，泛指覆盖物。如《淮南子·主术训》中说："是故十围之木，持千钧之屋。"这句话泛指屋的屋脊、屋顶以及覆盖之物。如成语"高屋建瓴"，其中的"屋"字，就是指建筑物的高处、顶端。又如"一段农家好风景，稻堆高出屋山头"。范成大《颜桥道中》中的这句诗告诉我们：稻子的大堆比房屋的山墙头还要高。也说明古代的房舍低矮。《诗经·豳风·七月》吟道："亟其乘屋，其始播百谷。"句中的"亟"：赶快；乘：升、登上。这句话是说：开始播百谷了，抓紧时间上屋修缮。

由建筑物的顶部覆盖物可引申指"车盖"。如古代帝王出巡时坐的车，其车盖多用黄色丝织品制成，故称作"黄屋"。又如《史记·项羽本纪》里也说："纪信乘黄屋车。"也就是黄盖车。

"屋"也用来泛指一般意义的屋舍。如宋代梅尧臣的《陶者》中说："陶尽门前土，屋上无片瓦。"陶渊明《归园田居》中称："方宅十余亩，草屋八九间。"现如房屋、小屋、草屋、茅屋、还有精品屋等。"屋"又可指家。如，"吴中过客莫思家，江南画船如屋里"。

由"屋"又可引申指"房间"。如堂屋、正屋、里屋、外屋、书屋，还有烧饭的房间，叫作灶屋。

有个词叫"屋粟"，是一种赋税制度。民有田不耕者纳税时称屋粟。《周礼·地官·载师》中称："凡田不耕者出屋粟。"由屋字组成的成语，有个叫"爱屋及乌"，这是说爱房屋连带也爱护停留在屋上的乌鸦，比喻爱其人而推爱与之有关的人或物。元代高明在《琵琶记·伯喈思家》中说"屋漏更遭连夜雨，船迟又被打头风"（打头风：逆风），这句话比喻连续发生变故、困难，不幸的处境更加恶化。

这个"屋"，如今归为"尸"部。

13. 风车，马车，战车——释"车"

车			車	車
楷书	甲骨文	金文	小篆	繁体楷书

"车"，据说是四千六百年前黄帝发明了车。一天，黄帝在路上偶然看到一团蓬草随风滚动向前，由此受到启发，于是他亲自动手造了一辆车，使用起来很方便。因为黄帝造车，所以黄帝又号"轩辕氏"。也有的古籍中认为车是尧帝的车正奚仲所造，因为车正是古代职掌车服诸事的官，所以奚仲造车也是有可能的。《淮南子》认为，车是圣人所造，此说虽含糊，没有指名哪个圣人，也就有可能包括劳动人民在内。

我们今天能够看到的车，最早为商代所造，那时车的形体多种多样。据学者统计，发现甲骨文中有四百多种不同形状的车，而且都为车的象形字。这四百多种"车"，最突出的部位要数两个圆圆的车轮了，有的还有车厢、车辕、车衡等。如上方图形古文字所示：甲骨文"车"的形体，大体上是一辆车的形状，其突出了左右两个车轮，一条横线贯穿车轮的是车轴，轴的两端还有防止车轮脱落的销钉；也有的甲骨文"车"字，在两车轮中间有长长的一竖线是车辕，它的上端是衡，是驾马之处。金文"车"的形体，是俯视观察形状。"车"字演变到小篆之后，为了便于书写，只留下一根车轴，一个车轮和两个销钉。小篆"車"字经过隶变楷化后成为繁体"車"字，简体写作"车"。

"车"是古代重要的交通运输工具。古代帝王乘坐的车叫辂。《淮南子》中说："尧为天子，大辂不画。"其意思说的是：尧做天子时，出进坐的车子既不描金，也不刻画。《诗经·大雅·烝民》描绘说："四牡骙骙，八鸾喈喈。"它的意思说的是四匹雄马拉车跑得很快，车上系着的八个鸾铃发出叮当悦耳的响声，此车富丽堂皇，很可能是帝王乘坐的车子。

"辇"，是古代车子的一种，是一种人拉的车，也是帝王贵族乘坐的车。汉以后"辇"专指天子乘坐的车，如帝辇、凤辇。《战国策·触龙说赵太后》中云："老妇恃辇而行。"这里老妇是赵太后的自称，其意是我进进出出都是依靠车子。这里的辇显然是赵太后所乘坐的车。"辇"是个会意字，车前的两个"夫"字代表两个人，是两个壮汉子，是拉车的车夫。《说文解字·车部》解释说："辇，挽车也，从车，从夫，夫，在车前引之。"

"车"在古代既是交通运输工具，又是战争的重要工具，如《左传·隐公元年》载："命子封帅车二百乘以伐京。"其意是：命令子封帅二百辆战车攻打京。因此，战车，也称兵车。古代战车、兵车数量按"乘"计算，有兵车千乘的国家叫"千乘之国"，有兵车万乘的国家叫"万乘之国"。在古代，凡是有了"千乘"或"万乘"兵车的国家，就是我们今天所说的军事大国、军事强国。

"车"，由于形制不同，用途各异，汉代时期的车已发展为许多种类，按照牵引力不同分为马车、牛车和人力车。而现如今，由内燃机提供强大动力，使车轮滚动向前的车，有火车、汽车；依靠人力为动力的车，如用手握摇柄带动轮子转动的纺纱器具叫作"纺车"，以风力驱动齿轮转动的工具叫"风车"；使用人力或畜力转动轮子、带动水斗，将水运送到田里的工具叫"水车"。人的两脚踏动脚蹬使车子前进的是"自行车"。有个成语叫"车水马龙"，说的是车马往来不绝，形容繁华热闹的景象。《后汉书·马后纪》中说："前过濯龙门上，见外家问起居者，车如流水，马如游龙。"又有个成语"车载斗量"，谓数量很多，不可胜数。"车"，也用作姓。

（秦）铜车马

这个"车"，如今仍设有"车"部。

14. 载舟，覆舟，风雨同舟——释"舟"

舟　夕　月　月

楷书　甲骨文　金文　小篆

毛泽东《沁园春·长沙》写道："到中流击水，浪遏飞舟？"这个"舟"字，在商代甲骨文中完全像"一叶轻舟行于水"的形象，是一个象形字。如上图所示，舟的首尾部分都有一条或两块木板与船帮连接，使小船有隔舱之状，而且能使船体更为牢固。此小舟与今日的小木船相似，平底、方头、方尾，首尾微微上翘。这反映了商代船的构造和特点。金文"舟"字的字形，把舟放平了，侧面看上去，像一只船漂浮于水面。小篆的"舟"字，又把"舟"竖立起来，上端的曲线活像船的舵，这是线条化艺术化了。楷书的"舟"字，是承接小篆演变而来，基本上同于小篆的写法。

"舟"字的本义是船。《说文解字》解释说："舟，船也。古者共鼓、货狄，刳木为舟，剡木为楫，以济不通。象形。"其意思是说，舟就是船，古时候共鼓、货狄二人挖空木头为船，削木为楫，用来渡过不能通过的水域。中国乃至世界文明发祥地都是在河流两岸及其周围，如黄河、长江等。因此，古人很早就学会了造舟、船。据说古人造舟、造船是受叶落于水面不沉的启发，也有人说古人看到木浮于水面而想到造船。从古代典籍记载看，舟船的出现，历经了三个阶段：首先是借助某些浮力较大的浮物助泳，如《诗经·河广》中说："谁谓河广，一苇杭之。"说的是用一捆芦苇渡了黄河。第二阶段就是使用竹木编制捆扎成筏子，《论语·公冶长》中称"乘桴浮于海"，这里的"桴"就是木筏；第三阶段出现的才是舟船。最早的"舟"是"刳木为之"的独木舟，也就是用一根大木剖为两半，在中间挖出空膛，这就是最早的"舟"。此种舟船性能的稳定性都很差，不能满足人们的需要，于是出现了用多块木板组装打造成的木板船，使人们能够自由航行于江河之上。

有关"舟"的成语典故和格言，以及由"舟"字组成的词语很多。如"学如逆水行舟，不进则退"，是比喻学习或做事必须克服困难、奋勉向前。有个很有名的典故叫"刻舟求剑"，这个典故发生在春秋战国时期，有个楚国人乘船过江时不慎将剑落入江中，他急忙在船帮上刻了个记号，待船靠岸时，他才急忙从刻记号的地方跳到水里，寻找他那把宝剑。《吕氏春秋》作者评论说："舟已行矣，而剑不行，求剑若此，不亦惑乎！"在现实生活中，刻舟求剑的人可能很少，但拘泥固执、不知变通的大有人在，但愿我们不要做"刻舟求剑"的人。

人们常说的"水能载舟，亦能覆舟"，是一句很有哲理的格言。《荀子·王制》中称："传曰：'君者舟也；庶人者，水也。水则载舟，水则覆舟。'"由此可见在中国历史上，很早就有人用舟与水的关系比喻统治者与民众的关系。唐代名臣魏征在著名的《谏太宗十思疏》中也说："怨不在大，可畏惟人；载舟覆舟，所宜深慎。"这些话说的是：怨恨不在大小，可怕的是人心的向背；水可载舟亦能覆舟的道理，真应该特别谨慎对待。唐太宗也常以舟与水的关系告诫太子："水所以载舟，亦所以覆舟。民犹水也，君犹舟也。"

成语"同舟共济"，说的是同坐一条船过河，以比喻同心合力共渡难关。语本出自《孙子·九地》中："夫吴人与越人相恶也，当其同舟而济，遇风，其相救也，如左右手。"又有成语"风雨同舟"。"舟"，也用作姓。

这个"舟"，如今仍设有"舟"部。

15. 门路，道路，路在脚下——释"路"

路　　　路　　　路

楷书　　　金文　　　小篆

这个"路"字最早出现在金文中，由两个字符组成，是个左右结构的会意兼形声字。如上方图形古文字所示：金文"路"字的左半边是"足"，本指人脚，会人脚下走过的路。其右半部是"各"，各也兼表声。这个"路"字，从金文到篆义到隶书乃至楷书，其字形皆一脉相承，都是由左"足"、右"各"两个字符组成，且始终没有变化。

"路"的本义为"道路"。《说文解字·足部》称："路，道也。从足，从各。"各也兼表声。《尔雅·释宫》中解释说："路，途也……道也。"在古代，路无岔道为通路，路有岔道通四方的路叫作衢。那么，最初的路是怎么来的呢？电视剧《西游记》的主题歌中有这样一句歌词唱道："敢问路在何方，路在脚下。"鲁迅先生有句名言道："其实地上本没有路，走的人多了，也便成了路。"表明最早的路是由人们用双脚走出来的、踩出来的。古代自从发明了车，也就有人工修的路了。那时候修的路只是铲去杂草，铲平土石即成为路。《左传·宣公十二年》中有"筚路蓝缕以启山林"之语。这句话里的"路"却是当车讲。"筚路"就是"柴车"。整句话的意思是说：驾着柴车，穿着破烂衣服去开发山林。这个"路"，为什么当"车"讲？是因为路能行车。后来才开始有目的地逢山开路，遇水架桥。随着铁路、公路、高铁相继出现，道路交通在人们生活和经济建设中发挥着越来越重要的作用。一部道路发展史，构成了人类文明的重要内容。

屈原在《离骚》里称道："路漫漫其修远兮，吾将上下而求索。"这个"路"字当"道路"讲。此句话意为：前面的道路啊长而遥远，我将不断地追求探索。《诗经·郑风·遵大路》诗云："遵大路兮，掺执子之手兮。无我丑兮，不寁好也。"（遵：沿着；掺：拉着。）这话是说：沿着大路跟你一起走，紧紧拉着你的手。不要嫌我貌丑厌弃我，不要骤然断绝我两人的相好。

"路"又有"途径""门路"之义。《史记·魏公子列传》中写道："如姬之欲为公子死，无所辞，顾未有路耳。"句中的这个"路"，就是"门路""途径"之意。这句话的意思是说：如姬愿为公子去死，决不会推辞，只是没有途径和机会罢了。初唐文学家王勃在《滕王阁序》里说："无路请缨，等终军之弱冠。"《楚辞·九章·惜诵》中也说："固烦言不可结而诒兮，愿陈志而无路。"以上两处的"路"，都是指的途径、门路。

"路"有远有近，所以又有"路程""里程"之说。春节晚会上有一首歌唱道："三百六十五里路呀……"以上两处的路，都当路程、里程讲。

由"路"组成的词语、俗语、成语可不少。如，《元曲选·争报恩·第一折》中有言道："路遥知马力，日久见人心。"是说路远才能知道马的力气大小，时间长了才能看出人心的好坏。还有个"司马昭之心，路人皆知"。说的是三国时期的司马昭，他统揽了魏王朝的大权，处心积虑夺取曹魏政权，大肆杀害曹氏的人。魏帝曹髦见威权日去，不胜其忿，乃召侍中王沈、尚书王经、散骑常侍王业，谓曰："司马昭之心，路人所知也。吾不能坐受废辱，今日当与卿等自出讨之。"后人习惯用这句话比喻坏人干坏事的阴谋早已为人所共识。

由"路"组成的成语还有很多，如"路见不平，拔刀相助"，这是形容勇于打抱不平的正义行为。"路不拾遗，夜不闭户"，意谓：东西丢在路上，没人拾为己有；夜里不关大门也没有人偷窃。除此之外，还有"穿新鞋走老路""广开门路""轻车熟路""必由之路""走投无路""穷途末路""下坡路""回头路""山重水复疑无路，柳暗花明又一村"等。"路"，也用作姓。

这个"路"，如今路归于"足"部。

16.拱桥，石桥，独木桥，长江大桥——释"桥"

桥　　橋　　橋

楷书　　小篆　　繁体楷书

毛泽东《七律二首·其二》中写道："红雨随心翻作浪，青山着意化为桥。"句中这个"桥"字的繁体写作"橋"。"桥"，是个形声兼会意字。如上方篆文字所示：小篆"桥"，其左半边从"木"，右半边的"乔"是声旁，"乔"也兼表高之意。所以"桥"是个左右结构的合体形声兼会意字。经隶变后写作"橋（繁体）"，如今简化写作"桥"。

《说文解字·木部》说："桥，水梁也。从木，乔声。"《说文解字·木部》"梁"的字条说："梁，水桥也。"可见"桥"与"梁"互训。《现代汉语词典》就把"桥""梁"二字结合为合成词"桥梁"。"水梁"，就是架在水上或架在半空中的以供人来往通行的建筑物，统称为水上桥、立架桥梁，统称为"桥梁"。

由此可见，"桥"的本义就是"桥梁"。段玉裁在《说文解字·注》中就说："桥，水桥也，水中之梁也……凡独木者曰杠，骈木者曰桥，大而为陂陀者曰桥。"《史记·秦本纪》称：（昭襄王五十年）"初作河桥。"

这里说的"河桥"就是河上桥梁。《徐霞客遊记·粤西遊日记一》中写道："有水南自打狗岭来会，亦桥其上。""桥"，有石桥、铁桥，还有独木桥。

"桥"，数千年来，华夏民族在中国的土地上造了数以万计的大小桥梁。现如今苏州、杭州都市里，许多河、沟之上都有古代所建、大大小小的，高高突起的砖石拱桥，也有砖石坦拱桥。南方雨水多、河沟多，所以拱桥就多、样式也就多样。有砖石水上旱拱桥，也有砖石砌成的旱桥，还有的在拱桥之上盖成凉棚，雕梁画栋，既美观，又不妨碍人的往来。夏天的石桥上，凉风徐徐，又是人们休闲纳凉的好去处，也成了旅游观光一景。中国的砖石拱桥，坚固耐用，传世久远。诗人杜甫在《兵车行》诗中写道："爷娘妻子走相送，尘埃不见咸阳桥。"毛泽东在《七律·长征》诗中写："大渡桥横铁索寒。"这个桥指大渡河上的泸定桥，桥长约三十丈左右，用十三根铁索组成。红军先头部队，在敌军炮火中攀铁索冲过去夺得此桥。北京的桥也很多，如坐落在紫禁城正门——天安门城楼下的金水桥格外引人瞩目。在正阳门外的中轴道上有一座历史悠久的桥，那是天子每年去天坛祭天、去先农坛祭农的必经之桥，故名天桥。北京还有个银锭桥，桥身不大，但名气不小。站在小桥上放眼望去，波光粼粼的河面渐渐被放宽，抬头远眺，西山美景就在眼前。这个拱桥中间高，像个银元宝，故名银锭桥。北京还有后门桥、高粱桥、八里桥，但最有名气的、闻名遐迩的就是卢沟桥了。卢沟桥横跨永定河上，是一座联拱十一孔长桥。700 年前，意大利旅行家马可·波罗及其他外国来客就已经将它宣传到外域去了，卢沟桥在那个时候就已经驰名世界了。卢沟桥上还有一景，那就是桥身两侧的护栏各有望柱 140根，柱头等处雕有数以百计的石狮子，这是卢沟桥上最有名的雕刻艺术品。有一句由来已久的歇后语是："卢沟桥的石狮子——数不清。"20 世纪 60 年代由专人做了一次清点，其中望柱上的大狮子为 281 只，大狮子身上的小狮子为 198 只，桥两头华表柱上的大狮子为 4 只，桥东端顶着栏杆当抱鼓石用的大狮子 2 只。卢沟桥上石狮子共有 485 只。本以为"卢沟桥的石狮子——数不清"这句歇后语终于可以休矣。可在 20 年后复查时又冒出小狮子17只，那么卢沟桥上的石狮子到底有多少呢？还是数呀数不清！

据史料记载，存留至今的，古老且又坚实的石拱桥要算是河北省赵县洨河上的赵州桥了。唐代人说它是"天下之雄胜"，宋人赞誉造桥巧匠是"神丁"，元人称它"极坚固"，赞颂之声历代不绝。甚至编出神话到处传播，并用民间歌舞剧《小放牛》唱腔唱道：

> 赵州桥来什么人修？
> 玉石栏杆什么人留？
> 什么人骑驴桥上走？
> 什么人推车轧了一道沟？

接着又答唱道：

> 赵州桥是鲁班爷爷修，
> 玉石栏杆是圣人留，
> 张果老骑驴桥上走，
> 柴王爷推车轧了一道沟。

歌词说赵州桥是鲁班修造，这当然只能是神话假托之辞。那么，赵州桥是谁修造的呢？幸有唐朝开元时期宰相张嘉贞写了一篇《赵郡南石桥铭》序文，开头便说："赵郡洨河石桥隋匠李春之迹也。制造奇特，人不知其所以为。"由此可知赵州桥是隋朝工匠李春主持修造的，距今已有一千四百多年历史了，可谓古老。在20世纪50年代，赵州桥在保存外形原状原则下光荣退役，并作为文物古迹迎候中外游客。

古代过河，多是用船摆渡而往来。近代大江、大河之上都建有宏伟壮观的桥梁建筑物。其桥都由桥身以及支撑桥身的桥墩、桥台组成，多是用钢筋水泥建造而成。如，杭州钱塘江上的"钱塘江大桥"，江西赣江上的"赣江大桥"，山东省内的"黄河大桥"，黑龙江上的"哈尔滨铁路桥"，还有"武汉长江大桥"。这些桥都是供火车奔跑的铁路桥。毛泽东同志的《水调歌头·游泳》一词吟道："一桥飞架南北，天堑变通途。"这首词中的"桥"，指的就是武汉长江大桥。此外，在城市里有城市道路桥、天桥、立交桥、高架桥；农村有道路桥、浮桥、人行桥、栈桥、独木桥等特殊桥梁。

　　桥梁，又引申指器物上架起的横梁，也称之为桥。如病人血管有血块堵塞了，外科医生用病人自身的一段血管接在阻塞部位的两端，使血流畅通，这叫"搭桥术"，有心脏搭桥术。"桥"又与"矫"通，是矫正意思。"桥"，也用作姓。这个"桥"，如今归于"木"部。

北京卢沟桥和卢沟桥上的狮石子数不清

17. 行道，行程，千里之行——释"行"

行　　　　　　　　
楷书　　甲骨文　　金文　　小篆

　　这个"行"字是象形字。请看上方图形古文字所示：甲骨文"行"字中间是一条大路，它的左右两边又分出两条小路；金文"行"的字形，像南北东西两条道路都能通行的十字路口模样。小篆"行"的形体起了点变化，但，仍然可以看出中间是一条大路，左右两边为两条斜着的小路，形成了十字道口的模样，成为交通要道。清代著名古文字学家罗振玉在他的《殷墟书契考释》中谈道："行，象四达之衢，人之所行。"这话是说：行，像四通八达的人行走的大路。

这个"行"字，可以析为"彳（chì）"和"亍（chù）"两个字。而且这个彳，是小步走；亍，停止行走。常与"亍"连在一起组成为一个"彳亍"词，表示踯躅地小步走和走走停停之意。"彳"又是个偏旁部首字。凡由"彳"组成的字，大多与行为或动作有关。诸如：行、徒、徙、御等。

"行（háng）"的本义是"路"，"道路"。《尔雅·释宫》："行，道也。"名词。如《诗经·豳风·七月》中说："女执懿筐，遵彼微行。"句中的"懿筐"：指深筐；"微行"：指小路。这话是说：姑娘手提竹筐，顺着那条小路走。又如《诗经·周南·卷耳》中也说："嗟我怀人，寘彼周行。"这话伤感地叹息道，只因想念远方心爱的人，竟把筐子丢在大路旁。

在汉字中，"行"的本义是道路。在汉字中，有的以"行"为义符的字，其本义一般均与"道路"或"行走"有关。如"街""术""衙""衖""衢"这五个字，就都是路或街道的意思。《说文解字》告诉我们说："街，四通道也。""衢，四达谓之衢。"以上的"街"与"衢"二字，都是街市中的十字路口，也就是四通八达的意思。"术，邑中道也。"就是道路的意思；"衖""衙"二字，是指通往街道的小路：若在上海，那是从里弄、弄堂通往大街上的路；若是在北京，那是巷道、胡同里通往大街的小路，可以通称巷道。

"行"和"列"相对，横排为行，竖排为列。唐代大诗人杜甫的绝句写道："两个黄鹂鸣翠柳，一行白鹭上青天。"其句中的"行"就是"行列，排成行"的意思。《古乐府·鸡鸣》中也写有："鸳鸯七十二，罗列自成行。"这个"行"也是排成行的意思。相关词语有单行、双行、树木成行、字里行间、田里插秧成排成行；还有商行、银行、车行、粮行；

同行、内行、在行、懂行、行家里手。

又引申作量词：如你排行老九，我排行老六。俗话说："三百六十行，行行出状元"，还有"干一行，爱一行"等等。

这个"行"是个多音多义字。它既可读作"行（háng）"，又可以读作"行（xíng）"。"行"，当"行走"讲。如步行，行走。《论语·述而》中说："三人行，必有我师焉。"说的是：三个人一起走路，其中一定有个能当我的老师的。陶渊明《桃花源记》："缘溪行，忘路之远近。"这话是说：沿着山间小河沟行走，却忘记了路的远近。除了步行、行走外，还有行车、行军、日行千里等词。李商隐的《谣池》诗吟道："八骏日行三万里，穆王何事不重来？"句首的"八骏"：相传周穆王有赤骥、华骝等八匹骏马。这话是说：八匹骏马一个白昼能奔跑三万里路程，周穆王为什么不再来了呢？

上段文字中几次提到"步行"和"行走"两词。那么，在古时候"行"与"走"作何解？这是我们现代人要注意的一个问题。如：古代人说"行"，是现代人说"走"；现代人说"跑"，古代人说的"走"。你若不信，可去查查古文字中的甲骨文、金文乃至小篆"走"字的字形。"走"，上半部都像一个人甩开两臂奔跑之形，下半部是一个脚形，整个字形，像一个人甩开两臂，迈开大步向前奔跑的样子。如《孟子·梁惠王上》中曾有这样一段描写敌军逃跑之句："弃甲曳兵而走。"人们不禁要问，全都丢盔弃甲了，怎么还是"走"呀？事实上，古人所说的"走"，就是我们现代人的"跑"。又如，《木兰诗》中也有这样的句子："双兔傍地走，安能辨我是雄雌。"诗中的"走"就是跑意。只是到了近古时代，"走"字渐渐才转变为行走之义。但是，"走"字作古义仍保留在一些成语中，"走马观花""奔走相告""不胫而走"等成语中的"走"，仍然是"跑"的意思。

"行"又引申指"路程"。老子说过："九层之台，起于累土；千里之行，始于足下。"这话是说：九层的高台，开始于累积泥土；千里的行程，起步于人的脚下。《论语·公冶长》中也说："今吾于人也，听其言而观其行。"这话是说：如今，我对别人，听到他的言论还要考察他的形为。

行，又指行书，汉字体之一。如《续资治通鉴·宋太宗淳化元年》中写道："帝王书其文，作真、行、草三体。"那么，杜甫的《兵车行》、李白的《长干行》中的"行"字作何解呢？那是古诗中的一种体裁，也称作"歌行体"。

"行"又用作副词，有将、将要等义。如《资治通鉴·汉献帝建安十三年》中说："巨是凡人，偏在远郡，行将为人所并。"句中的"行"当将要讲。"行"作副词，有又、再之意。如《乐府诗·孤儿行》："上高堂，行取殿下堂，孤儿泪下如雨。"此语意谓：刚刚爬上高堂，又赶忙到堂下来，孤儿不由得泪如雨下。"行"，又用做姓。

这个"行"，如今行归入"彳"部。

18. 福分，福气，五福齐备——释"福"

福　　福　　福　　福
楷书　　甲骨文　　金文　　小篆

"福"在汉语词汇里，是表示吉祥、喜庆、美好的字眼儿。比如春节到了，人们沐浴在欢乐的"福"之气氛中。邻里相见"抱拳道福"，亲朋好友飞鸿贺卡传情"祝福"；家家门楣、粮囤上贴"福"，以示"迎春接福""福降家门"，充满对美好生活的热切期盼和祝愿；有的人家将"福"倒转着贴，意为"福到了"。民间贴"福"字的习俗，如同西方人通过祷告乞求上帝保佑一样，祈求得到"福神"的庇佑，"赐福避祸，趋利避害"。

那么，何为福？福从哪里来？古往今来，人们对福有多种多样的

康熙帝为孝庄皇太后写的
"爱心福"字

理解和认识。"福"在甲骨文里解读为"双手捧着酒樽，把酒浇在祭台上"，是个会意字，是古代祭祖求神的形象写照。由此可见，"福"的最初含义是"向上天祈求，保佑福降家门"。金文"福"字与甲骨文"福"字相类似。小篆"福"字将酒器之形变为"畐"。楷书沿小篆写作"福"。《说文解字》中说："福，祐也"。《左传·庄公十年》中称："小信未孚，神弗福也。"这里的"福"都是指神灵保佑、逢凶化吉之衰。然而，世人认为，"福"是"福运""福气""福分""幸福"之意。从古文"福"字的结构也可看出古人对"福"的理解。"福"的左半部是"示"，右半部是"一、口、田"，意思是有田种、有饭吃、有衣穿就是"福"。这也算是对"福"的一种"说文解字"吧。战国末期哲学家韩非认为："全寿富贵之谓福。"《尚书·洪范》中对"福"的含义说得较为细致，称"五福，一曰寿、二曰富、三曰康宁……"这也是人们常讲的"福寿双全""五福齐备""五福寿为先"。古人云："有功夫读书谓之福，有力量济人谓之福，有学问著述谓之福，无是非到耳谓之福，有多闻直谅之友谓之福。"这位先贤将读书放在"福"之首位，是颇有远见卓识的。读书能造就众多科学家、文学家、艺术家。"书中自有黄金屋""书中自有颜如玉"，知识分子读书得"福"，才能更好地为社会做贡献，造福百姓呀！

"福"的习俗，是一种文化传统。诸如：农村建房盖屋，在顶梁上贴"福"字，寓意"福星高照"；古代妇女行礼，双手握于腹前、微屈双膝下拜，称为"万福"。拥有享受幸福生活的命运，叫"福气""福分"；心情舒畅享受美满生活的人，称为"福人"；福运来了，人也变得聪明了，叫"福至心灵"；福气、才能两方面都很好，叫"福慧双修"；各种福气和幸福同时来临，叫"百福具臻"。至于用"福"字做人名、地名的更是多得不计其数。可以说，"福"渗透在民俗文化的各个方面，在民众的心灵深处刻有不可磨灭的印记。

"福"，自古以来就是人们崇尚、向往、祈盼而又苦苦追求的目标。然而，福从哪里来？福，与祸相对。《老子》早就说过："祸兮福之所倚，福兮祸之所伏。"古人告诉我们："善盈而后福，福必以善来"。意思是善积满了就是福，福是从善那里来的。明代名医孙志宏亦说："德为福寿之本，若其刚恶不肯好德，柔弱而怠于修养，则祸及随之，而绝福寿根源矣"。这是说："德"是福寿的根本，如果没有德，又不去磨炼修养自己，那么"祸"就会跟随而来，也就断了福寿的根源。先人在这里告诫我们，要重视道德培养，多做好事、善事，就会"不祈善而有福，不求寿而自延（孙思邈《千金要方》)"。《明史·太祖本纪》中云："若不能福民，则是弃君之命"。东晋葛洪《抱朴子》亦说："清者，福之所集也。"就是说，清正为民，廉洁奉公，为官一任造福一方，这才是官民共同的福气呀！这个"福"，又用作姓。

一个"福"字融入多字。细观之，福左上角是汉字草书"一"，左下方是汉字草书的"子"或"才"；其右上角是草书"多"，下方为草书未封口的"田"。整个左半边正是王羲之《兰亭序》中草书"寿"字的写法。综观此"福"字，暗含"一子、多才（财）多田、多寿、多福"之意。田字不封口，则表示田无边际、财无境；将寿字融于福中，那是福中寿，寿在福中，真乃"福寿双全"，一个福字中融五福，"五福齐备"矣。如此人生最为人们所向往和孜孜追求的几件事，尽揽于一个"福"字之中。康熙帝御书的这个"福"字，与书法家书写的方块字不同。此"福"字形狭长，为长体字、瘦体字，"瘦"与"寿"谐音，因此，世人称之为"长寿福"。孝庄皇太后为了长久保存孙儿玄烨送给她的珍贵"福"字，令人将这个"福"字刻在石碑上立于宫内。不知何故，后来这块"福"字碑竟然神秘地失踪了。20 世纪 60 年代，周恩来总理批准重修恭王府时，考古学者惊奇地在邀月台下的滴翠岩边发现了康熙帝御书的"福"字碑。

周恩来同志称这个碑上的"福"字为"中华第一福"。

这个"福"，如今归于"示"部。

19. 禄位，俸禄，爵禄——释"禄"

禄　　京　　禾　　禄

　　楷书　　甲骨文　　金文　　小篆

这个"禄"，是个会意兼形声字。请看上方古文字所示：这个甲骨文"录"，就像用辘轳和吊桶在汲水的样子，而且在吊桶下面有水滴往下滴。金文"录"的字形，与甲骨文形体大致相同，只是吊桶下的水滴多了些。汲水干什么？为灌溉，为保丰收，因此"录"有"福泽"之意，用以表示"福"。小篆字形在左半边加义符"礻"，以突出神赐福，录兼表声。隶变后楷书写作"禄"，禄专作为福禄的"禄"。

《说文解字·示部》对"禄"的解释说："禄，福也。从示，录声。"

"禄"的本义是福气、福运。《尔雅·释诂》中言道："禄，福也。"《汉书·董仲舒传》中称："善治则灾害日去，福禄日来。"《诗经·大雅·既醉》中写道："其胤维何？天被尔禄。"意思是：您的子孙后代将来怎么样？上天让他们遍享福禄富贵。唐代柳宗元《骂尸虫文》中说："尸虫逐，祸无所伏，下民百禄。"这话是说：尸虫赶走了，没有祸害了，百姓享福了。《左传·僖公二十四年》载："介子推不言禄，禄亦弗及。"

"禄"，又引申指官吏的薪俸。《广韵》里写道："禄，俸也。"《韩非子·人主》中这样写道："夫有功者受重禄，有能者处大官。"这话意谓，有功劳的人得到高薪，有能力的人做高官。《礼记·王制》中有："任官然后爵之，位定然后禄之。"这话意谓：出任官职后再颁授爵位，爵位确定后再发给俸禄。《国语·楚语》中说："成王每出子文之禄，必逃，王止而后复。"这话说的是：成王每次要提高子文的俸禄，子文一定辞官不做，到成王不再提给他加俸禄然后才回来任职。

《儒林外史》第四十八回里就有："这是家兄的禄米一石。"这里说的是家兄的俸禄米一担。如今这个"禄"仍沿用它的引申义，表示官员的俸禄，如"禄位"。有个成语叫"高官厚禄"，说的是官位高贵，俸禄优厚。语出《孔丛子·公仪》："今徒以高官厚禄钓饵君子，无信用之意。"成语"福禄双全"，说的是既有福气，又做官，有丰厚的俸禄。语出自元末明初贾仲明《对玉梳》四折中："俺如今福禄双全，稳拍拍的绿窗下做针线。"还有成语"高爵重禄"等。在民俗中，福星与寿星、禄星相提并称，成为福、禄、寿三位一体。他们分别象征幸福、官禄和长寿。

"禄"又引申指食物。《韩非子·解老》中这样说："德也者，人之所以建生也；禄也者，人之所以持生也。"这话是说：德，是人类赖以生存的建立者；禄，即食物，是人类赖以生存的支持者。这个"禄"，又用作姓。

"禄"如今归入"示"或"礻"部。

20. 寿诞，寿辰，寿星——释"寿"

楷书　　金文　　小篆

有一副吉联写道："云鹤千年寿，苍松万古春"。联中的"寿"，是简体字的写法，它的繁体字写作"壽"。在古代，人们把生命长叫作"寿"，以年老者为"寿"，又把生命的年限长叫作"寿"。《庄子·盗跖》中说："上寿百岁，中寿八十，下寿六十"。这个"寿"字虽然在甲骨文中尚未发现，但到了商周以后却出现了许多不同形体的"寿"字。请看

百寿图（选自《吉祥宝典》，广西人民出版社 1996 年版）

上方古文字所示：

金文"寿"的形体，是上下结构。它的上部像一个躬腰驼背、满头长发的老人，是寿高年长者的形象表意；其下方是个围绕着田地转来转去的形象，是"田畴"的"畴"，你瞧，那弯曲的线是田垅之形，那两个像小口之形，是耕田时牛在田里踩踏出来的蹄印状。田垅与蹄印合在一起便成为表示田地之意的"畴"。小篆承接金文演变而来。隶变后楷书写作"壽"。后来在汉代的金石文里出现了一个只有七画的这个"寿"字。这说明汉字在发展过程中是不断简化的。这个只有七画的"寿"字，一直从汉代沿用到今天，已经用了近两千年了。现如今，真的将它作为简化字使用了。

《说文解字·老部》解释说："壽，久也。"就是岁数大而长久。

"寿"的本义为人活得长久，年纪大。如《诗经·小雅·天保》中所说："如南山之寿，不骞不崩。"这话意思是寿命像终南山一样长久，永不崩毁。屈原在《九章·涉江》中吟道："与天地兮同寿，与日月兮齐光。"诗义谓：我和天地一样长寿，我与日月齐放光芒。其思想是多么豪放。《诗经·小雅·信南山》唱道："报以介福，万寿无疆。"诗意是说：愿（祖先）赐以洪福，保佑万寿无疆。中国人传统观念中有所谓"人生有五福"。如《尚书·洪范》书中就有："一曰寿，二曰富，三曰康宁，四曰修好德，五曰考终命。"你瞧，这五福中，居第一位的就是"寿"，第三位的是健康安宁，放在最后第五位的是"考终命"，也就是高寿而善终，这也是人们常说的"人寿年丰，福寿双全"。在民间，人们常把寿与福、禄一并凑在一起，合称"福禄寿"，代表着福运、官禄和长寿。在北方民间还流传着"天地安康和为贵，人间五福寿为先"的春联。

汉字里的传统文化

《红楼梦》第二十一回中写道："是日贾敬的寿辰（生日），贾珍先将上等可吃的东西、稀奇的果品，装了十六大捧盒，着贾蓉带领家下人等与贾敬送去。"著名作家巴金在《家》的第九章中说："因为这几天督军正忙着给他的母亲做寿，他也许把这样的小事忘掉了。"《管子·小称》中说："阖不起为寡人寿乎？"《史记·秦始皇本纪》中说："始皇置酒咸阳宫，博士七十人前为寿。"《史记·项羽本纪》载："沛公奉卮酒为寿。"又《史记·刺客列传》中说："严仲子奉黄金百镒前为聂政母寿。"说起祝寿，这里还有个小故事呢。从前有个傻女婿，准备到他的岳父家为岳父拜寿。临走前，妻子嘱咐他说话时要带个"寿"字。当他走到岳父家后，见到面粉做的点心和桃子叫"寿糕""寿桃"，见到蜡烛叫"寿烛"，见到岳父在吃面条就说这叫"寿面"。他的岳父见女婿话里处处都有个"寿"字，心中十分高兴。

"寿"，旧时也指给活着的人预备死后装殓物，如寿衣、寿材、寿冢。由"寿"组成的词儿也不少：如"寿元"，即寿命。吴昌龄《东坡梦》第四折中说："祝吾王寿元无量。""寿命"，即生命的年限。古乐府《长歌行》中道："发白复更黑，延年寿命长。"亦引申指事物存在或有效使用的年限。"寿"又用作姓。

这个"寿"，如今归于"寸"部。

第六篇

汉字与民需

1. 问鼎，一言九鼎——释"鼎"

鼎　　　　 鼎　　　　 鼎　　　　 鼎

楷书　　　 甲骨文　　 金文　　　 小篆

相传"鼎"为黄帝创造，《事物纪原》一书中载："《史记》《黄帝内传》等书皆云，黄帝采首山之铜，铸鼎于荆山。鼎之始也。"

殷商时期创造的"鼎"字，是根据鼎的形状构想出来的。甲骨文"鼎"字的构形，上部两端有耳，中间硕大而圆的腹，如同一个缸，下部是足，是典型的象形字。金文"鼎"的字形与甲骨文相似。到了小篆时期的"鼎"字，其形体发生了很大变化，其上部变成了"目"，表示鼎身，是烹煮食物或放东西的部分，下部是鼎的四足，但鼎的形状依然可以看得出来。《说文解字·鼎部》解释说："鼎，三足两耳，和五味之宝器也。"马衡的《中国金石学概要》中说："鼎本象形字，像三足两耳硕腹之形，其后渐趋整齐，最后乃成小篆之鼎。"经隶变后楷书写做"鼎"。

刻在钟鼎上的文字称为"钟鼎文"，也叫"金文"。其上承甲骨文、下启大小篆。它的形体结构同甲骨文非常接近，不同的是金文多用模子铸成。铸造之前，可以在字模上仔细加工，使字的笔画粗壮、圆润、匀称，字的大小一致。鼎上铸有祭祀、征伐、围猎等事项，还有帝王封禅铸鼎，如汉武帝登泰山封禅，铸鼎文曰："登于泰山，万寿无疆，四海宁谧，神鼎传芳。"

"鼎"多以青铜铸成，在古代多作烹煮炊器。《吕氏春秋·察今》中这样写道："尝一脟肉，而知一镬之味，一鼎之调。"这句话是说：尝到一块胾肉，就可以知道一锅肉的味道，就可以知道一鼎肉的味道调和的情况。《易·鼎》中又写道："鼎折足，覆公𫗧，其形渥。"这句话告诉我们：就像折断了鼎足，打翻了王公的美食，弄成湿淋淋、水汪汪的样子。王勃在《滕王阁序》中还写道："闾阎扑地，钟鸣鼎食之家。"这句话大意是：房屋很多，敲响了钟，列鼎而食。旧时形容富贵人家生活奢侈豪华。

"鼎"盛行于商周，用于煮盛食物，或用于宗庙，成为统治阶级显示尊贵和铭记功绩的礼器。鼎在古代用处较广，除用于烹煮东西、作为礼器外，还是古代酷刑的刑具。白居易的《咏史》中称："秦磨利刀斩李斯，齐烧沸鼎烹郦其。""沸鼎烹郦其"，就是把郦其这个人放在鼎里烹煮，这种酷刑称为"鼎镬"。道士用鼎炼丹药、做香炉，即称为"炉鼎"。鼎有三足，又被比喻三方并立，称之为"鼎足""鼎峙"。

商司母戊大方鼎

相传夏禹接位时，把天下分为九州，收九州之金铸成九鼎，以鼎为国家重器，后以鼎指王位和国家政权。秦汉至三国，这种政治功能消失殆尽，逐渐成为仿古陈列品了。

"鼎"的本义及其比喻都保留于现代汉语词语中，如"问鼎"，春秋时期，南方楚国强大起来，楚庄王率兵攻打陆浑之戎，途经周王朝都城洛邑时，将所有部队摆开，向周定王显示武力。周定王不敢得罪楚庄王，连忙派大夫王孙满前去慰问犒劳楚军。楚庄王咄咄逼人，劈头就问"鼎之大小轻重"，表明楚庄王觊觎周朝王位，企图夺取周天子

西周毛公鼎

战国人足鼎

王位。王孙满大义凛然、义正词严地回答："周有九鼎，现在虽然衰弱，但还有德，天命未改，鼎的轻重不是你该问的。"楚庄王语塞，没敢轻举妄动。作为周朝的诸侯楚国敢于"问鼎"，反映了周王朝的衰弱和楚庄王的狂妄。此后，"问鼎"便成为图谋夺取政权的代名词，而建立新的政权和新的都城则均称"定鼎"。"鼎"成了权势的代表。

成语"鼎足之势"，说的是像鼎的三只脚一样，三者各立一方。比喻三方面分立相峙的局势。三国的魏、蜀、吴曾形成三分而立的局面。《三国演义》三十八回中诸葛亮提道："先取荆州为家，后即取西川以建基业，以成鼎足之势，然后可图中原也。"成语"一言九鼎"，其意思是一句话重于九鼎，形容说话极有分量、作用很大。"大名鼎鼎"是形容人的名气很大，很有影响。"人声鼎沸"，是说人声喧嚷、嘈杂混乱，像鼎里的水翻滚沸腾一样。还有成语"鼎力相助""革故鼎新"等。

这个"鼎"，可作偏旁，如今归于"目"部。

2. 锅灶，厨灶，灶神爷——释"灶"

这个"灶"字，最早出现在金文中，是个会意兼形声字。金文"灶"字的构形，其上部是"穴"字，表示灶膛像个洞穴，下部是个鼁（黾）字，指蛤蟆。表示灶膛内灰黑如同蛤蟆的颜色。是个从穴，鼁声的形声字。小篆"灶"字线条化、整齐化了。隶变后楷书写作"竈"。简化字写作"灶"，将其改为从火，从土会意，表示烧火的土灶了。现如今汉字规范化，以"灶"为正体。

《说文解字·穴部》称："竈，炊灶也。从穴，黾声。"这个"灶"，原来是用砖石、土坯、灰土垒成，供人烧火煮饭和烧水用的设施。而现在的灶具多数是用金属制作而成。

"灶"，它的本义为供人使用，进行烹炸、炝炒、煎炸、蒸煮、烧水、做饭的设备。如《史记·孙子吴起列传》中写道："使齐军入魏地为十万灶，明日为五万灶，又明日为三万灶。"《墨子·备城门》中也说："斩艾与此长尺，乃置窑灶中。"诸如土灶、炉灶、燃气灶、太阳灶等。

"灶"，引申指"灶神"，南方人称他"灶君"，北方人称他"灶王爷"，是民间在锅灶近处供奉的神。相传他掌管人间的祸福财气。旧俗，在每年的腊月二十三俗称小年，这一天按照中国传统风俗是要"祭灶"。"祭"指祭祀，"灶"指灶神。人站在灶神前，口中默默念道："上天言好事，下界保平安。"这话意谓：你到天上，在玉皇大帝面前多讲下界的好事，保佑天下人的平安。

由"灶"构成的词有"灶具"，就是做饭做菜的炉灶及相关的器具。"灶台"，就是锅台，指可以放东西的平面部分，也泛指灶。"围着灶台转"指做饭。"灶膛"，就是灶内烧火的地方。还有"灶火""烧灶""灶屋"都是说的厨房。还有成语叫作"重起炉灶""另起炉灶"，这个成语比喻另立门户或者另搞一套。"灶"还借指伙食，如，吃小灶、吃大灶。

这个"灶"，一般不作偏旁，如今归入"火"部。

3. 钻木取火，击石取火——释"火"

楷书　　甲骨文　　金文　　小篆

先祖燧人氏发明钻木取火、敲击燧石人工取火。自从有了火，先祖们开始用火烧荒耕种；自从有了火，可以将火种取到洞穴里，把山洞照亮。自此，人们围坐在火堆边取暖，烧烤燔炙的食文化就开始了。火给人类带来了文明，火为人类结束了"饮其血，茹其毛"的原始生活。火，是人类从自然界获得解放的一大推动力。恩格斯说过：火的使用"第一次使人支配了一种自然力，从而最终把人同动物界分开"。从刀耕火种到宇宙火箭，我们看到了火造福人类的踪迹。

那么，这个"火"字，古人是怎样造出来的呢？如前面图形古文字所示："火"字，是个典型的象形字。甲骨文的"火"字，酷似燃烧着的火苗、火焰，其仿佛火苗在上窜而左右摇动，此乃是一种十分精妙的描摹。金文"火"字的构形与甲骨文的"火"字基本相同，只是将甲骨文空虚部分填实了。小篆"火"字的字形，变成线条化、符号化的"火"字了。但保留了火焰的抽象笔意。如今楷书的"火"字，基本上是小篆"火"字的样子。

《说文解字》解释说："火，毁也。南方之行，炎而上，象形。""火"字的本义为燃烧时产生的光焰和热，之后引申为焚烧、烧毁的意思。这就是《说文解字》中为何将"火"解释为"毁"的原因。由于火的颜色为红色的，所以火还用来指代色彩。例如，火红的太阳从东方升起。还有"火云"，指的是太阳快落山时，天边出现的红色彩云。还有小日子过得"红红火火"等。

"火"的引申义大多与它的性质、形态有关。古人造字，凡是用"火"字作为偏旁部首的，几乎都是因为其某种特质与"火"相似。例如炎热的"炎"字，火烧起来发热，夏天也热，两火上下相叠，形容天气比火还要热。跟"炎"字读音相近的还有"焱"字，三个"火"字上一下二摆放，很像摇动的火苗。"焱"字表示火花、火焰的意思。还有上两火下两火组成的"燚"，这个字只用在人的名字中。还有"焚"字，上为"林"下为"火"，火绕林木，被"焚"烧了，本义指火烧林木。还有"火"上加"一"横，表示覆压在火上，这是"灭"字，其本义为熄灭。"灰"字从手，从火，其意思是火已熄灭，可以用手去拿。这些与火有关的字，形象生动、简练传神，仔细琢磨，既可看出古人造字是多么的奇妙而有趣，又能够看出一些汉字的造字方法来。

"火"也被形容为兴旺、热烈。比如，我们常说某人的"买卖很火""场面火爆"，小日子过得"红红火火"等。人们还常用"火"形容一个人的脾气，比如：他是个"火暴性子"，他一听到这话立刻"火冒三丈"。"火"又可引申指事情的急迫。如火速、火烧眉毛、十万火急等，这里的"火"字都解释为事情已经到了非常紧迫、刻不容缓的地步了。"水火无情""水深火热"，这两个成语中的"火"字，是我们生活中必须加倍注意的，切不可"玩火自焚"。火，也用作姓。

"火"虽然具有破坏性，但"火"也给人类带来希望。毛泽东就曾用"星星之火，可以燎原"之语，比喻革命火种虽然是星星点点，暂时弱小，但星星之火可以越烧越旺，可以燃成燎原之势，是有伟大前途的。"火"，也用作姓。

这个"火"可作偏旁，如今仍设有"火"部。

4. 烤炙，炮炙，炙鸡渍酒——释"炙"

炙　　　炙　　　炙
楷书　　　金文　　　小篆

先祖燧人氏发明钻木取火之后，古代人创造了一种"炙"的吃法。火，使人类结束了茹毛饮血的原始生活，开创了有"烧、烤、炙"的食文化的新生活。

"炙（zhì）"是个会意字。古文字中的炙，是上下结构，上部是肉，下部是火。一目了然，上肉下火，是在烧烤肉块。"炙"，《说文解字》中解释说："炙，炮肉也。从肉在火上。"《释名·释饮食》称："炙，炙肉也。炙于火上也。"故此，"炙"的本义为烧烤肉块。《诗经·小雅·瓠叶》

中说："有兔斯首，燔之炙之。"这里的"斯"是白的意思。这句话是说，把白头的兔肉放在火上烤炙。

"炙"是将生的食物放在火上烧烤而熟。贾思勰撰写的《齐民要术》一书中有多种多样烧、烤、炙的方法。有用整猪破腹去五脏洗净、以茅草填满腹腔而"炙"者；也有逼火偏"炙"，一面随"炙"而割者；还有以块常翻转而"炙"者；更有切片而"炙"、做饼而"炙"者。其可"炙"的肉除牛、羊、猪、鹿和鹅、鸭之外，还有鱼、虾、蚶、蛎等水产品。究其"炙"法，大概相当于今天的烤肉。如今就有整只的烤乳猪、烤全羊，还有挂炉而烤的烤鸭，也有放在炭槽上而烤的烤羊肉串、烤红薯。现如今的烤"炙"方法与味道，恐怕都要比古时候的强得多。

战国简书中的"炙"，其字形写作上"月"下"火"的"炙"，像是一块肉在火上烘烤之状。《礼记·礼运》中说："'炙'，贯之火上也"。这种"炙"肉的方法，如同今天的烤羊肉串。《燕都杂录》中有一首诗吟道："浓烟熏得涕潺潺，柴火光中照醉颜。盘满生膻凭一炙，如斯嗜尚近夷蛮。"生动几笔勾勒出了人们"炙"吃时那饕食酣饮的情景。

北魏贾思勰在撰写《齐民要术》之时，先祖的"烤炙"之法则早已有之。《礼记·礼运》一书中说："以炮以燔，以烹以炙，以为醴酪。"这里说的"炮""燔""炙"，皆是烧烤之法，只不过三者的具体烧烤之法不同罢了。

"炮"是个形声字，是把食物用湿泥包裹起来放在火上烧。《说文解字·火部》解释说："炮，毛炙肉也，从火，包声。"段玉裁注说："毛炙肉，谓肉不去毛炙之也。"不去毛如何"炮"？《礼记·内则》中说："炮者，以涂烧之为名也。"《广韵·肴韵》亦说："炮，合毛炙物也，一曰裹物烧。"这里已经说得很明白了，"涂烧"也好，"裹烧"也罢，这大概就是用烂泥涂裹在肉的外面，置于火上烧烤，"炮"熟之后，剥泥时连带将毛拔去。这种"炮"法，正如《诗经·小雅·瓠叶》中所说的："有兔斯首，炮之炙之。"其大意是：这里有个白色兔头，用烂泥包裹起来烧烤。也正如后来民间烧烤"叫花鸡"的方法一模一样。

"炙"，也是中药材的加工方法之一。《本草纲目》序例中说："其制药炮、熬、煮、炙"，把药材与药汁及辅料撒在药材上，同炒同炙，使辅料渗入药材之内，可以提高药效或减少药的副作用。此外，还有酒炙、蜜炙等法。

"炙"，由烧烤肉、鱼，又可引申到其他方面。如成语中的"炙手可热"，意思是一挨近就感到热得烫手。古代"炙"字还与权势气焰盛极一时联系起来，《新唐书·忠义传》中称："于时杨国忠方专国，权势可炙"，就是一例。成语"脍炙人口"，原来是说"炙"得的肉、鱼，美味可口、非常好吃而招人喜欢；后来也用于形容诗文辞章写的华丽、优美、文采动人，为人们所称赞传诵。

这个"炙"，可作偏旁，如今炙归于"火"部。

5. 餐盘，茶盘，算盘，盘根问底——释"盘"

盘　盤　盤　盤　盤

楷书　甲骨文　金文　小篆　繁体楷书

这个"大珠小珠落玉盘"的盘字，为形声字兼会意字。如上方古文字所示：从甲骨文和金文"盘"的字形看，它们的上半部为"般"，下面为"皿"。"盘"是个"从皿，从般，般也声"的形声兼会意字。小篆"盘"的形体起了点变化，其下部变成为"木"。古代的盘子也有用木制成的，成了从木，般声。经过隶变后楷书写做"盤"，汉字改革后简化为"盘"。

"盘"，本义为古代盛水供盥洗使用的器皿，青铜制成，一般为圆形或长方形，敞口、平底、浅腹，盛行于商周时代，大小不等。浅圆形的盘，可放食物。《左传·僖公二十三年》中写有这样一句话："乃馈盘飧，置壁焉。公子受飨反璧。"这句话意谓：（僖负羁）赠送给重耳一盘晚餐，把一块玉璧放置在食物中。重耳接受了他的晚餐而送还玉璧。又如，李绅的《悯农》中写道："谁知盘中餐，粒粒皆辛苦！"这句诗是说：有谁知道这盘子里的饭，每一粒中都饱含着农民们的辛劳！现如托盘、茶盘。又如：棋盘、算盘、磨盘、碾盘、地盘、和盘托出。

"盘"，不仅有圆而浅的小型盘子，也有大而沿深的盘子。先秦时代有个方形的"青铜盘"，长为一百三十厘米，宽为八十厘米，可供古代帝王、贵族洗澡之用。

"盘"，多为圆形，因此"盘"可以引申为"环绕""盘曲"之义，如《淮南子·泛论训》中写道："夫弦歌鼓舞以为乐，盘旋揖让以修礼。"又如《隋书·百济传》就有："女辫发垂后，已出嫁则分为两道，盘于头上。"由此又引申为"回旋""盘旋"，如韩愈的《雉带箭》中说："盘马弯弓惜不发。"句中的"盘马"指骑着马儿绕圈跑。又如《徐霞客游记·楚游日记》中写道："盘空而升。"这句话说的是，盘旋而上升。

"盘"，还含有数量意，如《醒世恒言·钱秀才错占凤凰俦》中说："且请先生和儿子出来相见，盘他一盘。"（盘他一盘：就是问他一问。）又有"盘查""盘根错节""盘根问底"等。又如，一盘鱼，两盘虾，下了四盘棋，输了一盘，赢了一盘，和了一盘，再下一盘。"盘"，也用作姓。

这个"盘"，如今盘归于"皿"部。

6. 一壶浊酒喜相逢——释"酒"

酒　　　　　　　　　　　　　

楷书　　甲骨文　　金文　　小篆

"酒（jiǔ）"，是个会意字，也是个形声字。如上方古文字所示：甲骨文"酒"字的形体，其中间部分是一个"酉"字，也就是一个盛酒的酒坛子的形象；其两旁的曲线则表示酒满溢出的样子，也可理解为酒香飘逸出来之形，是望形可以知义的。

金文"酒"字的字形，是一个大酒坛子。虽说坛子外形不变，但坛体上却平添了几条花纹。金文只用一个盛酒的大坛子代表"酒"了。小篆"酒"字的形体，在左旁增添三点为"水"，以表示酒是液体。其右边的"酉"，仍表示酒坛子，两形会意，合为"酒"的意思。这个"酒"字，也成为一个"从水，酉声"的形声字。在小篆形体基础上，经隶变后楷书写做"酒"。这个"酒"字，几千年来音义不改。

"酒"的种类很多，用现代的话说就是有白酒、黄酒、米酒、啤酒、葡萄酒等。酒的发现和发明，在我国有着久远的历史。在人类以采集、狩猎为生的时代，先祖们将吃剩下的果物放进陶罐里，这些含有发酵性糖分的果物，一旦接触空气中的酵母和霉菌，一段时间之后就会发酵成酒。这种情况不断重复，先民们便有意识地将果物蒸煮后，连带汤水存入陶罐中，过几天经过发酵就能成为能够饮用的美酒了。

在古代，酒与医药有着特殊的关系。分析一下这个繁体"醫"字的构形，就是"从殹、从酉"的。"酉"在古代就是"酒"的本字。释为"醫之性，得酒而使"。说明酒是用来治病的。酒在古代曾是"百药之长"。《周礼》中有"醫酒"的文辞。什么是医酒？据贾公彦疏《周礼·酒正》说，是以"酿粥"为之。可能是酿造工艺流程和原料处理方法不同，含醇度低，适于人的服用。在《内经》中有十三方，与酒有关的就有六方。汤液醪醴，有的入煎剂，有的内服作药引，有的外用，还有治疗"酒风"的专方，可见应用之广和比例之大。后来的酒与药酒可用来治疗风湿疼痛等，可见酒在中国医学史上确曾有过重要贡献。

酒在我国诗词中可谓佳句多不胜数。王翰的"葡萄美酒夜光杯"，杜牧的"借问酒家何处有？牧童遥指杏花村"，苏轼的"明月几时有？把酒问青天"和女词人李清照的"常忆溪亭日暮，沉醉不知归路"等佳句，有情有景，吟后使人久记难忘。

"酒"，还可作为词素组成很多的词。"浊酒"一词，出自《三国演义》第一回中："一壶浊酒喜相逢，古今多少事，都付笑谈中。"《儒林外史》第一回中也有"浊酒三杯沉醉去，水流花谢知何处"。"酒仙"一词，是对酷好饮酒者的美称。杜甫的《饮中八仙歌》吟道："李白斗酒诗百篇，长安市上酒家眠，天子呼来不上船，自称臣是酒中仙。"还有"酒圣""酒会""酒醨""酒兵""酒色"等词。

以酒组成的成语也不少，如"酒酣耳热"，是说酒喝得畅快，耳根发热，形容酒兴正浓。三国时代曹丕的《与吴质书》中说："每至觞酌流行，丝竹并奏，酒酣耳热，仰而赋诗，当此之时，忽然不自知乐也。"也作"耳热酒酣"。宋代陆游《城东马上作》诗中有："手柔弓燥猎徒喜，耳热酒酣诗兴生。"成语"酒色财气"，是说嗜酒、好色、贪财、逞气，这是人生四种应戒之事。"酒囊饭袋"，王充在《论衡·别通》里说："腹为饭坑，肠为酒囊"，比喻只会喝酒吃饭的"酒囊饭袋"，不会办事的无能之人。其他与酒有关的成语像"酒肉朋友""酒绿灯红""花天酒地""酒色之徒"等，都不是什么好的词语。"酒"，也用作姓。

这个"酒"，一般不作偏旁，如今归入"氵"或"酉"部。

明代制酒工艺局部

7. 从"箸"到"筷"——释"筷"

筷　篗

楷书　　篆文

筷子，是中国古老食文化的象征。中国人的筷子，被西方人誉为东方中国人的一大发明。我们知道，西方人用刀叉；东方的朝鲜、韩国、日本人使用筷子，那也是从中国传过去的。

筷子这种实物出现的不算太晚，在商周时期就有了，而且是制作精美的象牙筷子。但，"筷"字是个后起字。它在甲骨文、金文乃至小篆中都没有露面。上方这个篆文"筷"字是后来才有的。楷书"筷"字，是由上下两个字符组成。它的上半部是竹，下半部是快，是个从竹，快声，快也兼表快速之意，是个形声兼会意字。

筷子，原本称"箸"。《说文解字·笔部》对箸的解释说："箸，饭敧也。从竹，者声。"句中说的"饭敧"就是吃饭用的餐具——筷子。

那么，"箸"又是怎么转换使用"筷"的呢？那是明清时期的事。这里还有段故事呢。古代人十分讲究忌讳，因为"箸"与"住"音同，"住"又有"止""停止"之意。人们认为，以"箸"字做餐具名称不吉利，人们都希望"快"，希望自己在事业上一帆风顺，快快成功，不希望"住"，希望"快"，因此，就把箸反过来说成"快"。而且，这种餐具多为竹子制成，之后人们就在"快"的上面添加上表竹的符号，于是就成了现在的"筷"字了。

过去，民间有一种民俗。女儿出嫁除陪嫁桌、椅外，还陪嫁筷子，新婚新房里放"筷子"。这是祝愿快生儿子。使用筷子，动手动脑，不仅能促进肌肉活动，也能促进大脑的活动。

这个"筷"，一般不作偏旁，如今"筷"归于"竹"部。

8. 油灯，电灯，指路明灯——释"灯"

灯　鐙　燈
楷书　　小篆　　繁体楷书

　　这个"灯"，是左右结构的形声兼会意字。如上方篆文字所示：小篆借用"鐙"表示，从金，登声，登也兼表升义。隶变后楷书写做"燈"，汉字简化后写作"灯"，且成为正体。

　　《说文解字·金部》对"鐙"的解释是："鐙，锭也。从金，登声。"《正字通·金部》称："鐙，也作燈，俗作灯。"其本义为古代照明的器具。这种燈多由青铜做成，上部盘状，中部有柱，下部是底座。

　　"灯"的本义是古代用燃油照明的器具，所以俗称"油灯"，又称"灯笼"。"灯"是人类征服黑暗、追求光明的伟大发明。查慎行《舟夜书所见》中说："月黑见渔灯，孤光一点萤。"曹植《妾薄命行》中写道："华灯步障舒光，皎若日出扶桑。"还有张灯结彩、灯火辉煌等成语。现如今可引申指某些像灯一样能发光发热的装置，诸如电灯、彩灯、霓虹灯、幻灯、红绿灯、探照灯、太阳灯、酒精灯等。有关"灯"，正月十五闹花灯成为民俗。这天晚上花灯种类繁多，形态各异，多姿多彩。常见的有葵花灯、绣球灯、老虎灯、美女灯、嫦娥灯等。最雅致的是宫灯，最好看、好玩的是走马灯。元宵夜的灯，样式虽各不相同，但却同样都寄寓着祈求吉祥的含意。如，鲤鱼跳龙门灯、龙凤呈祥灯、五谷满囤灯，还有祝愿年年有鱼的全鱼灯、喜得贵子的麒麟灯、恭贺新禧的鸳鸯竹灯，有的地方玩花鼓灯，这些都给元宵灯节增添了浓浓的喜庆气氛。

　　灯给人们以光明，也给读书人带来了方便。然而，那些穷得连灯都没有的学子只好以雪、以萤火虫为照明灯具来看书，因此就有了"孙康映雪""车胤囊萤"这样的故事。更有甚者，匡衡没有蜡烛，但他为了读书学习，只好凿墙穿壁引来邻居家的灯光读书，留下了"凿壁借光"的佳话。

灯能照明，破除黑暗，因此佛家常以自己的教义喻为长明之法灯。刘禹锡《送僧元暠东游》诗云："传灯已悟无为理，濡露犹怀罔极情。"佛寺中的灯常称为"青灯"。《红楼梦》中惜春的判词称："可怜绣户侯门女，独坐青灯古佛旁。"预示惜春将遁入空门。

西汉长信宫灯

这个"灯"，一般不作偏旁，如今归于"火"部。

9. 一扇在手，香溢四座——释"扇"

扇　扇　扇

楷书　金文　小篆

"扇"字是个会意字。金文"扇"字的构形，上部是"户"，下部是"羽"。户是单扇门，下部的"羽"，表明它像鸟的翅膀一样可张可合。如今古时"扇"的本义已不常用，而常用其引申义——扇子。我国古籍中有舜发明"五明扇"的说法，然不见得可靠，但尧舜时代已有扇子是不容置疑的。殷代用鲜艳的野鸡毛制雉尾扇。但这时的扇了不是用来扇风纳凉用，而是由侍者手持，为帝王出行障风、挡尘、蔽日之用。扇子作为扇风、散热、纳凉的工具，在汉代就很普遍了。三国时，诸葛亮与司马懿鏖战于渭水之滨，轻摇羽扇，谈笑自若，指挥三军。直到现在人们仍然把那些出谋划策的人，称为"摇羽毛扇的人。"

自西汉、魏晋时期，已经有了团扇，有的以象牙、红木精雕做骨，也有以竹木为骨的，以扇柄为轴，左右对称，用优质白绢做面，极为考究，是帝王后妃所用之物。然而，团扇自兴就与一失意的才女关联在一起，那就是班婕妤。班氏德才美貌兼备，起初深得汉成帝宠爱，后来成帝移情赵飞燕姊妹，班氏失宠，寂寞深宫，以诗文聊抒孤郁。她最为著名的诗是《怨歌行》。诗中把自己比作团扇，团扇在夏天为人所用，恐秋季来临没了用处而遭到抛弃，"弃捐箧笥中，恩情中道绝。"此时，也有了扇面画。唐代张彦远的《历代名画记》中就有杨修为曹操画扇，不小心滴下一个墨点，聪明的杨修便顺势将墨点画成一只苍蝇，曹操竟认为画作之蝇是真的，忙用手去拍打扇面的"苍蝇。"从此"误点成蝇"的故事在画坛流传开来。

在宋代便有了自由开合、携带方便的折扇。制作精良的折扇，不仅在宫中使用，而且流行于士大夫和文人手中，竟成为当时文明风雅的象征。以致在南宋都城临安出现了专营折扇的商铺，其中著名的有"周家折叠扇铺"。经营的有团扇、绢扇、藏香扇等高级名扇。明清两代，扇子生产盛况空前。清代杭州有五十多家制扇作坊在一条长达三里的巷子里，人称扇子巷，就是因制扇店多而得名。

苏杭雅扇闻名于世，例如，杭州的黑纸折扇，苏州的白纸折扇，制作选料考究，质地优良，工艺精湛，轻巧耐用。苏州折扇扇面用熟宣纸，杭州折扇扇面用桑皮纸，大小工序86道。扇骨用湘妃竹、梅鹿竹、乌木、象牙、玳瑁等。再加上扇边雕刻、镶嵌、银丝、螺钿等工艺，更是玲珑剔透、高雅华贵。这里值得一提的是姑苏檀香扇，它始于20世纪20年代，由折扇演变而来。其用料考究，以印度产的檀香木做扇骨，做工精细，尤以画花、拉花、烫花、雕花四花合一最为名贵。其扇香气浓重，可谓"一扇在手，香溢四座"，给人以美的享受。

如今"扇"是"搧"的简化字，"扇"又同"煽"同"骟"，故而扇兼有四字之义。"扇"是"骟"的通假字，阉割了的公马为"骟马"，也可写作"扇马"；"扇"作动词读为"搧"音，是搧扇子、搧煤球炉子、把火搧旺的"搧"。"搧"字从"手"，又是搧嘴巴、搧耳光的"搧"。这个"搧"字如今简为"扇"，当然可以写作"扇"。"扇"还同"煽"，有鼓动的意思，如"煽动"也可写作"扇动"，是鼓动别人做不该做的事，多指干坏事。由此又有了"煽风点火"这个典故，多用于唆使、怂恿别人干坏事、挑拨双方加深矛盾。"扇枕温席"这个成语，出自《东观汉记》中："黄香父况，举孝廉，为郡五官，贫无奴仆。香躬勤左右，尽心供养……暑即扇床枕，寒则以身温席。"其大意说的是：黄香夏为父亲扇凉枕席，冬为父暖床被，以形容侍奉父母极尽孝道。

扇子在中国是一种寻常的文化现象。古今的文人墨客喜好在扇子上题诗作画，言情托志，赠送挚友亲朋；古代官员也常随身携带一把扇子，在各种会客交往礼仪中常持扇揖让，扇子无形中竟成了古代官职和高贵的象征。在古典文学中涉及扇子的篇章也不少，最出名的莫如《红楼梦》中的"晴雯撕扇千金一笑"；《西游记》里的铁扇公主，以扇为武器，弄得唐僧、孙猴子师徒难以招架；《三国演义》中神机妙算的诸葛亮手执羽扇指挥千军万马，羽扇又成了智慧的象征；还有"济公传"那癫和尚手中的破蒲扇也成为鲜明的招牌标志；《水浒传》中智取生辰纲一回中，白胜挑着酒担子出场唱道："赤日炎炎似火烧，公子王孙把扇摇。"这些，都是写扇子的佳句。

《晋书》记载，晋代书圣王羲

花底忽逢双蛱蝶，背藏罗扇看多时。(取自《芥子园画传》)

之，在青石桥边遇一老妪卖扇子，一再折价也卖不掉。他顿起同情之心，对老妪说，在扇子上题字就会好卖。老妪怕弄脏了扇面，王羲之则保其可以十倍价出手。果然，老妪手中的扇子不一会儿就被抢购一空。于是"书圣"在扇面上题字之事传遍绍兴城，后人把青石桥改名为"题扇桥"，至今绍兴城内还有"题扇桥"的古迹。

这个"扇"，如今归于"户"部。

10. 阳伞，雨伞，降落伞，——释"伞"

楷书　　小篆　　繁体楷书

"伞"，是一种遮阳挡雨的用具，古代称"盖"，是在木架上蒙上布帛做成的。这种"盖"只有做官的权势们才用得上。当帝王将相出巡时按等级分别用颜色不同、大小不同的丝绸伞伴行，以示显赫和威严。庶民百姓是无法享用的。这个"伞"字出现得较晚，最早见于《魏书·裴延俊传》中："假称帝号，服素衣，持白伞白幡。"北宋张揖《玉篇伞部》还说："伞盖也。"伞出现得晚，所以甲骨文、金文、小篆乃至汉隶这些先秦文字以及汉代都没有"伞"字，直到楷书才有了"伞"字。

"伞"，这个后起字却造得非常形象。如上方繁体楷书"伞"字的写法：其上部是"人"，也就是伞顶，也叫伞盖；其中间的一竖就是伞柄；伞顶之下与伞柄两边是伞骨；下部的一横那是撑开伞或合拢伞的机关。构成伞的部件无一不备，样样齐全，惟妙惟肖，而且能够让人见形知义。

"伞"，古代多用丝绸蒙顶制成，用于遮阳挡雨。苏杭的丝绸伞制作精良美观，深受女人喜爱。后来纸、布的出现，伞的种类就多起来。用纸和布做的伞，加桐油漆制成后既可用于挡雨、挡风，又可用于遮阳。宋代称之为绿油伞。现在的伞就更多了，如塑料布伞、尼龙布伞，又有防晒、防紫外线伞等。

现如今，人们又把形状像伞的东西称为"伞"，如灯伞、降落伞。还有空降兵称为"伞兵"。"伞"字也用作姓氏。

这个"伞"，一般不作偏旁，如今归于"人"部。

11. 衰变，衰退，衰草编制雨衣——释"衰"

衰　　衰　　衰
楷书　　古玺文　　小篆

这个"衰"字是象形字。如上方古文字所示：古玺文的这个"衰"字，它的上部像人头上戴的斗笠；中间的小口像人的脸面；其下部，像草雨衣下垂的模样。因此，"衰"本为草编的草雨衣的象形字。小篆"衰"的形体上部和下部是个"衣"字，字形中间下垂的笔画像编织的草、棕下垂之形，其整个字形表示用草或棕编制成的草雨衣；篆文线条化、整齐化了。隶变后楷书写做"衰"。

《说文解字》："草雨衣。秦谓之草。从衣象形。"《广雅·释器》载："草谓之衰。"王念孙的《广雅·疏正》中有：《越语》云"譬如衰笠，时雨既至，必求之。"

"衰"的本义为"用草编织的雨衣"。因为这种雨衣与草有关，所以后来就在"衰"的上部加了个"艹"头，写作"蓑"，即指草编"蓑衣"之意，后来由"蓑"字专门承担了本义。唐代柳宗元的《江雪》诗吟道："孤舟蓑笠翁，独钓寒江雪。"（蓑、笠：指用草或棕编制的雨衣和笠帽）诗意谓：只有一只孤独的小船，船头上坐着一位披着蓑衣、戴着斗笠的老者，他独自一人在漫天大雪中，在寒冷的江上垂钓。《诗经·小雅·无羊》中写道："尔牧来思，何蓑何笠，或负其糇。"这句诗的大意是：牧人走来了，戴着斗笠的帽子，披着蓑衣，有的还背着他的干粮。

蓑，用作"蓑蓑"，指下垂的样子。《文选·张衡〈南都赋〉》中称："布绿叶之萋萋，敷华蕊之蓑蓑。"又如唐代白居易的《庭松》写道："春深微雨夕，满叶珠蓑蓑。"以上两处的"蓑蓑"，都是说的下垂的样子。

蓑衣由败草编织而成，因此，可引申借用为"衰退""衰亡"等义。"衰"字多用作"行容词"，如，衰弱。杜甫《石壕吏》中说："老妪力虽衰，请从吏夜归。"陆游《书愤》中也说："塞上长城空自许，镜中衰鬓已先斑。"

又可引申由强减退，变弱，《左传·庄公十年》中就说："一鼓作气，再而衰，三而竭。"这话意谓：第一次击鼓士兵士气高涨，到了第二次击鼓，士气衰弱了，到了第三次击鼓士气就尽了。

"衰"也比喻女子年老色衰。李贺《感讽六首》诗之五吟道："秋凉经汉殿，班子泣衰红。"屈原《九章·涉江》中说："年既老而不衰。"

也可引申指枯萎、凋谢。白居易《惜牡丹花》诗之一载："明朝风起应吹尽，夜惜衰红把火看。"

此外，古代又特指用粗麻布做成的毛边丧服。如《荀子·礼论》中说："无衰麻之服。"这个意义的"衰"，后另加义符"糸"写作"缞"。

这个"衰"，现在归于"衣"部。

一蓑一笠一渔翁，一杆垂钓风雨中。取自《芥子园画传》。

12. 三日一沐，五日一浴——释"沐"

沐　甲骨文　小篆

楷书　甲骨文　小篆

这个"沐"字本是会意字。如上方图形古文字所示：甲骨文"沐"字的形体描绘得很清楚，左下方是一个器皿脸盆，右边是个面朝左躬着腰的人。这个人的脸前有一双手，即表示用手从盆里捧水洗头、洗脸的样子。可是到了小篆"沐"字，改变了甲骨文"沐"的字形结构，成了左形为"水"，右声为"木"的形声字了。这样一来，人用盆水洗发、洗脸的形象也就完全消失了。《说文解字·水部》对沐字解释说："沐，濯发也。从水、木声。""濯"，就是洗的意思。小篆"沐"字经过隶变后楷书写作"沐"。

"沐"的本义为洗头发。在古代汉语里，"沐"和"浴"含义是不一样的。"沐"是洗头洗发，"浴"是洗身。例如《仪礼·聘礼》中说："管人为客三日具沐，五日具浴。"也就是三天洗一次头，五天洗一次澡。司马迁《史记·屈原贾生列传》说："新沐者必弹冠，新浴者必振衣。"意思是说：刚洗过头的人，必定先弹去帽子上的灰土，以免弄脏了刚洗干净的头发，刚洗完澡的人，必定先抖抖衣服，以抖去灰尘，免得弄脏了刚洗完的身子。《诗经·小雅·采绿》中说："予发曲局，薄言归沐。"《左传·僖公二十四年》里的"辞焉以沐"和"沐则心覆"，以及《史记·鲁周公世家》中的"一沐三握发，一饭三吐哺"，以上"沐"都是指的洗头发。

"沐"和"浴"合为一个词称"沐浴"，也就是泛指洗浴。但洗浴过程也往往同时洗头发，如《论语·宪问》中称："孔子沐浴而朝。"其意思是：孔子洗好了头发，擦洗好身体之后去上朝。"沐浴"又特指古代官员休息、休假，如汉代官员五日休假一次叫"沐日"，又叫"休沐"；唐朝官员十日休息一天，也称"休沐"。"沐浴"又可引申比喻受润泽，如"沐浴在党的阳光下"。秋瑾的《宝刀歌》云："沐日浴月百宝光，轻身七尺何昂藏。"其中的"沐日浴月"就是受日月光华的润泽。

成语"沐猴而冠"，此语出自《史记·项羽本纪》："人言楚人沐猴而冠耳，果然。"《汉书·伍被传》载："以为汉廷公卿列侯皆如沐猴而冠耳。"这里的"沐猴"不是说猴子洗头，而是指的猕猴戴帽子，比喻人面兽心，虚有其表，常用以讽刺依附权势、窃据名位之辈。

成语"栉风沐雨"：其中的"栉"为梳头，"沐"是洗发，就是借风力梳头，就雨洗发。形容长期在外奔波，受风吹雨打的辛劳。语本出自《庄子·天下》："禹亲自操橐耜而九杂天下之川；腓无胈，胫无毛，沐甚雨，栉疾风。"亦作"沐雨栉风"。沐，也用作姓。

这个"沐"，如今归于"氵"部。

第七篇

汉字与娱乐

1.围棋，象棋，棋逢对手——释"棋"

棋　棋　棊

楷书　　小篆　　繁体楷书

这个"棋"字，在甲骨文和金文中都没有找到。到了小篆时期才有了"棋"字，而且有两个，一个是上"其"下"木"，另一个是左"木"右"其"，两个棋都是从"木"，其表声的形声字。隶变后楷书写作"棊"，异体字写作"碁"，从石，表示棋子可以用石头制成，其表声。俗写作"棋"，现如今规范化，以"棋"为正体。

许慎在《说文解字·木部》中对"棋"字做了这样的解说："棊，博棋。从木，其声。"这话意谓：棊，博弈的棋子。从木，其声，是个形声字。

棋的本义为文娱活动用具，用作名词。如围棋、象棋、军棋。棋的种类分多种，除上述外还有，国际象棋、跳棋、五子棋等。早期的棋子多用木棍制作而成。两汉时期的扬雄在《法言》中写道："断木为棋。"所以小篆中的"棋"就写作"棊"。一副棋，由棋子和棋盘组成，下棋人根据一定的规则摆放棋子或移动棋子以比输赢。传说棋是尧发明的，并且造棋以教其子丹朱。围棋、象棋在战国时期已经出现，到两宋时期得以基本定型。

"棋"的用途是娱乐活动用具。如，赵师秀《约客》写有："有约不来过半夜，闲敲棋子落灯花。"《说苑》载："燕居则斗象棋而舞郑女。"《左传·襄公二十五年》谈到弈棋："弈者举棋不定，不胜其耦。"（耦：对手。）

"棋"，用作动词，指下棋。如"棋者不信，以帕盖局"。

由"棋"字组成的词或成语也不少，如"博弈"，指古代下围棋，也指赌博，比喻为谋取胜利而竞争。"棋峙"，指相持不下，如行棋时相互对峙。高诱在《〈淮南子〉序》中说："会遭兵灾，天下棋峙。"也作"棋跱"。《三国志·魏志·梁习传》中也说："兵家拥众，作为寇害，更相扇动，往往棋跱。"棋局：下棋过程中双方对阵的形式。棋风：棋手下棋中表出来的风度、作风。棋迷：喜欢下棋或看棋入迷的人。棋坛：棋类运动界，如棋坛明将聂卫平等。还有成语"举棋不定"，其中的"棋"，指的是手里拿着棋子，不知道该怎么走法。这个成语也常用来比喻做事优柔寡断，摇摆不定，没有主见，临场犹豫不决。《李自成》第一卷第二章中也写道："阁老大人，大敌当前，难道还可以举棋不定？""棋逢对手，将遇良才"（逢：相遇），比喻竞技双方本领相当，不分上下，语本出自唐代杜荀鹤的《观棋》一文中："有时逢敌手，当局到深更。"《说岳全传》第三十一回中也写道："果然棋逢对手，将遇良才，两个又战了一日，不分胜败。"也作"棋逢敌手，将遇良才"。成语"星罗棋布"意思是像天上的群星罗列分布，象棋子似的分布于棋盘之上，形容数量众多而密集，分布范围很广。还有"棋高一着，束手缚脚""落子无悔"等相关词语。唐代有个宰相叫牛僧孺，在他的《玄怪录》里记述了这样一个故事：在四川巴邛这个地方，有一家人经营了一个橘园，霜后两橘大如能盛三斗粮的腹大口小的缶，剖开一看，每橘之中皆有两个老者对坐弈棋。故此，后来称下象棋为"橘中戏""橘中乐""橘中趣""橘中秘"，这个故事为象棋披上了神秘的色彩。

这个"棋"，现今归入"木"部。

2. 钢琴，柳琴，几多琴思在琴心——释"琴"

琴　鑾　瑟

　　楷书　　古文　　小篆

　　"琴"是一种古老而又独特的乐器。据传，神农氏"削桐为琴，绳丝为弦"，创造了最初的拨弦乐器——琴。因为古琴能弹出金属般的声音，故此，"金"是表意又兼表声的构件。"琴"是个象形兼形声字。请看上方图形古文字所示：古文"琴"字上部像琴，下部为"金"声。小篆"琴"的字形，其上部两个"王"是琴柱，下为琴身，完全像一把"琴"的形象。这个"琴"字经隶变后，楷书写作"琴"（上部为琴形，下改为今声）。

　　《说文解字·珡部》载："琴，禁也，神农所作，洞越练朱五弦，周加二弦。象形。"琴，古代拨弦乐器，释为"禁"，是声训，谓琴可禁止淫邪，是神农用桐木制作的乐器。朱红的熟丝制成五根弦，周朝增加了两根弦。《警世通言·俞伯牙摔琴谢知音》中说周文王被囚，伯邑考添弦一根，清幽哀怨，谓之文弦；武王伐纣，前歌后武，添弦一根，谓之武弦。后改为七弦，又称文武七弦琴。

　　"琴"本义为古代一种弹拨弦乐器，名词。《诗经·周南·关雎》："窈窕淑女，琴瑟友之。"《诗经·小雅·鹿鸣》中亦云："我有嘉宾，鼓瑟鼓琴。"都反映了琴与古代社会生活密切的关系。王逸《九思·伤时》中说："且从容兮自慰，玩琴书兮游戏。"刘禹锡《陋室铭》中写道："可以调素琴，阅金经。"又指琴声。李白《赠清漳明府侄聿》中写道："琴清月当户，人寂风入室。"现如今也用作乐器名，而且种类很多，如"钢琴""小提琴""手风琴""柳琴""胡琴""口琴"等。与"琴"有关的名称和词语，如"琴键"，就是手风琴、钢琴等上面装置的白色和黑色的键。"琴师"，就是戏曲乐队中弹琴伴奏的人。还有"琴弦""琴房""琴书"等。

"琴"，弹琴，动词。《孟子·万章上》载："象往入舜宫，舜在床琴。"（象：舜的同父异母弟）陶渊明《归去来兮辞》中说："悦亲戚之情话，乐琴书以消忧。"古方言中"琴"又指"种植"：百谷自生，冬夏播琴。

由"琴"字组成的词和成语也挺有趣。"琴瑟"，《韩非子·难三》中载："且中期之所官，琴瑟也。"琴与瑟两种乐器，搭配合奏，音色协调而美丽动听。"琴瑟"常用来比夫妻之间或兄弟、朋友间感情和谐融洽。王融《和南海王殿下咏秋胡妻诗》之一写道："且协金兰好，方愉琴瑟情。"又有"琴心"一词，是寄托心意的琴声。李群玉《戏赠魏十四》诗中写道："兰浦秋来烟雨深，几多情思在琴心。""琴心"比喻柔情。

成语"瑟调琴弄"，比喻夫妇感情融洽，源自《诗经·小雅·常棣》："妻子好合，如鼓瑟琴。"亦作"瑟弄琴调"。明代汪廷讷的《狮吼记·谈禅》文中就说："瑟弄琴调，好合诚堪慰。"琴棋书画，谓弹琴、弈棋、写字、绘画，泛指一个人的文化素养。以"琴"字组成的成语还有："琴断朱弦""琴瑟不调""琴瑟和谐""琴剑飘零"，又有"对牛弹琴"等。

这个"琴"，现归入"王"部。

舞琴（选自《芥子园画传》）

3. 手鼓，腰鼓，敲锣打鼓——释"鼓"

鼓   𩌃   壴   鼜

楷书   甲骨文   金文   小篆

"鼓"，人们对它都很熟悉。其外形多为圆桶状，一般多由木材制成，中空，两头蒙上兽皮，用鼓槌敲击能发出咚咚咚的响声。

"鼓"是会意字。请看上方图形古文字所示：甲骨文"鼓"的形体，左边像鼓形，其中间圆形部分是鼓面，下部是鼓的支架，上部是鼓的装饰物，右边像一个人手持鼓槌的样子。合起来像一个人手拿鼓槌击鼓之形。可见"鼓"字是个合体会意字。金文"鼓"的字形与甲骨文大致相同，只是拿着鼓槌的手与鼓互换了个位置，变成左手持槌击右边的鼓。小篆"鼓"的形体承接甲骨文而来，虽然右边的字符写为"支"字之形，但看上去仍然是手执鼓槌击鼓的样子。隶变后楷书写作"鼓"。

"鼓"是我们祖先的乐器，早在原始社会就有了鼓。《吕氏春秋·古乐》篇中载："帝尧立，乃命质为乐。质乃效山林溪谷之音以作歌，乃以麇革置缶而鼓之。""鼓"的本义指一种圆筒状两头蒙着兽皮的打击乐器。如，《诗经·唐风·山有枢》中写道："子有钟鼓，弗鼓弗考。"（考：敲。）此话是说：你有钟来又有鼓，不敲不打没声响。《荀子·礼论》中告诉我们："钟、鼓、管、磬、琴、瑟、竽、笙，所以养耳也。"钟鼓、琴瑟、竽笙等都是指的乐器，它们好听的声响供人耳朵欣赏。《诗经》的首篇《关雎》诗中提道："窈窕淑女，钟鼓乐之。"宋代陆游有诗云："箫鼓追随春社近，衣冠简朴古风存。"诗的意思是：伴随着箫与鼓的响声，春祭的日子越来越近，乡民简朴的衣帽仍然保留着古时的风韵。句中的"鼓"用的就是其本义。现如大鼓、小鼓、花鼓、铜鼓、军鼓、腰鼓、手鼓、渔鼓，还有一个拨浪鼓，等等。

鼓是我国最早的打击乐器之一，在古代，鼓又是作战进军信号。史书中有这样的记载：春秋时候，齐、鲁两国在长勺发生了一场战争，当战争将要开始的时候，齐军齐擂战鼓，准备进攻。鲁公也准备擂鼓迎战时，谋士曹刿摆手道："等等。"齐军见鲁军没有动静，又擂了第二次鼓，鲁军仍然按兵不动。直到齐军三遍鼓罢，鲁军战鼓一响，士兵直扑敌军，齐军大败。《左传·庄公十年》文中告诉我们："一鼓作气，再而衰，三而竭。彼竭我盈，故克之。"这话是说：打第一通鼓能振奋士气，第二通鼓士气减少，第三通鼓减气就没有了，而鲁军击鼓是第一遍，士气振奋，所以战胜了对方。现如"鼓角"，指古代军队中用来发出号令的战鼓和号角。又有"鼓乐"一词，是敲鼓声和奏乐声，以上二词谈的是鼓角齐鸣和鼓乐齐鸣。"鼓动"这个词，就是使用语言、文字等激发人们的情绪，使他们行动起来，也叫宣传鼓动。

"鼓"，又引申为敲击，弹奏，用作动词。《盐铁论·相刺》中说："师旷鼓琴。"这是说师旷这位乐师在弹琴。《史记·廉颇蔺相如列传》中也说："赵王鼓瑟。"（瑟：琴也。）说的是赵王在弹琴。

"鼓"，又引申指卖弄。用作动词。如"鼓舌"这个词，就是卖弄口舌，多指花言巧语。有个成语叫"摇唇鼓舌"，是形容凭着口才搞挑拨、煽动或进行游说。《庄子·盗跖》中称："摇唇鼓舌，擅生是非。"郭沫若同志的《虎符》第三幕中有言道："那些人除掉摇唇鼓舌之外，实在也没有多么大的本领。"也作"鼓舌摇唇"。

古代夜间击鼓报更，为夜间报时单位。如《资治通鉴·唐记·宪宗元和十二年》一文中写道："四鼓，愬至城下。"这话说的是四更天时，李愬兵马来到了城下。姚鼐《登泰山记》中说："戊申晦，五鼓，与子颖坐日观

商代的青铜鼓

亭，待日出。"话中的"五鼓"即五更天。

"鼓"是最古老的乐器之一。周代就有"鼓人"这一官名，且掌管六鼓四金之声。黄昏时，关城门之前要击鼓示之。夜间击鼓报更，鼓为"更"的代称。古代在衙门外，悬有"喊冤鼓"。在道教的道观中，每天晚上都要击鼓，与钟声相呼应，故有"晨钟暮鼓"之说。在祭祀中，鼓也是重要的道具；在战争中，鼓最能鼓舞士气。鼓伴随着人类，从远古的蛮荒走进了现代。它自己也从初始的"土鼓"繁衍成包括神鼓、华鼓等在内的庞大的鼓家族。"鼓"，又用作姓。

这个"鼓"，可作偏旁，现在仍设有"鼓"部。

4. 排箫，洞箫，横吹笛子竖吹箫——释"箫"

箫　　簫　　簫

楷书　　小篆　　繁体楷书

这个"箫"是后起字，在甲骨文和金文中都还没有出现。在篆文中有"簫"。小篆和楷书"箫"字的形体，都是上竹、下肃字形结构，是个从竹，肃声的形声字。经隶变楷化后繁体写作"簫"，如今简化后写作"箫"。

《说文解字·竹部》对"箫"字解释称："箫，参差，管乐。像凤之翼。从竹，肃声。"这话是说：箫，是用长短不等的竹管有序排列制成的乐器。如同凤鸟的翅膀。从竹，肃声。

"箫"，古代乐器。名词。本义是指古代的一种管乐器，用数根长短不等的细竹管按音律排成，状似鸟翼，大的23管，小的16管编组而成。其状似凤鸟翅膀，这是排箫。南朝宋的鲍照在《代升天行》写道："凤台无还驾，箫管有遗声。"唐代大诗人李白的《忆秦娥》中吟道："箫声咽，秦娥梦断秦楼月。"

"箫"还有一种用单管制作的乐器，初名叫"长箫"，后叫"洞箫"。其由一段不太长的竹管制成。它的正面五孔，背面一孔，吹孔在顶端上部的侧沿。有句俗语叫作"横吹笛子竖吹箫"。就是将箫顶端的吹孔放在下髭唇部，能

管乐演奏：横吹笛子竖吹箫（选自《汉字详解》2009 年版）

够吹出低沉呜呜咽咽的声调，让人听了无不动容。唐代文学家杜牧在他的《寄扬州韩绰判官》一诗中吟道："二十四桥明月夜，玉人何处教吹箫。"宋代的苏轼在他的《前赤壁赋》中也说："客有吹洞箫者，依歌而和之。"

箫又特指弓的末端。《礼记·曲礼上》中说："凡遗人弓者，张弓尚筋，弛弓尚角，右手执箫，左手承弣。"《仪礼·乡射礼》中说："右执箫，南扬弓。"

"箫"字还有一个成语，叫"箫韶九成"。这里的"箫韶"即虞舜时期的乐曲名。"九成"即九章。其成语意指箫韶的乐曲演奏了九章。后比喻美妙典雅的乐章。元代马致远在《汉宫秋》第四折中写道："猛听得仙音院凤管鸣，更说甚箫韶九成。"

"箫"，通"篠"，小竹。马融《长笛赋》中写道："林箫蔓荆"。

这个"箫"字，归入"竹"部。

5.诗言志，歌咏言——释"歌"

歌 訶 歌 謌

楷书　　　金文　　　小篆　　　小篆异体

　　这个"歌"字是形声字。请看上方古文字所示：金文"歌"的形体，是左右结构。它是左边的"言"为形、右半边的"可"为声的形声字。"歌"字的小篆异体字构形与金文字形相似，只是右半边的"可"变成两"可"，上下相叠的"哥"。小篆的第二款"歌"，仍然是左右结构。但它起了变化，且将右半边"哥"移放到了左边；又将左半边的"言"变成为"欠"，放在哥的右边，成了左"哥"右"欠"的形声字。隶变后楷书写作"歌"。

　　"歌"，《说文解字·欠部》解释说："歌，咏也。"说明歌的本义为歌唱、歌咏。《释名》云："人声曰歌。"《资治通鉴·唐僖宗中和二年》里说："语笑歌吹，终夜不绝。"胡三省注："歌，讴唱也。"《诗经·魏风·园有桃》称："心之忧矣，我歌且谣。"这话说的意思是：内心有忧愁啊，我就用唱歌谣来宣泄忧愁。

　　上边的"我歌且谣"之句，其中的"歌"与"谣"是有同有异的。在古代，它们二者相同之处是都指歌唱。它们不同之处在于：依谱合乐的歌唱称为"歌"，而心有所感随意唱出又不配乐的叫徒歌，也叫谣。《毛传》也说："曲合乐曰歌，徒歌曰谣。"现如今统称为歌谣，如民歌、山歌、牧歌、渔歌、儿歌、童谣等。这些歌谣为劳动群众所创造，而且词句简练，多为押韵，风格朴实清新，是民间表达思想愿望、抒情达意的重要方式。这些歌谣都在民间以口头传诵。

　　"歌"还可以表示人以外的、禽鸟发出的鸣叫声。宋代文学家、画家苏轼《答子勉三首》之一中吟道："枥马羸难出，邻鸡冻不歌。"此为歌的比拟义。宋代欧阳修《丰乐亭游春》其一中称："鸟歌花舞太守醉，明日酒醒春已归。"这话的意思是说：鸟儿在歌唱，花儿在跳舞，等到第二天醒来时，春天已经归去。毛泽东同志在他的《水调歌头·重上井冈山》词中吟唱道："到处莺歌燕舞……谈笑凯歌还"。

"歌"，也是古代诗歌的体裁之一，如《长恨歌》。南宋文学批评家严羽《沧浪诗话·诗体》道："古有鞠歌行、放歌行、长歌行、短歌行，又有单以歌名者、行名者，不可枚述。"

"歌"，有颂扬、歌颂之意。西汉文学家、语言学家杨雄在《赵充国颂》中说："昔周之宣，有方有虎，诗人歌功，乃列于《雅》。"《后汉书·陈俊传》道："俊抚贫弱，表有义，检制军吏，不得与郡县相干，百姓歌之。"唐代李白《天长节使鄂州刺史韦公德政碑》中写道："噫大块之气，歌炎汉之风。"歌功颂德，可歌可泣。

"歌"用作名词，指歌曲，能唱的诗。如《尚书·舜典》称："诗言志，歌咏言。"范仲淹《岳阳楼记》中说："渔歌互答，此乐何极！"歌，用作动词指作歌、编歌。《诗经·陈风·墓门》中说："夫也不良，歌以讯之。"这里的"夫"指统治者，"讯"指劝告。此语的意思是：这个人不太好，作诗劝告他。由"歌"组成的成语也不少，诸如歌声绕梁、歌功颂德、歌舞升平、歌楼舞榭等。"歌"，又用作姓。

"歌"，一般不作偏旁，现在归入"欠"部。

6. 舞蹈，舞曲，舞文弄墨——释"舞"

楷书　　甲骨文　　金文　　小篆

这个手舞足蹈的"舞"是个象形字。请看上方古文字所示：在甲骨文中的"舞"与"無（无）"字为同一个字，像一个站立的人，两手持着牛尾或树枝翩翩起舞之形。金文"舞"繁化了，除了基本上保留甲骨文的形象之外，且在其左下部加添"彳"，在其右下添加了"止"，合起来表示"动而起舞"的意思。小篆"舞"字则另加义符"舛（两只足）"，以区别"無"字，又用以强调手舞足蹈必须用脚之义。经过隶变和楷化之后，楷书写作"舞"。这个"舞"笔画繁多，但直到今天仍然没有简化。

《说文解字·舛部》对"舞"字解释说："舞，乐也。用足相背，从舛，无声。"说的是：舞，乐的一种形式。用两足相背，表示起舞踩踏，所以从舛，无声。"舞"的本义就是舞蹈。

"舞"字可用作名词。《史记·项羽本纪》中写道："军中无以为乐，请以剑舞。"这话是说：军营中没有什么可供娱乐的，那就让我舞一支剑舞为你助兴吧。接着"项庄拔剑起舞，项伯亦拔剑起舞，常以身翼蔽沛公，庄不得击。"这是鸿门宴上项庄借舞剑之机刺杀刘邦，但未能成功的情景。"项庄舞剑，意在沛公"这个成语即出于此。《庄子·养生主》中说："合于《桑林》之舞，乃中《经首》之会。"（"桑林"之舞：传说中殷商时代的舞曲；"经首"：传说中殷商时代的乐曲。会：节奏，旋律。）此话意谓：都合乎"桑林"舞曲音乐的节拍，同于"经首"乐章的韵律。《周礼·春官》中收录了不少的舞蹈，如"凡舞（舞蹈）有帗舞，有羽舞，有皇舞，有旄舞，有干舞，有人舞。"如今现代的舞有：交谊舞、芭蕾舞、剑舞、秧歌舞、集体舞、双人舞。近些年来，又出现了一些新的舞蹈，如街舞和众人一起跳的广场舞等。

"舞"引申为表演舞蹈、跳舞，用作动词。有个成语叫"舞态生风"，说的是，跳舞的姿态像风吹那样飘逸，比喻舞姿轻盈。还有飞舞、飘舞、翩跹而舞。《韩非子·五蠹》中还说："乃修教三年，执干戚舞，有苗乃服。"这话是说：于是用了三年时间修行德教，拿着武器跳舞进行精神感化，苗族便归顺了。

"舞"由跳舞又引申为"舞弄权术"。如"舞智"，（舞：玩弄。）意为：玩弄智慧，耍小聪明。"舞文弄法"，词中的舞：即弄意，玩弄。

整个词意就是歪曲法律条文来为奸作弊。《史记·货殖列传》中写道："吏士舞文弄法，刻章伪书，不避刀锯之诛者，没于赂遗也。""舞文弄墨""舞文弄笔""舞笔弄文"，后多指玩弄笔杆写浮巧文章。《三国演义》第四十三回中写道："岂亦效书生，区区于笔砚之间，数黑论黄，舞文弄墨而已乎？"又有"徇私舞弊"，意为谋求私利利用欺骗手段做违法乱纪的事。又如《史记·张汤传》中说："舞智以御人。"这是说：玩弄智谋权术来控制人。除此之外，还有成语"鸾歌凤舞"，形容歌舞的美妙。语本出自《山海经·大荒南经》里："鸾鸟自歌，凤鸟自舞。"毛泽东同志在《水调歌头·重上井冈山》词中吟道："千里来寻故地，旧貌变新颜。到处莺歌燕舞，更有潺潺流水，高路入云端。"词中的"莺歌燕舞"说的是黄莺在歌唱，燕子在飞舞，形容春光明媚，鸟欢雀跃，一派宜人的景象。由"舞"字组的成语还有"手舞足蹈""轻歌曼舞"和"眉飞色舞"等。这个"舞"，又用作姓

"舞"，也可作偏旁，舞现在归入"夕"部。

7. 快乐，欢乐，知足常乐——释"乐"

乐　　　　　　　　　　　　　　樂
楷书　　甲骨文　　金文　　小篆　　繁体楷书

这个"乐"是简化字写法，它的繁体写作"樂"。"乐"是个多音字，既读作 yuè 又读作 lè。它是个会意字。请看上方图形古文字所示：甲骨文"乐"字的形体，由两个字符组成，其上部像两束丝弦，下方是"木"，二者都是制作琴瑟乐器的材料，丝弦安装在木器上即成乐器。金文"乐"的形体，在两根丝弦中间增加了个"白"字，像拇指又像调弦使用的"白"，其实拇指也可以说是"调琴器"，更清楚地表明此物为弹

奏乐器之意。小篆"乐"字由金文演变而来，且整齐化。隶化后楷书繁体写作"樂"，简化后写作"乐"，只是个书写符号，不直接表意了。

《说文解字·木部》称："乐，五声八音总名。象鼓鞞。木，虡也。"此说欠妥。因为"乐"字形状像琴瑟，本义应为"乐器"。如罗振玉《增订殷虚书契考释》中说："从丝坿木上，琴瑟之象也。"许慎说的"五声八音总名"只能是"乐"的引申义。

"乐"的本义当是乐器，名词。《孟子·梁惠王下》载："今王鼓乐于此。"《韩非子·解老》中说："竽唱则诸乐皆和。"这话是说：竽先奏了，其他各种乐器也就跟着它应和起来。

"乐"又引申为"音乐"，用作名词。《周易·豫》写道："先王以作乐崇德，殷荐之上帝。"此话是说：先王制作音乐以尊崇道德，殷切而隆重地举行盛大的祭祀天帝的活动。白居易《长恨歌》："骊宫高处入青云，仙乐风飘处处闻。"又引申指乐人、歌伎，名词。《论语·微子》说："齐人归女乐，季桓子受之。"这话是说：齐国送了许多的歌姬给鲁国，季桓子接受了。

"乐"又引申为"喜悦""愉快""快乐"，读作 lè，用作形容词。《诗经·周南·关雎》中说："窈窕淑女，钟鼓乐之。"诗句的意思是：美丽贤淑的姑娘，鸣钟击鼓让她快乐起来。《论语·学而》中说："有朋自远方来，不亦乐乎？"这话是说：有志同道合的朋友从远方来，不也很快乐吗？《论语·雍也》中说："知者乐水，仁者乐山。"句中的两个"乐"都作"喜好"讲。整句话是说：聪明的人喜好水，仁德的人喜好山。由"乐"组成的成语和词语也不少，诸如："乐在其中"，此语出自《论语·述而》："饭疏食，饮水，曲肱而枕之，乐亦在其中矣"，是快乐就在这中间。"知足常乐"，就是知道满足的人，经常快乐。"乐极生悲"，就是欢乐到了极点，转而发生悲伤之事。"乐而忘归"，非常快乐，竟忘记返回。"乐不思蜀"，说的是蜀汉亡国后，后主刘禅被安置在魏国都城洛阳。一天，司马昭问刘禅想不想念西蜀。他说："此间乐，不思蜀。"后来用以比喻乐而忘返或乐而忘本。成语还有"乐而忘忧""怡然自乐""乐以忘忧"等。由"乐"组成的词，如欢乐、快乐、乐天、乐陶陶、乐滋滋等。

"乐"，用作地名，读音读作 lào。如山东省内有个"乐陵"；河北省内有个"乐亭"。"乐"又用作姓，读作 yuè。

这个"樂"，归于"木"部；"乐"，归"丿"部。

8. 典籍，经典，庆典——释"典"

典　典　典　典
楷书　甲骨文　金文　小篆

这个"典"是个会意字。请看上方图形古文字所示：甲骨文"典"字的形体，是上下结构，其上部是由竹简编成的"册"，下部是左右两只手之形，整个字形像双手捧着珍贵书册。金文"典"字则发生演变，将表示双手的字符演变为书架之形的"丌"，指放在书架上的"册"为"典"。小篆"典"字承接金文而来，形体与金文类同。经隶变与楷化后楷书写作"典"。

《说文解字》称："典，五帝之书也。从册在丌上，尊阁之也。"

"典"的本义指"典范的重要的书籍"，即"典籍""文献"，用作名词。如《尚书·五子之歌》中写道："有典有则，贻厥子孙。"意思是：有典籍有法度，传给他的子孙。《后汉书·蔡邕传》中写道："当续成后史，为一代大典。"《文心雕龙·宗经》中说："皇世《三坟》，帝代《五典》。"其中的"三坟"，传说为伏羲、神农、黄帝的图书，而"五典"则传说为少昊、颛顼、高辛、尧、舜的图书。这些人都是古代传说中的帝王，他们的书被后世奉为典范。成语有"数典忘祖"，这里的"典"就是典籍之义，这里的"祖"指祖业。丘迟《与陈伯之书》中写道："不远而复，先典攸高。"现有"典籍""经典""法典""药典""词典""字典""引经据典"等词。

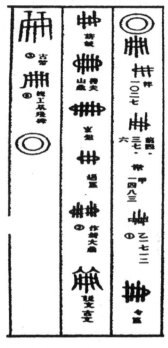

《甲骨文笺隶大字典》中的"典"字

由"典籍"引申为"法令""制度"，用作名词。如《周易·系辞上》中说："圣人有以见天下之动，而观其会通，以行其典礼。"句中的"典"作"制度"解释。此话是说：圣人将看到天下的一切活动，观察其融会贯通的法则，从而归纳出制度礼仪。如"典则"（典章法则）、"典册"（记载典章制度的册籍）、"典律"（典章律令）；又如《后汉书·张衡传》中说："时国王骄奢，不遵典宪。"句中的"典"当"法令"讲。这话意谓：那时河间王骄横奢侈，不遵守法令制度。曹操《败军抵罪令》中说："但赏功而不罚罪，非国典也。"句中"典"是"制度"的意思。这话是说：只奖赏功劳而不惩罚罪过，那就不是国家的制度。

"典"又引申为"典当""抵押"，动词。杜甫《曲江》："朝回日日典春衣，每日江头尽醉归。"句中的"典"是"典当、抵押"之义。整句话是说：朝罢回来常常将春衣拿去抵押，每天用此钱在江头喝醉酒后才回家。

"典"还又引申为"重要而盛大的仪式"。《国语·鲁语上》中说："令无故而加典，非政之宜也。"句中的"典"应解释为"祭祀礼仪"，这话说的是：现在无缘无故地增加盛大的祭祀礼仪，不是处理政务应该做的。今由"典"组成的词语有庆典、盛典、开国大典等。"典"，又用作姓。

这个"典"，如今归于"八"部。

9. 庆典，国庆，普天同庆——释"庆"

庆　鹲　蕚　麐　慶

楷书　　甲骨文　　金文　　小篆　　繁体楷书

　　这个"庆"是简体字的写法，它的繁体字写作"慶"。请看上方图画古文字所示：甲骨文"庆"字的形体，它的左下方是个"文"字，这"文"的中间有个"心"，以表示诚心；其右边是一张带花文（纹）的美丽的鹿皮。合起来表示带着美丽的鹿皮，诚心向人庆贺。可见，"庆"是个左右结构的合体会意字。金文"庆"字形体，将"文"的四周笔画全去掉，只留下一个"心"移到了鹿的腹部，上部的鹿皮部分承接甲骨文。小篆"庆"的形体，上部是"鹿"字的省略部分，中间是"心"，下部由金文鹿的尾巴变为"夂（脚）"。为带着美丽鹿皮前去庆贺之意。经隶变楷化后楷书繁体写作"慶"。繁体字"慶"笔画十五画，书写速度慢，所以在汉字改革过中采用了宋元时期的民间俗字"庆"作为简化字"庆"。《说文解字》中称："慶，行贺人也。从心，从夂。吉礼以鹿皮为贽，故从鹿省。"

　　"庆"的本义是"祝贺"。如《三国志·吴志·吴主传》载："蜀遣卫尉陈震庆权践位。"句中的"庆"是"祝贺"的意思，这话大意是说：蜀国派遣陈震去庆贺孙权登上帝位。《史记·苏秦列传》载："苏秦见齐王，俯而庆，仰而吊。"句中的"庆"也是"祝贺"意思。这话是说：苏秦见了齐王，行了再拜礼，低下头向齐王表示祝贺，抬起头又向齐王表示哀悼。唐代杜牧诗云："万家相庆喜秋成，处处楼台歌板声。"描写了人们欢庆丰收的喜悦情景。蒲松龄《聊斋志异·促织》载："大喜，笼归，举家庆贺。"现如庆贺、庆功会、庆祝"三八"妇女节。

　　"庆"字可引申为"可庆贺的事"，用作名词。《国语·周语下》载：

"晋国有忧，未尝不戚；有庆，未尝不怡。"此话意谓：晋国有丧事，没有不悲伤的；有可庆贺的事，没有不愉快的。句中的"有庆"即为"有可庆贺的事"。《周易·坤》："积善之家，必有余庆。"现如喜庆、大庆。又引申为值得庆祝的纪念日，如国庆、社庆、校庆等。

由"庆贺"可引申为"奖赏""赏赐"，动词。《孟子·告子下》载："俊杰在位，则有庆，庆以地。"此话说的是：能干杰出的人处在上位，那就有奖赏，用土地作为奖赏。句中两处的"庆"都是"奖赏"之意。《管子·牧民》："严刑罚，则民远邪；信庆赏，则民轻难。"这话是说：严明刑罚，那么老百姓就会远离偏邪；奖赏讲信用，那么老百姓就会敢于赴难。

"庆贺"又引申为"吉庆""福庆"，名词。《周易·坤》中说："积善之家，必有余庆；积不善之家，必有余殃。"此话是说：积善的人家，必然有多余的福留给子孙。此言告诫人们要多做好事、善事，莫做坏事、恶事。《尚书·吕刑》中说："一人有庆，兆民赖之，其宁惟永。"孔传："天子有善，则兆民顿之，其乃安宁长久之道。"其意思是天子有值得庆祝的事迹，那百姓都会仰赖效法，国家就会安宁长久。

这个"庆"，又用作古地名。《广韵》中有"庆，州名。……汉郁郅县，魏文置朔州，隋为庆州。""庆"，又用作姓。

这个"庆"，如今归于"广"部。

第八篇

汉字与祭祀

1. 祭天，祭祖，祭灶神——释"祭"

祭　凩　祭　祭

楷书　　甲骨文　　金文　　小篆

"祭"是个会意字。请看上方图形古文字所示：甲骨文"祭"字的形体，其左边是一块鲜肉的形状，它的右边是一只右手，两形中间有三四个点儿，那是鲜肉的血滴。整个字形的意思是手拿着血淋淋的鲜肉举行祭祀之礼。金文"祭"字的形体，其左上方仍然是块肉（月）意形状，右上方仍然是一只右手，下方是个"示"。这个金文"祭"成为从示，会意手持鲜肉，为"三合会意"字。小篆"祭"的形体与金文类同，且线条化、整齐化了。楷书的"祭"，由金文和小篆字形演变而来。

《说文解字·示部》称："祭，祭祀也。从示，以手持肉。""祭"的本义指祭祀，即置备贡品向祖先或神灵行礼，表示崇敬且祈求保佑。

"祭"的本义是祭祀、祭奠，用作动词。古时对神灵、祖先或死者表示敬意的仪式都可称"祭"，如"祭天""祭地""祭祖""公祭"等。《论语·为政》中说："子曰：'生，事之以礼；死，葬之以礼，祭之以礼。'"句中的"祭"为祭祀之意，整句话意谓：孔子说，父母活着，依规定的礼节供奉他们；死了，依照礼的要求安葬他们，按照礼的要求祭祀他们。《礼记·祭统》称："祭者，所以追养继孝也。"这话是说：所谓祭祀，是一种继续赡养和表达孝道的表现。陆游的《示儿》中写道："王师北定中原日，家祭无忘告乃翁。"（乃翁：你的父亲。）

"祭"引申为杀牲，故而引申为杀，动词。《吕氏春秋·季秋纪》："豺乃祭兽戮禽。"《礼记·月令》中写道："凉风至，白露降，寒蝉鸣，鹰乃祭鸟。""鹰乃祭鸟",就是老鹰捕杀鸟。

除此以外，"祭"还用作古国名。春秋时期有一个姬姓国叫"祭"。这个"祭"不读 jì，而且必须读作 zhài。"祭（zhài）"，又用作姓。

这个"祭"，现在归入"示"部。

2. 奠祀，祭奠，奠基——释"奠"

奠　奠　奠　奠

楷书　甲骨文　金文　小篆

这个"奠（diàn）"字是象形字。请看上方图形古文字所示：甲骨文"奠"字的形体，其下一横是祭台，上部像酒樽之形，表示置酒于祭台上进行祭祀。金文"奠"下方由甲骨文演变而来，且稍繁。小篆"奠"字演变成为会意字。其上部添加"八"，好像酒樽里的酒溢出之状，其下部变成了个祭案的基（丌）。奠，经过隶变和楷化之后楷书写作"奠"。

《说文解字·丌部》称："奠，置祭也。从酋；酋，酒也。下其丌也。"本义就是置酒进行祭祀。

"奠"就是设置酒食向死者或鬼神祭祀，动词。《诗经·南召·采蘋》中："于以奠之？宗室牖下。"（宗室：宗庙；牖：窗。）这话的意思是：在哪里置酒食祭祀祖先呢？就放在宗室窗户下；又如，《楚辞·九歌·东皇太一》："蕙肴蒸兮兰藉，奠桂酒兮椒浆。"（肴蒸：祭肉；兰藉：以兰草垫底；椒浆：用椒炮制的酒浆。）此话意谓：献上祭肉兰草垫，置上桂花泡的酒和椒子的汤；又如《仪礼·士丧礼》中说："奠脯醢、醴酒。"所谓"脯"即为干肉，"醢"就是肉酱，"醴"就是甜酒，也就是说：用干肉、肉酱和甜酒等祭祀死者。

“奠”现在一般出现在给死者所献花圈的中间，这是什么意思呢？其实这是我们祖先风俗习惯的沿袭，为的是“祭祀”先祖，用以寄托生者的哀思。

“奠”又引申为“进献”。《礼记·昏义》中写道：“婿执雁入，揖让升堂，再拜奠雁，盖亲受之于父母也。”（雁：即为大雁，见面呈献的礼物。）这话说的是什么意思呢？古代婚礼，新郎到女家迎亲，带着雁进庙门，拱手行相让升上庙堂，拜两次放下雁（鹅），这是表示他亲自从女方父母手中迎娶新妇。

现今“奠”的本义的使用已不常见，常用引申义表示放置、设置、建立，动词。如《礼记·内则》中说：“奠之而后取之。”句中的“奠”就是放置的意思。整句话的意思是：把它放置好，以后再来拿。又如,《周礼·夏官·量人》中写道：“掌丧祭奠窆之俎实。”贾公彦疏：“窆，穿圹之名；此言奠窆，则奠入于圹。”上述之言，说的是把祭奠之品放入墓之中。《尚书·禹贡》载：“禹敷土，随山刊木，奠高山大川。”这话意思是：大禹依照山河形势划分九州土地疆界，随着山势斩木通道，设置各州高山大河。顾炎武《日知录》中说：“武王克商，天下大定，裂土奠国。”句中的“奠”就是建立的意思。整句话意为：周武王打败商王后，天下安定，就裂土封疆建立了各诸侯国。现如“奠都”“奠基”“奠定”等。

这个“奠”，现在归入“大”部。

3. 跪拜，顶礼膜拜——释“拜”

楷书　甲骨文　金文　小篆　繁体楷书

这个“拜（bài）”字是合体会意字。请看上方图形古文字所示：甲骨文"拜"字的形体，由"手"和"麦"组成，像双手持禾麦奉献神祖之形，会向神祖拜祭祈求风调雨顺、庄稼丰收。金文"拜"有两款，前一款"拜"的形体承接甲骨文，只是将右边的一只手移到了左边，仍然是手持禾麦奉献神祖之义。金文"拜"的另一款形体，是左为"手"，右为"页"（好像面朝左站立的人形），"页"即"头"的形象。这表明跪拜时脑袋必须低到扶在地面上的手。这款金文"拜"字，强调的是姿态。小篆的"拜"的字形，由两只手组成，只是右边的手下多加了一横，出现个"下"，表示左右两手一齐向下，正是下拜的动作。经隶变、楷化后楷书写作"拜"。

中华民族，古来号称"礼仪之邦"，各式各样的礼节很多。如《周礼·春官·大祝》中就有"九拜"之礼。《尚书·益稷》载："皋陶拜手稽首。""稽首"这一礼仪，是双膝跪下，叩头到地不抬头，只能过一会儿才能抬起来。这是九拜中最重的拜见礼，是臣民拜见皇帝时用的礼，而皋陶行的就是这种跪拜礼。"顿首"也是一种跪拜大礼。与"稽首"不同的只是在跪拜时头叩后可以马上抬起来，也就是我们平常所说的磕头。礼仪中的"拜"还有"空首""吉拜""奇拜""褒拜"等九种形式，合称"九拜"。

佛教传入中国后，对佛像有一种"膜拜"，也叫"顶礼膜拜"，这是一种大礼。顶礼膜拜时，两手放在前额，伏地"五体投地"而拜，这是佛教徒的最尊敬的礼节。

除了"跪拜"礼仪之外，又引申为"拜见""拜谢"，动词。《论语·知实》中说："孔子时其亡也，而往拜之。遇诸涂。"（句中的"时"，通"伺"：窥伺、探听；"亡"，不在。）整句话意谓：孔子窥伺到阳货不在家的时候，去拜谢他，不料在路上碰着了。如《吕氏春秋·分职》载："明日不拜乐己者，而拜主人，主人使之也。"这话意思是：第二天客人不拜谢使自己欢乐的倡优，却去拜谢主人，因为是主人命他们那样做的。还引申为"授予官职"，亦可称为"拜"，动词。《三国志·蜀书·诸葛亮传》载："拜亮为丞相。"此话是说：把丞相的官职授予诸葛亮。又如，《史记·淮阴侯列传》里说："至拜大将，乃韩信也，一军皆惊。"此话意谓：等到任命大将的时候，才发现任命的大将却是韩信，全军将士都大吃一惊。

"拜"，通过某种礼节使人与人之间结成某种关系。"拜师"，动词，就是在学艺、学技术中认老师、拜师傅，结成师徒关系。"拜把子"，就是朋友之间结为兄弟姐妹关系。时代不同了，礼节也不一样了，现代人见面不再行跪拜礼了。但"拜"的"恭敬"的含义仍保留下来，而且组成了一些成语，如"拜鬼求神"，就是向鬼神叩拜祈祷，求其保佑。"拜将封侯"——说的是，拜为大将，封为侯，古代形容功成名就、官至极品。由"拜"组成的成语还有"拜相封侯""拜倒辕门"等。由"拜"组成的词语也不少，如"拜见""拜望""拜访""拜会"等词。读他人的诗书作品，叫"拜读大作"。如此等等，都成为礼貌用语。

这个"拜"，如今归入"手"部。

4. 始祖，佛祖，鼻祖——释"祖"

祖　　日　　祖　　祖

楷书　　甲骨文　　金文　　小篆

这个"祖"字是个象形兼会意兼形声字。请看上方图形古文字所示：甲骨文"祖"的形体，像是祭祖的牌位，又像古代祭祖盛肉的器具。金文"祖"的形体起了变化，器具分化演变为"且"，左边的牌位演变为"示"，指供奉祭品和祭祀的地方。这又成了从示、从且会意，且也兼表声的会意兼形声字。小篆"祖"的形体，与金文字形类同，且线条化、整齐化了。经隶变、楷化后楷书写作"祖"。

《说文解字·示部》对"祖"字的解释是："祖，始庙也。从示，且声。"许慎认为"祖"的本义是始祖的庙宇。

"祖"，本义为祭祀先祖的宗庙，或先祖的牌位，用作名词。如《周礼·考工记》中写道："面朝后市，左祖右社。"此话意谓：王宫的布局，前面是朝廷，后面是集市。左面是祖庙，右面是社庙，"祖"，祖先，先人。柳宗元在《捕蛇者说》中道："吾祖死于是，吾父死于是。"这句话意思是：我的祖父死在这件事上，我的父亲也是死在这件事上。现如：祖父、祖母，外祖父、外祖母。我们常用的一个词叫"祖国"，是指祖籍所在的国家，也指自己的国家。《宋史·李纲传》中有这样一句话："祖宗疆土，当以死守，不可以尺寸与人。"这话说的是，祖先们留给后人的国土，当誓死捍卫，一尺一寸也不能让他人夺去。句中的"祖"与"宗"都表示祖上与祖先。"祖"，有"开始"和"初"的意思。《庄子·山木》中有这样一句话："浮游乎万物之祖。"意思是说，优游自得地生活在万物的初始状态。

这个"祖"就是"开始"，就一个家族来说那是家族的源头。拿国家或朝代来说，开国的君王一般都称为"祖"。诸如：秦始皇统一中国，称为"祖龙"；刘邦打败对手，开创了汉朝，称为"汉高祖"；开创宋朝的是赵匡胤，被称"宋太祖"；开创元朝的忽必烈，被称为"元世祖"。在古代帝王的世系中，始祖者称为"祖"，继祖者称为"宗"。如唐太宗、宋高宗等。后代帝王祖宗庙号都承用周制。通常又以"祖宗"为祖先的通称。

"祖"，还有"祖业"一词。刘禅的《出军诏》中言道："补弊兴衰，存复祖业。"祖业，祖传的产业。范成大《桂海虞衡志·志蛮》中写道："其田计口给民，不得典卖，惟自开荒者由己，谓之祖业口分田。"

"祖"引申为"效法""模仿"，用作动词。《史记·屈原贾生列传》载："然皆祖屈原之从容辞令，终莫敢直谏。"古人出行祭祀路神。《晋书·谢安传》中说："帝出祖于西池。"《战国策·荆轲刺秦王》中说："至易水上，既祖，取道。"

进而引申指某种行业或派别的创始人，其称之为"祖"。如"佛祖""鼻祖""师祖"古代传说中的伏羲、女娲是中华民族的"始祖"。"祖",又用作姓。

这个"祖",如今归入"示"部。

5. 春社，诗社，社稷——释"社"

社　　口　　祉　　祉
楷书　　甲骨文　　金文　　小篆

"社（shè）"是个象形兼会意字。请看上方图形古文字所示：甲骨文"社"字的形体，在上古时代与"土"字相同，像地面上的土块或土丘，像原始祭社用的社坛之形，是个象形字。古人在造这个"社"字时，采用的这结构，远不及后来金文"社"的字形贴切。可以说真正意义的"社"字，出现在金文时期。如上方所示，其土的左边另加"示"，以表示"神"，右边为上"木"下"土"的组合，喻义着"土"上生"木"，即为土地。三者合在一起，"社"字土地之神的意思就被表达出来了，且成为合体会意字。然而到了秦代，小篆"社"的形体，右边省去了上面的"木"，整个字形成了左"示"右"土"的结构，"社"字自此定了型。"社"经过隶变、楷化后楷书写作"社"。

《说文解字》称："社，地主也。从示、土。"句中的"社"解释为"地主也"，所谓"地主"即主宰土地之神。《春秋传》载："共工之子句龙为社神。"《白虎通义·社稷》载："社者，土地之神也。土生万物，天下之所主也。"土地神观念的产生是人类进入农耕社会时代的产物。因为土地是人类赖以生存的粮食来源，因此人们将它奉为神灵——土地神。

"社"由土地神引申为祭祀的地方或场所。《礼记·祭法》里说："王为群姓立社，曰大社；王自为立社，曰王社。诸侯为百姓立社，为国社；诸侯自立为社，曰侯社；大夫以下，成群立社，曰置社。"在周代平民百姓是以 25 家立一社庙。《白虎通·社稷》中说："封土立社，示有土尊。"

"社"的本义是社神，也就是土地神，也指为土地神设立的神像、牌位。如《论语·八佾》中记载："哀公问社于宰我（宰我，人名字，是孔子的学生），宰我对曰：'夏后氏以松，殷人以柏，周人以栗'。"这话是说：鲁哀公问宰我（土地神牌位应该用什么木）。宰我答道："夏朝用松树，商朝用柏树，周朝用栗树。"

"社"又引申为"祭祀土神"，动词。《周书·召诰》载："越翼日戊午，乃社于新邑，牛一，羊一，豕一。"这话是说：到明日戊午，又在新邑这个地方举行祭祀土神的典礼，用了一头牛，一只羊和一头猪。《左传·文公十五年》中说："伐古于社。"这话是说：击鼓，用牺牲在土地庙里祭祀。

"社"又引申指祭祀社神的节日。古代有春社和秋社两个社日。先秦只举行"春社"，汉代开始既有"春社"又有"秋社"。从宋代开始，以立春、立秋后的第五个戊日为社日。春社祭祀是为祈谷，秋社祭祀是为谢神。祭社时要给社神献上祭品，诵读祝词，奏乐跳舞，饮酒吃肉，场面热闹。南宋诗人陆游《社鼓》诗吟道："林间鼓冬冬，迨此春社时。"唐代王驾《社日》诗云："桑柘影斜春社散，家家扶得醉人归。"

"社稷"，本指土地神和谷神。古代以农业立国，土地和粮食是国家根本，所以后来"社稷"就成为国家的代称。《孟子》中说："民为贵，社稷次之，君为轻。"意即人民最重要，国家在其次，帝王在三者之中最轻。

"社"，也指团体或机构。如《红楼梦》中的海棠社和桃花社，都是"诗社"。此外还有"文社""棋社"等。现如今，"社"意为共同工作的组织。如，通讯社、报社、出版社。"社"，又用作姓。

这个"社"，如今归于"示"部。

6. 天坛，地坛，日月坛——释"坛"

坛　壇　壇

楷书　　小篆　　繁体楷书

"坛"，是个形声字。请看上方篆文所示：小篆"坛"的形体是左右结构，是个从土，亶声的形声字。经隶变、楷化后繁体楷书写作"壇"，如今简化写作"坛"。

《说文解字·土部》解释说："坛，祭场也。从土，亶声。"这话意谓：坛，是在平地用土筑起的用于祭祀的土台。从土，亶声。

"坛"，用土筑成的高台，后来发展为在台上增设阶梯的殿堂。本义为古代人用于祭祀、会盟或誓师、封拜等的场所，用作名词。司马迁《史记·陈涉世家》中说："为坛而盟，祭以尉首。"这话意思是说：搭起台子结盟誓师，用尉官的头祭祀天地。句中的"坛"即为土台子。《礼记·祭法》中说："燔柴于泰坛，祭天也。"此话意谓：在泰坛上堆柴焚烧祭品，这是祭天。

坛，园林或庭院中的土台，房子的地基。屈原《涉江》中说："燕雀乌鹊，巢堂坛兮。"卢纶《虢州逢侯钊同寻南观因赠别》诗云："放鹤登云壁，浇花绕石坛。"《淮南子·说林训》载："腐鼠在坛，烧薰于宫。"

坛场，古代举行祭祀、继位、盟会、拜将等大典的场所。《史记·淮阴侯列传》写道："王必欲拜之，择良日，斋戒，设坛场，具礼，乃可耳。"《初刻拍案惊奇》卷十七中说："建坛在家，与人行持，甚箸效验。"

现如今"坛"的本义仍在使用，如古代都城西安有天坛，始建于隋朝而废于唐末，且是保存至今较为完好的皇家建筑。北京紫禁城外的四周都建有古坛，最为著名的是祭天的天坛、祭地的地坛，还有日坛、月坛、祈谷坛、社稷坛。

　　坛，又引申指某些职业、专业活动领域，多指文艺、体育方面。如文坛，诗坛。陆龟蒙《奉酬袭美先辈吴中苦雨一百韵》中说："文坛如命将，可以持玉钺。"欧阳修《答梅圣俞寺丞见寄》诗云："文会忝予盟，诗坛推子将。"此外还有"杏坛"这一说法。相传杏坛是孔子讲学的地方。《庄子·渔父》篇中说："孔子游乎缁帷之林，休坐乎杏坛之上，弟子读书，孔子弦歌鼓琴……"后人在山东曲阜孔庙大成殿前修建"杏坛"。后人把向学生传授知识的课堂也称为"杏坛"。坛，在古代主要指文艺界，如今随着体育事业大发展，又扩大至体育界，如体坛、乒坛、羽坛、棋坛、足坛、排坛等。如今政界也称坛，如政坛。除此之外，还有歌坛、影坛、讲坛等。

　　这个"坛"，现在归于"土"部。

7. 宗庙，寺庙，土地庙——释"庙"

庙	廟	廟	廟	廟
楷书	金文	小篆	隶书	繁体楷书

　　说起"庙"来，人们都很熟悉。在中国大地上，从东到西，由南到北，从城市到乡村，大大小小的"庙"，几乎随处可见。城内有"城隍庙"，乡村有"土地庙"。

　　"庙"字最早出现在金文中。请看上方古文字所示：金文"庙"字的形体，其上部是"广"形，表示与房屋有关，下面是个"朝"，是个外"广"内"朝"的两形会意字，"朝"也是表声的会意兼形声字。小篆"庙"的形体，与金文大致相同。隶变后楷书繁体写作"廟"，汉字简化过程中，将俗体字"庙"借为"廟"的简化字。"庙"就成为如今使用的规范字。

　　《说文解字》称："庙，尊先祖皃也。从广，朝声。""庙"的本义是宗庙。

在古代，为祖先设置牌位以供祭祀的建筑物即为宗庙、祖庙。古代天子七庙，诸侯五庙。贾谊《过秦论》中说："一夫作难而七庙隳，身死人手，为天下笑者，何也？"那么，天子怎么会有"七庙"呢？《礼记·王制》告诉我们："天子七庙，三昭三穆，与太祖庙而七。"这里的"昭"当庙讲，指帝王的子庙，这个"穆"也当"庙"讲，指帝王的孙庙，还有太祖庙，共七庙。古代不仅帝王有庙，诸侯等用来奉祀祖先的建筑也称为宗庙。贵族、显宦、世家大族奉祀先祖的建筑称为家庙或宗祠。如此这些，都仿照太庙建造的方位，设置在宅第的东侧，规模大小高低不一。

"庙"，由"宗庙"又引申出供奉场所之义，所供奉祭祀的都是有德有才、德高望重的圣贤庙。比如，我国最大的庙宇群是山东省曲阜奉祀孔子的孔庙，也叫文庙。孔子被奉为儒家之祖，自汉代以后的历代帝王大多崇奉儒学，所以孔庙建筑规模宏大。孔庙的南北长达一公里，仅次于北京故宫的古建筑群。供奉有才德古人的庙宇还有《三国志·蜀书·诸葛亮传》中说的"诏为亮立庙于沔阳"，此话是说，皇帝下诏在沔阳为诸葛亮修建庙宇。为了供奉三国名将关羽，一些地方都建了"关帝庙"，也叫武庙；为纪念宋代的民族英雄岳飞，就修建了"岳庙"；除此之外，还有一些其他的庙宇。如，为纪念安史之乱坚守睢阳的张巡、许远所修建的"双庙"；又有"屈子庙""太白庙""张良庙"等。

此外还有一些祭拜神仙的庙。如供奉守护城池之神的"城隍庙"；供奉河神的"龙王庙"；供奉财神的"财神庙"；供奉土地神的"土地庙"；供奉山神的"山神庙"，如《水浒传》中说的"风雪山神庙"等。

还有关于"庙"的词语。如，"庙号"是帝王死后宗庙立室奉祀，后来用来追尊他们的名号。这种名号始于商朝，如太甲追尊为太宗，太戊追尊为中宗。《旧唐书·高祖本纪》载："群臣上谥曰大武皇帝，庙号高祖。""庙策"，指朝廷对国家大事的谋略、决策。如《资治通鉴》载："孝明帝深惟庙策，乃命虎臣出征西域。""庙会"，指在规定的日期在寺庙内外进行焚香祷告及交易等活动。"庙主"，是指主持庙中事务的和尚或道士。"庙祝",指庙宇中负责掌管香火的人。

"庙宇"是常见的建筑物和人们举办活动的地方,因此,民间就有一些成语、俗语、字谜等都是跟"庙"有关的。如人们常说的"穷庙富方丈""跑得了和尚跑不了庙"。

有副对联,挺有趣的,写在这里供大家欣赏。上联:"一点一横长,一撇到东洋";下联:"上十对下十,日头对月亮。"这副字谜对联,说的是一个字,你猜对了吗?

这个"庙",现在归于"广"部。

第九篇

汉字与时节

1. 春到人间草木知——释"春"

春	萅	萅	萅
楷书	甲骨文	金文	小篆

　　春天，阳光和煦，冰消雪融，万物复苏，杨柳吐绿，草木萌生，一片春的气息。我们的先祖们就是抓住自然界这些特征，刻意构思，精心设计出古文字"春"。甲骨文的"春"字，由三种符号或者说由三个古文字构成。其左半边的上部和下部像初生的草木，中间部分像日升草丛中，表示春回大地，照得草木萌发生长；它的右半部是个"屯"字，像小草刚刚萌生钻出地面之形。《说文解字》解释说："屯，难也。像草木初生，屯然而难。"其意思是说，"屯"，这个字就像草木初生，是经过艰难斗争才生长出来的。"屯"兼作声符。春，是会意兼形声字。

　　金文的"春"字与甲骨文"春"字比较，虽然都是"草、日、屯"三个字组成，但在字的结构上有了很大变化。金文把下部的一株"草"移到了上部，成了草字头，将原在右边的"屯"字移到了中间，日字移到了下部，成为上下结构的"春"字了。小篆的"春"字，其字形基本上与金文相同，只是"屯"字的曲笔朝右拐了。"春"字经过隶变楷化后，除保留了"日"之外，"草"和"屯"发生了很大讹变，已经看不出原来的模样，改写成为现今的"春"字了。

　　因为楷书是符号化的汉字，"春"这样演变，使其他带有"草"和"屯"的"蠢"和"蝽"字也跟着变化，以符号代替了上半部的"草"和"屯"，只保留了"日"和"虫"字。这种现象，在简化字中用简单符号代替繁体字繁难部分是一样的。比如，姓刘的"刘"字，繁体字左边是

"卯、金"二字，右边是立刀，现在用一个类似"文"的符号简化代替了"卯、金"二字，即成为今天的"刘"字。再比如姓郑的"鄭"字，繁体是"奠"字加"阝"。现在简化用一个"关"直接代替了"奠"，即成为今天简化的"郑"字。

"春"字的本义，从造字方法和字形结构看，其所指的是阳光普照，万物滋荣的季节，是一年四季的第一季。在这个季节里，"立春"是春季开始的意思。"立春"一过，农夫鞭打"春牛"，开始了春耕、春播、春种的繁忙时节，农民一年的辛劳也开始了。正如《荀子·王制》里说的，"春耕、夏耘、秋收、冬藏，四者不失时，故五谷不绝。""春分"——春季的中间，太阳正好直射赤道。这天的白天和夜晚一样长。值得注意的是，我国古代商周时期，还没有将一年分为四季。所以甲骨文里只有春秋二字，而没有"夏"。甲骨文里虽然有了"冬"字，也只能作为"终"字使用，非指季节。

春光旖旎，万物生机，古代文人有许多描写春花春草的名句，如"春到江南花自开""春色满园关不住，一枝红杏出墙来""万紫千红总是春"，还有"春到人间草木知""春风又绿江南岸"等。这些诗句，形象地表现了"春"字从日、从草的字义，同时也表现了春天万物萌生这一物候现象和生机。唐代文学家刘禹锡的诗句"沉舟侧畔千帆过，病树前头万木春"中的"春"字，就是用来比喻生机的。成语中的"满面春风"的"春"字，是由生机引申而来，解释为笑容、喜色。还有"春风得意"等。

春，也指我国最主要的传统节日"春节"，就是阴历的正月初一，一年的第一天，俗称"过年"。其起源于商朝的年末岁首祭神祭祖活动，到西汉时正式规定阴历正月初一为一年的第一天，俗称为"年"，也称"元旦""元日"。现在将公历的1月1日定为"元旦"，把阴历的正月初一改称为春节。

这个"春"，如今春归于"日"部。

2. 有礼仪之大故称夏——释"夏"

夏　楷书　甲骨文　金文　小篆

　　"夏"和"华夏"之字词，是古代中国和汉民族的古称。春秋以后又有"诸夏"之语。那么，中国人为什么称自己为"华夏"子民呢？这个"夏"字到底是什么意思？

　　"夏"是个象形字，早见于甲骨文。甲骨文"夏"字构形，半边是一个人，其上部有头有发，下部有躯干和手足，是一个完整无缺的人，是一个高大的人。这个人手持斧钺，又像一个高大威武的武士之形。这个"夏"字的形体，比起甲骨文中其他表现人的各种形态来看，更是完整和谐，所描绘的"确也仪表堂堂"。因此，可以说这个甲骨文"夏"字所表现的正是历史学家们所讲的威武的古代华夏人。

　　金文"夏"字的构形，仍然是个高大的人形。其上为头，中间为躯干，两旁为手，下部为足。只是在字的笔画结构上变得更加复杂了。小篆"夏"字的形体发生了变化，人的身躯部分没有了，两手变成"臼"，两只大脚变成"夊"，而且两手和腿脚都完全脱离了躯体。《说文解字》解释说："夏，中国之人也。从夊，从页，从臼。臼，两手。夊，两足也。"而"页"同"首"，也就是人的头。可见小篆"夏"字是一个头、手、足齐全的人形。这里说的人，就是古代黄河流域中原地区的中国人。"夏"的字形，经过隶变楷化后成为今天的"夏"字。

　　"夏"的本义是高大、雄强、威武的人。最初作为部族的图腾，遂成为中原古部族名称，与四周少数民族相对，也叫"华夏"或"诸夏"。相沿遂用以指代中国人或泛指中国。

　　"夏"，又引申出"大"的意思。《尔雅·释古》中就有"夏，大也"

之语，《方言》卷一里也有此说。"夏"有"大"的意思，这个意思的成立，大概形成于春秋战国之交。战国后期统一观念深入人心，"夏"与"大"的意义日益相合。其实，在此以前的"夏朝"，就已经是大统一王朝的楷模。夏朝是中国历史上第一个王朝，从原始的财产公有转为私有制，阶级社会从此开始。

"夏"由"大"又引申出"华彩"之意。《周礼·天官·染》中有"秋染夏"之说，唐代贾公彦解释说："夏谓五色，至秋凉可以染五色也。"《尚书》中有"冕服采章曰华，大国曰夏"之语。孔颖达《春秋左传正义》中说："中国有礼仪之大故称夏，有服章之美谓之华。""华夏"一词，自古以来就是古代中原地区汉民族的庄严自称，后来"华夏"成为中国各民族的合称。

夏季是四季中最热的季节，也是植物最茂盛的季节。伟大诗人屈原在《九章·怀沙》中说："滔滔孟夏兮，草木莽莽。"

《庄子·秋水》中有这样一句话："夏虫不可以语冰，笃于时也。"后成为成语"夏虫不可语冰"。其说的意思是，与夏天的虫，无法谈论冬天的冰。比喻见识受到时间条件限制，或比喻见识短浅狭隘、不知道理的人。又有"夏虫疑冰"之说，明代倪谦有语："夫夏虫疑冰，井蛙疑海，何则？其识小也。"

汉代王充《论衡·逢遇》中称："作无益之能，纳无补之说，以夏进炉，以冬奏扇，为所不欲得之事，献所不欲闻之语，其不遇祸，幸矣。""夏炉冬扇"成语出于此。其意是夏天生炉子，冬天

取自《甲金篆大字典》中的"夏"字

扇扇子。比喻做事不合时宜，不可思议。

《列子·汤问》中说："九土所资，或农或商，或田或渔；如冬裘夏葛，水舟陆车。"这是"冬裘夏葛"成语的来源，其意思是夏季穿葛麻制的单衣，冬季穿着毛皮的衣裳。就是缘时而宜，随着季节变化而决定穿着。

《左传·文公七年》："酆舒问于贾季曰：'赵衰、赵盾孰贤？'对曰：'赵衰，冬日之日也；赵盾，夏日之日也'。"杜预注："冬日可爱，夏日可畏。"其意思是赵衰像冬天的太阳那样，给人以温暖，使人亲近；赵盾像夏天的太阳那般威严，让人望而生畏，让人不敢接近。这个"夏"，又用作姓。

这个"夏"，如今归入"夂"部。

3. 一叶知秋——释"秋"

秋　　　　　　　　

楷书　　甲骨文　　金文　　小篆

"秋"字，早在甲骨文中就已经出现，是个象形字。如上方古文字所示：甲骨文的"秋"字，其字形酷似秋虫蟋蟀。您瞧，它的上部是头，头上有两根长长的触角；下半部是它的身体，左边有腿脚，右边背部突出部分是具有发声器的翅翼。蟋蟀在秋天鸣叫，因此古人就用秋虫蟋蟀和它的鸣叫作为"秋"，亦即为秋季。《诗经·豳风·七月》里说："（蟋蟀）七月在野，八月在宇，九月在户，十月蟋蟀入我床下。"其大意是：七月蟋蟀还在野外，八月就爬到屋檐下，九月入室，十月蟋蟀就到了我床下。随着秋尽，蟋蟀也就死亡了。甲骨文"秋"字下部有个意符"火"字，成了上为"秋虫"下为"火"的上下结构的"秋"字。火烧虫为古代焚田之习，在秋末进行。秋季除了秋虫蟋蟀和它的鸣叫这些特征外，另一个显著特征是庄稼黄了，禾谷熟了，是收获的季节。因此，学者们认为"秋"的本义是禾黄谷熟，恰似火灼。《野客丛谈》中说："物熟谓之秋，取秋敛之义。"与"秋"这一时节发生牢固联系的就是农作物成熟收获的景象，更能描绘出秋季的特征。这也是造"秋"字者的初衷。

小篆"秋"字，将"火"与"禾"并列成为左右结构、"从火，从禾"的"烁（秋）"字。其意思是，似火灼的农作物黄了，禾谷成熟了。《说文解字·禾部》解释说："秋，禾谷孰（熟）也。""秋"的本义为收获的季节。《尚书·盘庚上》中说："若农服田力穑，乃亦有秋。"说的是，农夫只有努力耕种和收割，才能有收获。

"秋"字，从甲骨文、金文、小篆乃至隶书到楷书，其字形几经变化，表义各有侧重，但其始终是围绕秋的特征进行描绘的。

"立秋"——秋季的开始，气温由最热逐渐下降。"秋分"——秋季的中间，这天白天与夜晚一样长。"立冬"——秋季结束，冬季到来。

在古代的西周以前，最初是将一年分为两季，即春秋两季。这是古人最早认识的季节，因为春种、秋收最与人们的生产相关。故称此历史叫春秋而不叫夏冬。《诗·鲁颂》中说："春秋匪解，享祀不忒。"这里的"春秋"说的是一年。鲁国的编年史就叫《春秋》。还有《春秋左传》《吴越春秋》，就连现代小说《小城春秋》中的"春秋"均是历史的代称。秋天一过，一年的农事结束了，因此"秋"又用来单指"年"。比如成语中的"一日不见，如隔三秋"，这里的"秋"字是"年"的意思，是说一天见不到就像隔了三年一样。又如，"千秋万岁"这个成语，"秋"和"岁"是同义词，都是指年。这个成语表示时间极为久远，过去常用它祝福老人长寿。

成语中还有"落叶知秋"，也叫"一叶知秋"。此成语出自《淮南子·说山训》中："以小明大，见一叶落而知岁之将暮。"宋代唐庚《文录》也说："唐人有诗云：山僧不解数甲子，一叶落知天下秋。"都是说看见一片树叶落下，就知秋天已经来到了。比喻从某些细微迹象，可以看出整个形势的发展趋向。

风萧瑟，草枯黄，叶飘落，荒凉之况让某些诗人、词家产生悲秋、怨秋、感伤之情。曹雪芹在《红楼梦》中为林黛玉写了一首《秋窗风雨夕》诗："秋花惨淡秋草黄，耿耿秋灯秋夜长。已觉秋窗秋不尽，那堪风雨助凄凉！"其意说的是，秋天到了，花落草黄，孤灯伴着长夜，窗外秋风秋雨，让人甚感凄凉！然而，也有人一反常态，认为秋色秋景好看，"秋高气爽""秋月春风"，因而称之为"金秋"！唐代诗人刘禹锡的《秋词二首》写道："自古逢秋悲寂寥，我言秋日胜春朝。晴空一鹤排云上，便引诗情到碧霄。"诗人驰骋想象，诗一开头就否定悲秋，认为秋日胜过春天。以一鹤凌空凸显了秋高气爽、万里碧空、白云游动的景象，"秋日胜春朝"矣！伟人毛泽东的《采桑子·重阳》词中也为秋天景色叫好："不似春光，胜似春光。"

古人在创造"秋"字时，表现的正是金秋、喜秋，而不是悲秋！这个"秋"又用作姓。

这个秋，如今归于"禾"部。

4. 千里冰封，草木枯——释"冬"

楷书　　甲骨文　　金文　　小篆

古时候，很可能到殷商时期尚无四季中的"冬季"与"夏季"的概念。因此，也还没有出现专门用来表示冬季的"冬"字。请看上方古文字所示：甲骨文的"冬"字与甲骨文的"终"字的构形一模一样，实际上是一字二用，既是"终结"的"终"，又是冬季的"冬"。这个甲骨文刻写得很形象，就像一段绳索，两端都挽了个结，表示"终结""终了"之意。而冬季是一年四季中最末的一个季节，因此就用"冬"字来表示。那么，表示"终结""终了"的意义又怎么办呢？后来，就在"冬"字的左边添加"纟"字，造出了一个新的形声字"终"字。这样"冬"与"终"就分道扬镳了。金文"冬"字的形体发生了一点变化，将一个画成圆形的"日"字，放在绳索的中间，被绳索严严实实地围住，表示太阳有了遮挡，表示太阳不太温暖了，也就是冬天了。小篆"冬"字字形发生了很大变化，将围在绳索中的太阳（日）搬走了，后来在其下方增添了一个"仌"（冰）字，这个改动挺有意思，表示不见了太阳而见到了冰，当然此时已是千里冰封万里雪飘的冬天了。楷书"冬"字为了书写的方便，将小篆下部的"冰"，简化改变成两点，即成为我们今天看到的楷书"冬"字。

"冬"的本义指的是"终了""结束"，后来被假借专指一年中时序终了的季节——冬季。这个季节，给人的印象是风号雪飞，千里冰封，草木枯寒。冬季意味着沉寂和冷清，在寒冷袭来之时，候鸟飞到温暖的地方越冬，有的动物躲进小窝，还有的钻地冬眠。冬天一片沉寂，一片萧条。

中国有个重要的与"冬"字有关的节气，叫"冬至"。这一天，是北半球白天最短、夜晚最长的一天。古代人对"冬至"有这样的说法："阴极之至，阳气始生，日南至，日短之至，日影长之至"，故曰"冬至"。冬至这个节气源于汉代，盛于唐宋，相沿到如今。现在有些地方在"冬至"这天，用吃面条、吃饺子、吃汤圆进行庆贺。

冬季的太阳可爱，它暖洋洋地照得寒气变暖。老人们躲在南墙角去晒太阳、聊大天、下象棋，小孩子在阳光下奔跑玩耍，都在享受太阳的温暖。英国浪漫主义诗人雪莱诗云："冬天已经来了，春天还会远吗？"是的啊，一切都在酝酿着，准备着，"千红万紫安排著，只待春雷第一声"。这个"冬"，又用作姓。

这个"冬"，如今归入"夂"部。

5. 节气，节日，节操——释"节"

节　　篭　　節

楷书　　金文　　小篆

　　这个"节"，在古文字家族里是个较晚才产生出来的字，在甲骨文里无从寻觅。这个"节"在金文里才露面。请看上方古文字所示：金文"节"字由上下两个字符构成。它的上半部是个"竹"字头，其下部是"即"，是个从竹即声的叠体形声字。小篆"节"的构形与金文相同，保留了其字形和意义，且笔画圆润美观。隶变后楷书写作"節"，汉字实行简化字后写作"节"。

　　《说文解字·竹部》称："節，竹约也。从竹，即声。"段玉裁的《说文·注》中说："约，缠束也，竹节如缠束之状。"由此可见，"节"的产生是与竹有着密切关系的，原来是指竹的枝干间坚实的结节、分枝长出的部分。因为"节"的本义为竹节，它的形状使人联想到约束、节制，故而称之"约"也。

　　竹，作为自然界的一种植物，虽不特别粗壮，但却节节拔高而挺立，清秀且雅洁。正如刘禹锡在《酬元九侍御赠壁竹鞭》中所说，"多节本怀端直性，露青犹有岁寒心"。有些草禾茎上生叶的部位也都有节。如高粱、玉米与竹子一个样，都是节节向上升高的。柳青《创业史》第一部第十九章中说："过了清明节，稻地青稞和旱地小麦，都拔节了。"

　　人和动物骨骼连接处称为骨节、关节。《韩非子·解老》篇中说："人之身三百六十节，四肢九窍，其大具也。"董仲舒《春秋繁露·人副天数》中也说："人有三百六十节，偶天之数也。"骨与骨之间相连接、可以活动的部位称为关节。人的骨骼关节多，诸如：肩有肩关节，胳膊肘部有肘关节，手与臂连接部位称手腕子，也称腕关节，腿的膝部有膝关节，脚腕部有踝关节，人的手指有指关节，脚趾有趾关节，等等，不一而足。

节——季节、节气。中国农历有二十四个节气。曰：立春，春季的开始，又有雨水、惊蛰、春分、清明、谷雨；立夏，夏季开始，又有小满、芒种、夏至、小暑、大暑；立秋，秋季的开始，气温由最热逐渐下降，又有处暑、白露、秋分、寒露、霜降；立冬，冬季开始，又有小雪、大雪、冬至、小寒、大寒。为了好记，先辈将它们编成顺口溜：春雨惊春清谷天，夏满芒夏暑相连。秋处露秋寒霜降，冬雪雪冬小大寒。这些节气对农事活动和人们生活的安排，至今仍有指导意义。此外，民间还有多种传统节日也值得一书。如：清明节，祭祖扫墓；端午节吃粽子划龙舟追念伟大爱国诗人屈原；中秋节月如盘，明如镜，拜月赏月吃月饼，象征家庭团圆；重阳赏菊登高敬老。有的节日还有生动的传说故事相伴，最典型的也许是牛郎织女七夕鹊桥相会。当然，就欢庆的火爆程度而言，最隆重的无疑是春节。春节辞旧迎新，团聚祭祖、敬老、祈福、驱邪，家家贴春联、放鞭炮，处处张灯结彩，各种文体活动竞相登场献艺，真的热闹非凡。还应该提及的是，诗人在传统节日里诗兴大发，给后人留下了一首首耐人寻味的诗词杰作。如：王维的《九月九日忆山东兄弟》诗云："独在异乡为异客，每逢佳节倍思亲。"还有杜牧的《清明》，王安石的《元日》，苏轼的《水调歌头·明月几时有》等。现如今又有纪念节日，如"三八"妇女节，"五一"劳动节，"六一"儿童节，"八一"建军节，"十一"国庆节，还有个"圣诞节"。

节，又引申为"礼节"，就是两人相见表示敬意的语言或动作。如春节到了，两人相见双手抱拳点头道一声"恭喜发财"，亲朋好友相见道一声"节日快乐"，军人相见举手敬礼，这是军人的礼节。《论语·微子》称："长幼之节，不可废也。"《三国演义》第六十五回载："恩荣并济，上下有节。"

节，又引申出节操，气节。《左传·成公十五年》载："圣达节，次守节，下失节。"这话意谓，圣人通达节操，其次保守节操，最下失去节操。封建社会指妇女的贞节。程颐《河南程氏遗书》载："饿死事小，失节事大。"《革命烈士诗抄》有首诗为："砍头不要紧，只要主义真。杀了夏明翰，还有后来人。"革命气节才是受人称赞和敬仰的。毛泽东《〈共产党人〉发刊词》中写道："又由于中国民族资产阶级在经济上、政治上的软弱性，在另一种历史环境下，它就会动摇变节。"现如"保持晚节"。

由"节"组成的词儿还很多，诸如节俭、节约、节选、节录、节律、节奏、节拍。节，还有成语——节衣缩食、节用爱民、节用裕民、节上生枝、节外生枝等。节又用作姓。

如今"節"归于"竹部"，简体"节"归于"艸（ 艹 ）"部。

6.更替，更深，更阑——释"更"

楷书　　甲骨文　　金文　　小篆

毛泽东《七律·长征》吟道："更喜岷山千里雪，三军过后尽开颜。"开头那个"更"字，是个会意兼形声字。请看上方古文字所示：甲骨文"更"字，其下部从攴，是"一只手持杖"形，上部从丙，就是炊具饼铛子，会手持杖翻饼之意，丙也兼表声。更，是个上下结构的叠体会意兼形声字。金文繁化了，在"丙"上又加了个"丙"，更加突出了反复。小篆"更"字承接了甲骨文字形，且线条化、整齐化了，写作"上丙下攴"。"更"由小篆转换成隶书时，便写成了"更"，经楷化后楷书写作"更"。

《说文解字·攴部》对"更"的解释说："更，改也。从攴，丙声。"

"更"，用作名词。"更"在古代是夜间计时单位，一夜分为五更，每更约两小时。《颜氏家训·书证》写道："或问：一夜何故五更？更何所训？答曰：汉、魏以来，谓为甲夜、乙夜、丙夜、丁夜、戊夜；又云鼓，一鼓、二鼓、三鼓、四鼓、五鼓，亦云一更、二更、三更、四更、五更，皆以五更为节。"李商隐《无题》诗云："来是空言去绝踪，月斜楼上五更钟。"宋代王安石《少狂喜文章》中就有："良夜未遽央，青灯数寒更。"鲁迅《集外集拾遗补编·祭书神文》也有："华筵开兮腊酒香，更点点兮夜长。"

现在我们再来看由"更"组成的词。"更次"，指的是夜间一更长的时间。《水浒传》第八十六回中称："没一个更次，煮的肉来。"又如，他睡了约有一个更次。"更鼓"，是指旧时报更使用的鼓。我们知道，现在有些城市里仍有旧时的古建筑物"鼓楼"，内置有鼓，那时候是按时敲鼓报告时辰。旧时又有"更夫"一词。这个词是旧时代留下来的，指的是旧时打更巡夜的人。"更筹"，古代夜间报更用的计时竹签。《新唐书·百官志》载："凡奏事，遣官送之，昼题时刻，夜题更筹。""更漏"，是古代计时器。以滴漏计时，凭漏刻传更，故此而得名。曾瑞《折桂令·闺怨》曲载："更漏永声来绣枕，篆烟消寒透罗衾。"

由"更"组成的词还有"更元"。"更元"即改元，更改年号。《史记·历书》写道："至孝文时，鲁人公孙臣以终始五德上书，言汉得土德，宜更元，改正朔，易服色。"

"更深"，形容词。指半夜以后。若将"更深"后面加上"夜静"二字就成了成语"更深夜静"了。《孽海花》第二十三回中写道："那时更深人静，万籁无声，房里也空空洞洞的，老妈儿都去歇息了。"又有词儿叫"更阑"，形容更深夜残，人少夜静。它有个成语叫"更阑人静"。《三侠五义》第六十一回中写道："到了晚间，夜阑人静，悄悄离了店房，来到卞家疃。"由"更"字组成的词还有动词，如更换、更替、更张、更衣、更正等。这个更又用作姓。

请注意：这个更字，古今都有两个读音，即 gēng 和 gèng。当读

击柝敲锣的更夫（选自《营业写真》）

gēng 音，表示夜时间、五更天和更夫、更换等；当读 gèng，则虚化作副词、连词。相当于再、虽然等。《左传·僖公五年》载："虞不腊矣，在此行也，晋不更举矣。"这话中的"更"是"再"义。这话是说：虞国过不了今年的腊祭了，晋在这次就会灭掉虞国，不须再发兵了。唐代王之涣《登鹳雀楼》诗吟道："欲穷千里目，更上一层楼。"诗中的"更"是"再"的意思，就是再上一层楼。王维的《送元二使安西》诗吟道："劝君更尽一杯酒，西出阳关无故人。"诗中的"更"也是"再"的意思，就是再喝一杯酒。《红楼梦》第一百二十回中写道："雨村听着，却不明白了，知仙机也不便更问。"句中的"更"也表示"再"的含义，就是不便再追问了。"更"还能组成更好、更加等词。

这个"更"，如今归于"一"部。

7. 孟之月，四季中的第一个月；也指兄弟排行——释"孟"

孟		
楷书	金文	小篆

这个"孟"字，是会意兼形声字。请看上方古文字所示：金文"孟"字的整个形体，像一个敞口器皿，器皿中有一个初生的婴孩。这个金文"孟"，从子，从皿，会意给初生婴孩冲洗之意，皿也兼表声。

小篆"孟"的形体，变为上部是子、下部是皿的上下结构了，而且线条化、整齐化了。隶变后楷书写作"孟"。

《说文解字·子部》称："孟，长也。从子，皿声。"这话可以解释为：孟，同辈中年岁最大的。其实，"孟"的本义是"始""首先"，也就是说，给这个头生婴孩首先冲洗个"出身澡"。由"始"之义可以引申为排行第一，即兄弟姊妹中排行最大的，称之为长兄或长姐。《史记·鲁周公世家》里有："三十二年，初，庄公筑台临党氏，见孟女，说而爱之。"整句话的意思是：当初，庄公筑台时曾到大夫党氏家，看见党氏的大女儿，非常爱惜她。句中的"孟女"就是第一个女儿，排行第一就是老大。如孟兄，就是长兄；孟孙就是长孙。孔隐达疏："孟、仲、叔、季，兄弟姊妹长幼之别字也。孟、伯俱长也。"宋代周密《癸辛杂识前集》称："胡卫道三子：孟曰宽，仲曰定，季曰宕……"这话翻译过来意思是：胡卫有三个儿子，大儿子名叫宽，二儿子名叫定，小儿子名叫宕。

在《诗经·郑风·有女同车》中写道："彼美孟姜，洵美且都。"《诗经·鄘风·桑中》里也写道："云谁之思，美孟姜矣。"这两处诗中的"孟姜"之语，若将其理解为哭长城的"孟姜女"，那就错了。春秋时期齐国是大国，而且齐国国君姓姜，因此"孟姜"本指齐国国君的长女。故此，这两处诗中的"孟姜"，意思是思念那位美丽的姜家大姑娘。《毛传》中说："孟姜，齐之长女。"

上面提到哭长城的孟姜女，那是民间故事中的人物，相传为秦始皇时代的人，因丈夫范喜良被迫去筑长城，孟姜女便万里送寒衣，哭长城，城为之崩塌而得见丈夫尸骸，后投海而死。孟姜女是民间传说忠于爱情、反对暴政的妇女形象。

"孟"，又指农历四季中的第一个月。《逸周书·周月解》说："凡四时，成岁，有春夏秋冬，各有孟仲季以名，十有二月。"这话意谓：四季成为一年，有春季、夏季、秋季、冬季。每季中都有孟、仲、季来称呼十二个月份。现如：孟春，即春季的第一个月，指农历正月；孟夏，农历夏季第一个月，指农历的四月；孟秋，即秋季第一个月，指农历的七月；孟冬，即冬季第一个月，即为农历十月。《礼记·月令》说："孟春之月，日在营室。"唐代大诗人李白的《出自蓟北门行》吟咏道："孟冬风沙紧，旌旗飒凋伤。""孟"，又用作姓。

这个"孟"，如今归入"子"或"皿"部。

8. 仲，四季中的第二个月，兄弟排行老二——释"仲"

楷书　　小篆

这个"仲"字，是会意兼形声字。甲骨文"仲"是用"中"来表示的。古文字学家段玉裁说："古中、仲二字互通。"篆文另加义符"单人旁"，成为从人、从中会意，中也兼表声。隶变后楷书写作"仲"。是"中"的加偏旁分化字。

《说文解字·人部》对"仲"的解释是："仲，中也。从人，从中，中亦声。"说的是，仲，居中。由人、由中会意，中也表声。

"仲"，有地位居中的字义。《逸周书·周月》里这样写道："凡四时成岁，有春夏秋冬，各有孟仲季以名，十有二月。"比如"仲春"是指春季的中间这个月，即农历的二月。"仲夏"是指夏季三个月中的中间月份，即农历的五月，也即盛夏。"仲秋"指秋季的第二个月，即农历的八月。不过，"仲秋"指农历整个八月份，而"中秋"指农历八月份的中间的一天，即八月十五日这一天。"仲冬"指冬季三个月的中间一个月，即农历的十一月。

"仲"有居中之意，于是人们在"仲"字后另加一字，表示顺序大小或长幼。这是中国人自古代表兄弟排行喜用的"伯""仲""叔""季"四字。若一家正好有四个兄弟，则可自大哥至四弟，顺序各用一字，看他的名字便知其排行第几位了。如《诗·小雅·何人斯》中说："伯氏吹埙，仲氏吹篪。"句中的"伯"指的是老大，"仲"指的是老二。说得具体点就是："伯氏"大哥吹埙，"仲氏"老二吹篪。又如，孔子名丘，字仲尼。从这个"仲"字就知道孔子是排行老二。

"仲"字，常见有"仲裁"一词。"仲裁"就是当事双方以外的第三方，对民事、经济、劳动等争议做出裁决。仲，又用作姓。

这个"仲"，如今归入"亻"部。

9.季，四季中的第三个月，兄弟排行最小——释"季"

楷书　　甲骨文　　金文　　小篆

这个"季"字，早见于甲骨文。请看上方古文字所示：甲骨文季的形体，是上下结构。其下子，从稚声，会稚禾幼小之意。是叠体会意兼形声字。金文"季"的形体与甲骨文大体相同。小篆"季"的形体与甲骨文、金文"季"的结构完全相同，且整齐化。隶变后楷书写作"季"。

《说文解字·子部》认为："季，少称也。从子，从稚省，稚也声。"本义当为幼禾。此义后用"稚"来表示。引申指幼、少小。如"季父"就是指父亲最小的弟弟。进而引申指同辈中最小的。

古以"伯、仲、叔、季"指同辈长幼排行，"伯"排行在前，"季"排行在最后，也是最小的。《国风·召南·采蘋》载："谁其尸之，有齐季女。"说的意思是：什么人儿主其事，有个美丽的少女。毛传中说："季，少也。"又引申指某个朝代、年号的末期。如蔡琰《悲愤诗》中说："汉季失权柄，董卓乱天常。"

现如今，"季"主要用于季节。如"季"有四季，即春季、夏季、秋季、冬季，每季三个月。若将"季"字移到春、夏、秋、冬四字前面，字义就变成每季三个月中的最后一个月。季春，指春季的最后一个月，即农历的三月；季夏，指夏季的最后一个月，即农历的六月；季秋，指秋季的最后一个月，就是农历的九月；季冬，指冬季的最后一个月，也就是农历的十二月。"季"又指一定的时节，如"旱季""雨季""风季""霜季"，还有"午季""麦季""稻季""旺季"和"淡季"等。现如今，"季"又用在体育比赛成绩中，指第三名"季军"。这个"季"，又用作姓。

这个"季"，如今归于"禾"部。

第十篇

汉字与方位

1. 向东，坐东，东道主——释"东"

东	甲骨文	金文	小篆	東
楷书	甲骨文	金文	小篆	繁体楷书

相传，中国古代有个"日出扶桑"的传说。扶桑是传说中的一棵大树，生长在太阳升起的东方。太阳就住在扶桑树下边，每天早上升到高处，普照大地。而"东"就是根据这个传说造出来的。请看上方古文字所示。

"东方欲晓，莫道君行早。"句中的"东"说的就是东方、东边、东面。"东"是会意字。甲骨文"东"的形体，看上去就像一个"日（太阳）"升到树干（木）的中部，由此形成了个"东"字。段玉裁注："日在木中曰东。在木上曰杲，在木下曰杳。"（杲，光明；杳，幽暗。）也就是说，一轮红日在树木之中冉冉升起为东；日升在树木上边，阳光明亮为杲；日在树木之下，没有了光亮为杳。

金文"东"的字形，是太阳升到树冠之处，许多的树杈印入其中，出现许多条条道道。小篆"东"的形体由甲骨文演变而来，且线条化了。隶变后楷书繁体写作"東"。这个繁体"東"又回到了甲骨文的"日在木中"了，简化后写作"东"。

《说文解字》称："东，动也。官溥说：'从日，在木中。'"许慎此话意谓："东"意为移动；"日在木中"是会意字。

"东"指的就是东边、东面、东方，是东的本义，跟"西"相对，方位名词。古乐府诗《陌上桑》云："日出东南隅，照我秦氏楼。"《尚书·禹贡》中写道："南至于华阴，东至于砥柱。"这说的是：向南到达华山的北面，往东到达砥柱山。句中的"东"指的"东面"。"东"用作动词，如《左传·僖公三十二年》载："秦师遂东。"意为，就是往东去，朝东走。如东部、东方、向东、面东诸词都有方位之意。"东南"一词，指的是东与南之间的方向，也指我国东南沿海地区，包括江苏、上海、浙江、福建、台湾等省市地区；还有"东北"一词，指的是东和北之间的方位，也指我国东北地区，包括辽宁、吉林、黑龙江三省以及内蒙古自治区的东部。

"东"是重要的方位字之一。古代人尊东鄙西，主位在东，宾位在西。所以尊主人为东家，东道主。"东道主"是个词语。出自《左传·僖公三十年》中："若舍郑以为东道主……"后指以酒食摆宴请客的人为"东道主"。

由"东"字组成的成语还有不少，如"东窗事发"，传说宋代秦桧曾与妻子在家中东窗下定计杀害了忠臣岳飞，后来秦桧得病而死。他的妻子请方士做法事，法士说他看见秦桧在阴间自戴铁枷在受苦。秦桧对方士说："可烦传语夫人，东窗事发矣。"后来用"东窗事发"指罪行、阴谋败露。也说"东窗事犯"。"东郭先生"——明代马中锡《中山狼传》中的人物。说的是战国的赵简子在中山国打猎，有一只狼被追得甚急，正遇上东郭先生背着大书袋骑着小毛驴迎面走来。狼便装出一副可怜的样子向他求救。东郭先生把狼装进袋中并骗走了赵简子。狼得救后从袋中爬出来，现出了狰狞的本相，要吃掉东郭先生。正在这时来了一位老者，用计把狼打死，才救了东郭先生。此语借以讽刺对坏人施仁慈、发善心，对敌不加打击讲宽大的人，常有自食恶果的危险。成语"东拉西扯"——形容说话没有中心，没有条理，想到哪里说到哪里。"东倒西歪"——形容行走、坐立中身体歪斜或摇晃不稳的样子，也形容物体杂乱无章。成语还有"东山再起""东门之役""东食西宿""东风压倒西风"等。"东"，又用作姓。"东方"是复姓。

"东"的另一说，对甲骨文"东"字分析认为，"东"的字形，像两头扎起装有东西的布袋。古人出门往往趁早，打起背包早点起程。且借囊里"东西"表示方位的"东"。我认为"囊橐"说不无道理。但，我还是偏爱"日木"说。

现今"东"归于"一"部；"東"归于"木"部。

2. 南面，南方，南辕北辙——释"南"

楷书　　甲骨文　　金文　　小篆

"红豆生南国，春来发几枝。"诗中的"南"指的是南国、南方、南面，"南"是个方位字。早晨面对太阳站立，张开双臂，左手臂指"北"，右臂指的方向就是"南"。"南"的意义与"北"相对，二字常搭配在一起组合成为词，如成语"南征北战""南来北往"等。那么，这个"南"字是个什么样子的呢？又是怎么样造出来的呢？"南"是个象形字。请看上方图形古文字所示：

甲骨文和金文"南"字的形体，看上去像钟一类可以悬挂而又可以敲击的乐器。上部是悬挂的结，下部像钟乐器的身体，像是用青铜制成。是个象形字。郭沫若先生在《甲骨文字研究》一文中指出："由字之形象而言，余以为殆钟镈之类之乐器……钟镈皆南陈，故其字孳乳为东南之南。"小篆"南"的形体，与甲骨文和金文形体大致轮廓是一样的，经过隶变后楷书写作"南"。

"南"是一种敲击乐器，其本义消亡，后便引申作方向、方位用字。"南"，是"南"的假借义，如《墨子·贵义》里说："南之人不得北，北之人不得南。"这话说的意思是，淄水南岸的人不能渡河北去，淄水北岸的人也不能渡河南下。贾谊《过秦论》中有："胡人不敢南下而牧马。"这话说的是，北方的少数民族的人不敢到南方去牧马。《诗经·小雅·鼓钟》："以雅以南，以籥不僭。"意谓：无论乐舞是"雅"乐还是"南夷"之乐，吹奏起舞和谐合拍。

古代，坐北朝南为尊位。在天子见诸侯、群臣时，皆面南而坐。后来还将"南面"泛指帝王的统治。"南面之尊"就是天子之位。《论语》中说："子曰：'雍也可使南面。'"意思是说：冉雍这个人，可以去当官。

"南北"，指的就是南边和北边，也指从南到北的距离：这河沟南北足有三千米。"东南"一词，说的是东和南之间的方位，也指我国东南沿海地带。"西南"一词，指西与南之间的方位，也指我国西南地区，包括四川、云南、贵州、西藏等省、自治区和重庆市。由南组成的词还有南亚、南极、南洋等。而由"南"组成的成语，如"南柯一梦"——语出唐代李公佐的《南柯太守传》中，说的是：淳于棼梦至大槐国当了南柯太守，享尽荣华富贵，显赫一时。醒来发现大槐国就是他家大槐树下的蚁穴。后用"南柯一梦"指做梦或比喻一场空欢喜。由"南"与"北"二字组成的成语也不少，如"南来北往"，形容车马行人来来往往不间断。"南人驾船，北人乘马"，说的是，我国南方多水乡，人们出行多坐船；北方多平原，人们出行多骑马。"南橘北枳"，古人认为，南方的橘树移到淮河以北栽种，结的果小而酸，就叫作枳。是何原因？《晏子春秋》中做了回答："橘生淮南则为橘，生于淮北则为枳，叶徒相似，其实味不同。所以然者何？水土异也。"比喻同一物种因环境不同而发生变异。由"南北"二字组成的成语还有"南征北战""南辕北辙""南腔北调"等。"南"，是姓。"南宫"是复姓。

这个"南"，今归入"十"部。

3. 西方，西域，西风落叶——释"西"

西　　用　　田　　圖

楷书　　甲骨文　　金文　　小篆

这个"西"，从上方图形古文字看：甲骨文"西"字的形体，如同一个鸟巢形状，是个象形字。金文"西"的形体，与甲骨文西的形体相似，而且更像鸟巢的样子了。小篆"西"字的形体，上方增添了一条弯弯曲曲像鸟一样的曲线，表示鸟在巢上栖息。经隶变、楷化后，楷书写作"西"。

《说文解字·西部》称："西，鸟在巢上。象形。日在西方而鸟栖，故因以为东西之西。""西"的本义是"棲（栖）"。说到这里，还得讲讲"西"与"栖"的关系。"西"的本义是"棲（栖）"。在上古时代根本没有"栖"字，需要表示栖的意思时就用"西"。而表示方向的"西"那时只有读音而没有字，于是就把表示栖的"西"借了过来使用。如此一借永不归还，"西"字就永远表示方向、方位，"西"是个假借字。原来用来表示栖息意思只好另造一个新的形声字"棲"，表示"棲息"，代替了"西"。

在古时候，人们以面朝东为尊。在宴席上，主人将宾客和老师都安排在西面的座位而面朝东坐下，以表示尊敬。对宾客的尊称还可以称为"西席"或"西宾"。柳宗元《重赠二首》诗吟道："若道柳家无子弟，往年何事乞西宾。"这话中的"西宾"也就是对私塾教师的尊敬称呼。

"西"是个假借字，也是个表示方向、方位的方位名词。如杜甫《狂夫》中写道："万里桥西一草堂。"此话意思是：在万里桥的西边有一个草房子。句中的"西"说的是西边。《左传·成公十三年》里说："秦师克还，无害，则是我有大造于西也。"这话的意思是：秦军得以回去而没有受到损害，这就是我有大功于西方秦国之处。句中的"西"指的是"西方"秦国。《庄子·外物》中写道："激西江之水而迎子，可乎？"此话说的是：引出西江的水流来迎接你，可以吗？元代戏曲学家马致远《天净沙·秋思》吟诵道："枯藤老树昏鸦，小桥流水人家，古道西风瘦马。"由"西"字组成的词和成语也不少，如西边、西面，其意都是说的方位在西面。"西域"一词，汉时指现在的玉门关以西的新疆和中亚西亚等地区。"西方"这个方位词，也指欧美各国。"西药"，西医使用的药物，通常用合成方法制成，或从天然产物中提取，如阿司匹林、青霉素等。还有"西装""西餐""西点""西红柿"等。由"西"组成的成语有："西除东荡"，语本出自元代李寿卿《伍员吹箫》一折："俺也曾西除东荡，把功劳立下几桩桩。"（除：清除。荡：荡涤。）其意是到处征伐敌人。"剪烛西窗"，唐代李商隐《夜雨寄北》吟道："何当共剪西窗烛，却话巴山夜雨时。"原指思念远方的妻子，渴望相聚。后泛指亲友聚谈。"夕阳西下"，指傍晚日落的景象。"西风落叶"，形容秋天景象，多用以比喻事物已趋衰落。成语还有"西歪东倒""东游西荡"等。"西"，又用作姓。

这个"西"，现在归入"覀"部。

4. 败北，找不到北——释"北"

北	⺣⺣	⺣⺣	⺣⺣
楷书	甲骨文	金文	小篆

"北"，是个会意字。请看上方图形古文字所示：甲骨文和金文"北"字的形体，像两个人背对背站立在那里的样子。因此"北"字的本义是"背"。小篆"北"的字形与甲骨文、金文的字形一样，也是由两个人背对背相靠的样子。隶变、楷化后的"北"字，好像是两个人背对背坐着的样子了。

《说文解字·北部》称："北，乖也。从二人相背。"所谓"乖"，意谓两个人相背，关系不协调，有矛盾。其本义是"背对背"，也有"违背"之意。徐灏在他的《说文解字注笺》中曾说："北，背古今字。"后来将"北"假借为表示方向的"北"后，使得"北"的本义渐渐不再被使用。故此先人就另造了一个字，就在"北"字下方增添了一个"月"，成为"背"。这就是"背"字的由来。

"北"，借作南北的"北"。"北方""北面"与"南方""南面"相对，方位名词。白居易《钱塘湖春行》云："孤山寺北贾亭西，水面初平云脚低。"句中的"北"指的是"北面"。《列子·愚公移山》说："本在冀州之南，河阳之北。"此话说的是：山在冀这个地方的南边，在河阳的北面。句中的"北"指的"北面"。《史记·项羽本纪》写道："将军战河北，臣战河南。"这话是说：将军在黄河北边作战，我在黄河南边作战。句中的"北"是"北边"之意。毛泽东《沁园春·雪》吟诵道："北国风光，千里冰封，万里雪飘。"诗中的"北"是"北方"。现如：南来北往、北面、北方、北门，还有西北、东北等词。为什么古书中称打了败仗叫"败北"？古代两军交战，战败方总是以背对敌方，"北"由此引申指败北。战败逃跑的方向不管是东、西还是南，都叫"败北"，即"逃跑"，动词。《韩非子·五蠹》载："鲁人从君战，三战三北。仲尼问其故，对曰：'吾有老父，身死莫之养也。'"这话是说：鲁国有个人跟随君王打仗，屡战屡逃。孔子问他原因，他答道："我有个老父亲，自己死了就没有人养活他了。"

往北、向北，副词。司马光《资治通鉴·赤壁之战》载："引军北还。""北"，向北去。

这个"北"，现在归于"匕"部。

5. 上上下下，能上能下——释"上"

上　二　二　上

楷书　　甲骨文　　金文　　小篆

《说文解字》中说："上，高也。"这话意谓："上"就是指上方，指高处。在中国古文字里，"上"是个典型的指事字。请看上方古文字所示：

甲骨文"上"字的形体，是由上一画下一画两画写成。其下部的一长曲线，表示地面，在其上一短横，这表示在地面之上，是指示符号。金文"上"的形体，将表示地面的弧线变为直线，上面的一横仍然表示在地面之上的意思。所以"上"是个典型的指事字。小篆"上"字的形体，下面的一横仍表示地面，且把上部美化了一下，以便与数字"二"相区分开来。隶变后楷书写作"上"

"上"本义是位置在"上边"，在"高处""高位"，与"下"相对。这个"上"多用作方位词。唐代诗人王维在《山居秋暝》诗中吟道："明月松间照，清泉石上流。"这诗意谓：明亮的月光照到松林中，清澈的泉水从石上流过。《荀子·劝学》云："上食埃土，下饮黄泉。"此话是说：向上吃地里的泥土，向下饮地里的泉水。《陌上桑》诗云："东方千余骑，夫婿居上头。"白居易的《长恨歌》诗云："上穷碧落下黄泉，两处茫茫皆不见。"诗意谓：找遍了天上、地下都没有找到。《孟子·

《甲金篆隶大字典》中的"上"字

梁惠王上》中写有："王坐于堂上，有牵牛而过堂下者。"此话意思是说：有一次王坐在堂上，有人牵牛从堂下经过。"上下"：旧时指尊卑、长幼。《史记·高祖本纪》中有人说："人有上变事告楚王信谋反，上问左右，左右争欲击之。"（句中的"上，指高祖；问，是高祖问。）此话是说：有人上书告楚王韩信谋反，高祖问左右将领该怎么办。将领们都跃跃欲试要打击他。《周礼·夏官·训方氏》里说："掌道四方之政事与其上下之志。"郑玄注："上下军臣也。"《吕氏春秋·论威》："君臣上下。"

由"上"引申为"从低处到高处""升上""登上""走上""爬上"。《周易·需》中写道："云上于天。"就是升上了天空。《礼记·曲礼上》中说："拾级聚足，连步以上。"王之涣《登鹳雀楼》诗云："欲穷千里目，更上一层楼。"其诗意为：要想看到千里远处，就要再登上一层楼。诗中的"上"是"登上"之意。如：上船，上车，上山（登山），上树（爬树），上坡路：即由低处通向高处的路，比喻向好的、繁荣的方向发展的道路。

"上"与"下"相对，其意义相反。在汉语词汇里，无论成语、谚语，还是俗语都将"上与下"对应使用。如："上不沾天，下不着地"——形容上下两头都没有着落，指不着边际。"上梁不正，下梁歪"——比喻上面的人思想行为不正，下面的人也就跟着学坏。还有"上行下效""能上能下""上有天堂，下有苏杭"，又有"上上下下"，等等。

因为这个"上"与"尚"同音，故此有时"上"可用作"尚"字的假借字，当作"崇尚"或"尊崇"讲。如司马迁《史记·秦始皇本纪》里写道："上农除末，黔首是富。"（句中的"上"当"崇尚"讲；末：末技，指商业、手工业等；黔首：百姓。）此话意谓：崇尚农业而革除商业等，老百姓也就富裕起来了。这个"上"，用作"上官"指复姓。

这个"上"，现在归于"一"或"丨"部。

6.下方，下边，走上跑下——释"下"

下　⌒　＝　下

楷书　　甲骨文　　金文　　小篆

"下"的字形与"上"的字形正好相反，仍然是个指事字。请看上方图形古文字所示：甲骨文"下"的形体，其上部是一长弧线，表示地面；下部一短横是指示符号，表示在地面之下。金文"下"的字形与甲骨文类同。小篆"下"的形体，实际上是将小篆"上"的字形倒了个儿。经隶变后楷书写作"下"。

《说文解字》称："下，底也。指事。""下"说的是"位置在下，在低处"。

"下"的本义是位置在下方，在低处，在底部，与"上"相对，用作方位词。《史记·李将军列传》中写道："谚曰：'桃李不言，下自成蹊。'"（下：下边。蹊：小路。）这话意谓：桃树李树都不会说话，凭借它的花果，能吸引人在树下走成一条路。《庄子·逍遥游》也写道："故九万里，则风斯在下矣。"句中的"下"是"下面"之意。此话意思是说：所以九万里那么高，风也就在鹏的下方了。《楚辞·九章·涉江》说："山峻高以蔽日兮，下幽晦以多雨。"句中的"下"是"山下"之意。整句话意谓：高峻的山岭遮住了太阳，山下幽深晦暗阴雨茫茫。《聊斋志异·促织》中写了个鸡斗蟋蟀的故事："鸡健进，逐逼之，虫已在爪下矣。"句中的"下"意为"在下方，在底下"，指虫在鸡爪底下。现如楼下、屋檐下、桥下、树下、山下、脚下等。

"下"又引申为"低"，与"高"相对。上古时代无"低"字，凡遇到"低"的意思都用"下"。"位置低""地位低"，与"高"相对。杜甫《茅屋为秋风所破歌》中说"高者挂罥长林梢，下者飘转沉塘坳。"（下，低也。）柳宗元《封建论》中说："使贤者居上，不肖者居下。"这话是说：让圣人居于上位，不贤的人处于下位。

"下"又引申为动词。从高处下落到低处。唐代大诗人李白的《望庐山瀑布》诗云："飞流直下三千尺，疑是银河落九天。"《庄子·逍遥游》文中说："我腾跃而上，不过数仞而下。"（仞：古时候八尺或七尺为一仞。）此话是说：我一跳就飞起来了到几仞高之后就降落下来了。《楚辞·九歌·湘夫人》中这样写道："袅袅兮秋风，洞庭波兮木叶下。"（下：从高处向下落。）整句话意思是说，萧瑟的秋风啊徐徐吹拂，树上的叶子纷纷飘落向波涛。

"下"还表示"地位低，屈服在下"。司马迁《史记·廉颇蔺相如列传》载："吾羞，不忍为之下。"句中的"下"是屈服在下。由"位置在低处"，又引申为"次序在后面的"。《论衡·问孔》："案贤圣之言，上下多相违。"此话意思是说：考察孔子的言论，前后多互相矛盾。句中的"下"当"后"讲。

"下"又引申为"去""往""到"的意思。李白《黄鹤楼送孟浩然之广陵》说："故人西辞黄鹤楼，烟花三月下扬州。"句中的"下"意为"去、到"。《史记·秦始皇本纪》载："于是使斯下韩。"句中的"下"也是当"去""到"讲。

"下"，又引申"放下"，如"放下架子"。成语"礼贤下士"，意谓，居高位的人放下架子，有礼貌地谦恭地去结交有才能的人。

这个"下"，现在归于"一"部。

7. 左思右想，左右为难——释"左"

左　Ｙ　巨　巨

楷书　甲骨文　金文　小篆

"左"是个什么模样？请看上方图形古文字所示：甲骨文"左"的形体，像人的一只左手形状，上有手指，下是手臂，全字像人的一只左手形状。"左"字最初本是个象形字。"左"字发展到了金文时，在手形右下部增添了个"工"，成了从"ナ"和"工"的会意，成为会意字。"工"字原像木匠工具斧锛之形，左手执斧锛，就是辅助、帮助干活之意。所以"左"字是"佐"字的先造字。后来因为"左"只借用来指"左右"，为了区分表示帮助之意的"佐"，人们只好在"左"字左边加了个"单人旁"，成为"辅佐"的"佐"了。"左"与"右"一样，成为方位词。小篆"左"的形体与金文大同。隶变后楷书写作"左"。

《说文解字》称："左，手相左助也。从ナ、工。凡左之属皆从左。"意谓：左，用手相辅佐、帮助。ナ、工会意。

"左"，本义是辅佐、帮助。此义后来写作"佐"。"左"假借为左手。苏轼《江城子·密州出猎》中说："老夫聊发少年狂，左牵黄，右擎苍。"此话意谓：我老夫聊发成了少年狂人，左手牵着黄狗，右手托举苍鹰。《诗经·王风·君子阳阳》诗云："君子阳阳，左执簧，右招我由房。"此诗意谓：那个人走来喜气洋洋，左手拿着那笙簧高声唱，右手招我去游逛。现如：左右开弓。

由"左手"引申为"左边"，与"右"相对。古代人有个习惯，人面朝南，左手一边为东方，因称东方为"左"。如《孟子·离娄下》："资之深，则取之左右逢其原。"此话说的是：积累得深厚，用起来就能够左右逢源。又如，《晋书·温峤传》："元帝初镇江左。"这里讲的是"元帝初镇江东"的意思。由"左边"引申为"附近"，旁边。马中锡《中山狼传》："引避道左，以待赵人之过。"此话意是说：退避到路旁，等待赵简子等人过去。句中的"道左"就是"路边、路旁"的意思。"左"还是表示方向的方位字。如左侧、左翼、左面、左方等词。"左"字常与"右"字互相组词，如左右手，左冲右突、左思右想、左右逢源等。中国古代地理观念将东称之为左，如将山东称山左，江东称江左。"左"字还带有政治色彩，其根源就是由方位引出来的。政治上的激进派就叫作"左派"。伟大的列宁还写了篇《共产主义运动中的"左派"幼稚病》。"左"又引申指旁边、附近，如"左近"就是指的附近、邻近的地方。"左邻右舍"指住在左右两旁的近邻。这些"左"字多用作方位、方向解释。

"左"也是姓氏字。如西晋著名的文学家左思用了十年时间，创作了著名的《三都赋》，也就是《吴都赋》《魏都赋》和《蜀都赋》。"左"，又用作姓。"左丘"为复姓。

这个"左"，今归于"工"部。

8. 左右开弓，左右逢源——释"右"

右	又	甬	甸
楷书	甲骨文	金文	小篆

这个"右"，本是象形字。甲骨文"右"字的形体，完全像人的一只右手形状，且伸着三根手指，下部是手臂。是个象形字。这个甲骨文本来又是"又"字，后来由于"又"多借用为副词，所以金文和小篆都在"手"的下方增添一个"口"，以作为"右手"或"左右"的"右"的专用字，成了一个上"手"下"口"的会意字了。《说文解字》称："右，手口

相助也。从右，从口。""右"的本义是"右手"。"右"经隶变、楷化后上方变为撇，楷书写作"右"。

《左传·成公二年》："左并辔，右援枹而鼓。"（援：引。枹：鼓槌。）此话是说：于是，用左手把握着马缰，右手拿着鼓槌击鼓。

由"右"手引申为"右边"。右手与左手相对，如右手、右面、右翼、右边、右边锋等词中的"右"字，都表示在手的右方。人面向南方时，东为左，西为右。古人尊崇右方，把右方视为较高的位置。如《廉颇蔺相如列传》里"位在廉颇之右"。（句中的右为"高"意。）此话说的是：蔺相如的地位比廉颇高。《孙子·虚实》载："备左则右寡；备右则左寡。"这话是说：着重防备左翼，右翼就薄弱；着重防备右翼，左翼就薄弱。句中的两"右"作右翼、右边讲。

古代的东方与西方，往往用左方或右方代替，如钟会《檄蜀文》："姜伯约屡出陇右。"这里说"陇右"就是"陇西"。又如古代江西又称江右，山西又称山右，这同现代地图左东右西的方向规定相反。

由右组成的成语可不少，如"左右开弓"——左手和右手都能射箭。比喻两只手轮流做某一动作或同时做某一动作。"左顾右盼"——左边看看，右边瞧瞧。形容左右打量而察看的样子。成语"左思右想""左右为难"——形容不管怎么想、怎么做都感到困难，不易做出决定。《红楼梦》第一百二十回就写有："千思万想，左右为难。""左右逢源"——语本出自《孟子·离娄下》："资之深，则取之左右逢其原。"原本指做学问造诣深，积蓄广，则取之不尽，用之不竭。后用以泛指做事、做学问左右逢源，得心应手顺利无阻。成语还有"左宜右有""左萦右拂"等。

"右"字，有这样一个故事：相传有个读书人第一次去岳父家，半路上遇到一个岔路口，"是向左还是向右？"他不知所措。这时，他看见不远处有个顽童在一块大石头边玩。他向那个顽童问路，顽童从石头后面探出一下头，也不说话。读书人以为顽童没听明白，再次寻问，石头后面的顽童又伸出头。读书人忽然领悟，石字露头，这不就是个

"右"字吗！于是他从右边的路走去，没走多远就到了岳父的家。"右"，又用作姓。

这个"右"，现在归于"口"部。

9. 前进，向前，勇往直前——释"前"

前　　　　　　　　前　　　　　前

楷书　　　甲骨文　　　金文　　　古篆文　　　小篆

"前"，向前、前进的"前"，是个合体会意字。请看上方古文字所示：甲骨文"前"字形体的左右两边都是"行"字，像是道路之形；其字形中间的下方是一只船（舟），其上半部是一只脚趾朝上的脚，合起来就是脚站在下边的船上，表示不用迈步而随船前进。金文"前"的字形较甲骨文简化了许多，将两旁的"行"（道路）全省去了，但字义不变，仍然是脚站在船上不迈步随船前进。篆文"前"的字形有两个。前一个是古字，其上部是"止"，下部是"舟"，其形体与金文基本相同；后一款篆文"前"字是小篆，字形起了变化，在右下方增添了个"刀"字，用作形符。这个篆文"前"字，经隶变后又起了变化。将篆文上部的"止"变成为两点一横，左下部的"舟"误成了"月"字，还将"月"右边的"刀"改写为"刂"，楷书写作"前"。

《说文解字·止部》称："歬（前），不行而进谓之歬（前）。从止在舟上。"这话意思是说，不用举足迈步就可以进发，就是人站在船上而随船向前行进。这样解释是符合造字理据的。

"前"字的本义是船前进，向前走，动词。《广雅·释诂二》对其所做的解释就是："前，进也。"《庄子·盗跖》中讲："孔子下车而前。"此话意谓：孔子下车自己向前走。《史记·魏其武安侯列传》中讲："及至壁门，莫敢前。"就是说：走到了营垒门前以后，没有一个人敢向前的。《聊斋志异·狼》中讲："狼不敢前，眈眈相向。"此话是说：狼不敢上前，瞪着眼盯着屠夫。现如前行、前进、勇往直前、畏缩不前。

"前"，由"前行""前进"，引申为面对的方向，前面，面前，与"后"相对。表示时间在前面，方位在前方。名词，方位词。如《论语·子罕》中说："瞻之在前，忽焉在后。"此话说的是：看看似乎在前面，忽然又到后面去了。又如，柳宗元《黔之驴》一文中有这样一句话："益习其声，又近出前后，终不敢搏。"这话意谓：老虎越来越熟悉驴子的叫声，到驴的前后左右转了一圈，结果还是不敢扑杀它。这话中的"前"，指的就是方位。由"前"字组成的方位词语和成语也不少，如"前面""前边"，其意思都指位置、空间靠前的部分。"前方"，跟"后方"相对，如支援前方，队伍开赴前方。"从前"，时间词，意谓过去的、以前的时候。如，想想从前的悲惨遭遇，更加感到今天无比幸福。由"前"组成的方位词还有"前头""前缘""前仇"等。成语"前赴后继"，前面的人上去，后面的人也跟着上去，形容奋勇前进、连续不断。唐代刘禹锡诗云："流水淘沙不暂停，前波未灭后波生。"诗中的"前"用的"前浪涌后浪跟"之意思。成语还有"前车可鉴""前程万里""前思后想""前事不忘，后事之师"等。

由"前面"还引申为"过去的""未来的""较早的"，表时间，与"后"相对。姚合《答韩湘》载："三十登高科，前涂浩难测。"句中的"前"当"未来"讲。《商君书·更法》载："前世不同教，何古之法？"此话意谓：过去的朝代政教不同，该效法哪一代的古法？句中的"前"意思是"过去的"。现如前天、前年、从前。

"前"又引申为"先""事先"，副词。王安石《答司马谏议书》载："至于怨诽之多，则固前知其如此也。"这话意思是说：那些造谣诽谤的言论，是我们事先就预料到的。句中的"前"是"事先"之意。《礼记·中庸》载："凡事豫则立，不豫则废。言前定，则不跲；事前定，则不困；行前定，则不疚；道前定，则不穷。"这话是说：大凡做一件事，有准备就成功，没有准备就失败。说话之前考虑好，就不会讲错话；办事之前准备好，就不会遇到困难；行动之前准备好，就不会懊悔；讲道理之前有准备，就不会理屈词穷。以上的"前"，都是说的"事前、事先"之意。

这个"前"，如今归入"八、丷"或"刀"部。

10. 先来后到，后来居上——释"后"

后　　　　　　　　　
楷书　　商甲　　周金　　秦篆

"后"与"後"二字，早在两千多年前都有了，且同时并存。它们读音相同，都读作 hòu。但它们写法不同，字义两样，二者用法也不一样。它们本不是一个字。文字改革后，繁体字没有了，全部通用简体"后"字。那么，"后"与"後"的古文字是个什么样子的呢？请看上方古文字的构形。

甲骨文"后"的形体，以及金文、篆文，乃至楷书的"后"，都是由表示嘴巴的"口"和手臂向前伸的"人"组成。其写法、字义同"司"，都表示发号施令的人。人类早期是母系氏族社会，"后"字最初是母权时代女性酋长的称谓，本义指君主。《尚书·汤誓》道："我后不恤我众。"句中的"后"指夏桀。《楚辞·离骚》写道："昔三后之纯粹兮，固众芳之所在。"句中的"三后"，指夏禹、商汤、周文王，以上指天子。唐代柳宗元在《封建论》中写道："周有天下，裂土田而瓜分之，设五等，邦群后。"句中的"群后"，指的是许多的诸侯。

"后"本指帝王和地方的诸侯。"后"的正确用法应该是：用在人身上是用简体"后"字。如帝王的正妻称为"王后、皇后"，皇帝的母亲称

"太后"，皇后的家族称为"后族"。《释名·释亲属》称："天子之妃曰后。"即"后妃"，后妃居住的地方称为"后宫"。还有"西太后""萧太后"等。现如今这个"后"，成了"後"的简化字。这个"後"的字形，由三个部分组成。其左边是双人（彳）偏旁，表示人的步行道路；"後"的右半边上半部是"幺"字，表示系束；右半部的下方代表人的脚趾。以上表示人走路有所束缚而落在他人之后。这个"後"字用来表示时间滞后、次序落后、位置在后面。由这个"後"组成的词就有後期、後来、後半晌、後来居上、後顾之忧、後会有期、走後门、留後路等；这个"後"，还用来表示後辈、後人、後生。

"后"与"後"，原本是两个形义不同的字。在汉字实行改革后，将笔画多的带双人旁"後"简化掉了。"后"成了"後"的简化字。原本"後"的方位、时间前后等字义全都转让且全落在了"后"身上。这样，"后"又成为方位字词了。如《论语·先进》中说的："子畏于匡，颜渊后。"大意是：孔子在匡这个地方被围困了，（他的学生）颜渊最后才逃出来。又有争先恐后、瞻前顾后、台前幕后等词。《楚辞·离骚》说："前望舒使先驱兮，后飞廉使奔属。"句中的"后"当"后面"讲，这话意谓，叫前面的望舒做先驱啊，让后面的飞廉紧紧跟上。又如房前屋后、前前后后、先来后到、后来、后天、后日、后会有期等。"后"，又用作姓。

这个"后"，如今归于"口"部。

11. 中间，中央，中流砥柱——释"中"

楷书　　甲骨文　　金文　　小篆

"中"是中国的简称，是个指事字。古人云："不偏不倚是为中。"那么，古人是如何为这个"中"字造形的呢？请看上图古文字所示：甲骨文"中"字的形体，由上中下三个部分组成。你瞧，那长长的一竖是旗杆，上下两处四条曲线像旌旗飘带，即为"旗游（飘带）"飘向左方，一个方块口形在中央，是指示符号，表示"中间"的意思。金文"中"的形体与甲骨文类同，只是将旗游变换到右半边了。小篆"中"的形体，旗游全都省掉了，口形之下的旗杆呈弯曲形，这是书写上的一种美化。隶变后楷书写作"中"。

《说文解字》将"中"释为："中，内也。从口，丨，上下通。""中"的本义是"中间、中央、中部"。

中国古代华夏民族兴起于黄河流域一带，以为居天下四方之中，故称中国，且把中国周围其他地区称为四方。关于"中国"的称谓历史久远，两三千年以前，中国最古老的诗歌总集《诗经》中就有"惠此中国"的诗句，春秋战国时期，诸子百家著作里提到"中国"的就更多了。"中"字，多用于方位词。《后汉书·张衡传》中载："中有都柱，傍行八道。"句中的"中"指的是"中间"，整句话说的是：中间有个都柱，傍柱的八根杆子向外伸出（曲横杆）。《孙子·九地》载："击其尾则首至，击其中则首尾俱至。"句中的"中"也是说的"中间"部位，此话意谓：攻击它的尾部，它的头部过来救应，击它的中间部位，它的头尾一齐过来救应。《孟子·梁惠王上·齐桓晋文之事》载："莅中国而抚四夷也。"句中的"中国"泛指"中原大地"。《世说新语·方正》载："陈太丘与友期行，期日中，过中不至……"句中的"中"字特指"中午"，太阳位于南天正中。贾谊《新书·治安策》："日中必彗，操刀必割。"句中的"中"指日运行到正中，也即中午。

"中"又引申为"中等""一般"，形容词。《论语·雍也》载："中人以上，可以语上也；中人以下，不可以语上也。"此话说的是：中等才智以上的人，可以和他论高深的道理；而中等才智以下的人，不可以和他谈论高深的道理。《韩非子·难势》载："中者，上不及尧、舜，而下亦不为桀、纣。"

"中"，又引申为"内""里面"，名词。如，柳宗元《笼鹰词》："草中狸鼠足为患。"意思是说：草丛里狸鼠之类足以成为祸害。句中的"中"当里面讲。《论语·季氏》载："龟玉毁于椟中，是谁之过与？"此话意谓：龟甲和玉器在匣子内毁掉，这是谁的过错呢？句中的"中"是"内"的意思。

"中"又可作副词，可，能。张仲景《伤寒论·太阳病上》："此为坏病，桂枝不中与也。"句中的"中"当"能"讲。不中就是不能。王建《隐者居》诗云："何物中长食？胡麻慢火熬。"

"中"这个字有两个读音。中心，中央，中间，正中，中国，中原大地等读作 zhōng；"中"字若用作动词时，就不能读作 zhōng 了，必须读作 zhòng。如，《荀子·赋篇》里说："圆者中规，方者中矩。"此话说的是：圆的，就要符合画圆形仪器的要求；方的就要符合画方形工具的要求。所以这个"中"当"符合"讲。成语"百发百中"，语出《战国策》："去柳叶百步而射之，百发百中。"此活意谓：远离柳叶一百步而射，射了一百次，射中一百次。还有"命中""中看""中用""中听""中伤"等词。"中"，又用作姓。

这个"中"，如今归入"口"部。

第十一篇

汉字与农耕

1. 农耕，农业，农民——释"农"

农　𦦡　𡇓　𧂣　農

楷书　　甲骨文　　金文　　小篆　　繁体楷书

　　唐代诗人李绅有首《悯农》诗唱道："锄禾日当午，汗滴禾下土。谁知盘中餐，粒粒皆辛苦。"这首《悯农》诗，不仅反映了农夫的辛劳，也反映了华夏民族的农业史，也是中华民族五千年的文明史。那么，这个农字我们的先祖是怎么造出来的呢？请看上方古文字所示。

　　这个"农"字本为会意字。农字早在甲骨文里就已经出现，而且不止一个。请看上方古文字所示：甲骨文第一款"农"是上下结构。你瞧，它的上半部是两株艸（草），它的下半部是辰（辰，农具耕器）；甲骨文"农"的另一款也是上下结构。它的上半部是由两个木组成的"林"字，其下半部仍是辰字（辰，农具耕器）。古代农业最初是伐木烧荒，"刀耕火种"，所以"农"字从艸（草）或从林，下从辰，是合体会意字。

　　金文"农"字仍然有两个，也都为上下结构，其上半部是两个木中间夹个"田"，其下半部仍为辰（辰，农具耕器）；金文农的另一款，上部将田两旁的木去掉了，表明开垦成功而变为良田；因此第二款农字就成了上"田"，下辰的农字，（辰，农具耕器）。两个金文农字的字意，都表示使用耕具在田间劳作。

　　篆文"农"字由金文而来，仍然是上下结构。上半部两边的木变为两只手，其两手中间的田讹变为囟声。隶变后楷书繁体写作"農"或"辳"，将上部的"手"与"田"变为"曲"，成为上"曲"下"辰"的

"農"。如今的简体字"农"，则是由草书正写而来。

"农"的本义是指从事耕种、除草劳作之事。传说上古时候有个神农氏。他根据天时之宜，分地之利，创造了农具耒、耜，教民耕作，使民大获利益，从此开创了五千年农业史。《汉书·文帝纪》中说："农，天下之大本也。"此话意谓：耕种之事，是天下的根本所在。《商君书·垦令》中还说："民不贱农，则国安不殆。"这话是说：百姓不轻视农业，那么国家就安宁，就不会有危险。如《汉书·食货志》："辟土植谷曰农。"又与桑蚕养殖合称"农桑"，指代农家耕织之业。有了农业，也就有了从事农业生产劳动者，这些劳动者就叫"农民"。又有古诗云："四海无闲田，农夫犹饿死。"于是又有了"农夫"一词。《论语·子路篇》："樊迟请学稼。子曰：'吾不如老农。'请学为圃。曰：'吾不如老圃。'"这段话的意思是说，樊迟向孔子请教耕作种庄稼。孔子说；"我不如经验丰富的老农"；又请求学种菜，孔子说："我不如经验丰富的老菜农。"于是也就有了"茶农""果农""农田"和"农村"之词。农业为人类生存提供食粮，那些整日为粮食而辛勤劳作的人，才是我们真正的衣食父母。"农"，又用作姓。

这个"农"，如今这个"農"归于辰部，简体"农"归于"宀"部。

2. 一口吞四口——释"田"

| 楷书 | 甲骨文 | 金文 | 小篆 |

"田"字早见于卜辞，是个象形字。请看上方古文字所示：甲骨文"田"字有多个，有的是大块方形田，有的是长方形的田。尽管"田"的外形不同，但"田"中阡陌纵横，也就是我们今天说的田间小路纵横，

把一块田隔成一块块小田，是标准的象形字。金文"田"的形体简化了一些。小篆"田"的字形，由金文演变而来，形体相似，只是笔画圆润了一些。"田"字生动地展现了古代农业的基本格局。《说文解字·田部》称："田，陈也。树谷曰田，象四口。十，阡陌之制也。"用现在话说：田，陈列得整整齐齐，是种植稻谷的土地，讲的是"田"的本义。象四个"口"，"十"表示田间纵横交错的田埂。这个"田"字，从金文、小篆直到隶书、楷书，其字形始终如一而不变。

"田"字最初的产生，实际上与古代奴隶社会的"井田"密切相连。在奴隶社会时期，土地归国君所有，土地按"井"字形划隔成方方正正的九块田，故此称"井田"。这样做是为了依等级将一块块田分给各级贵族奴隶主，贵族不得买卖或转让井田。贵族再将"井田"周边的八块私田分给八家奴隶使用，收获归己。中间的一块为公田，由八家庶民助耕，全部收获缴给官府。可见，"田"字反映了奴隶社会"井田"的情况。

在古代，田、佃、畋三个字有时相通，有时又不相通。在狩猎或耕种的意义上三个字是可以通用的。后来，土地用来表示种植，"田"字才被赋予耕种田地的意思，如"农田""水田""稻田""旱田""麦田""桑田"还有"梯田"等义。"田"又引申为可供开采资源的地带，如"矿田""盐田""油田""煤田""气田"等。

田地和园圃合起来称"田园"。清新的田园风光和温馨的乡村生活常引起诗人的创作兴趣。他们以乡村景物或农民、牧民、渔夫的劳动生活为题材创作的诗歌，格调恬静悠然，称为"田园诗"。如东晋陶渊明的诗就被誉为"田园诗"的代表。清朝后期兵荒马乱，农民起义风起云涌，抗租、均田，致使地主为田焦虑，有位秀才写了首《田字诗》，读起来挺有意思。诗云："昔日田为富字足，今日田为累字头；拖下脚时为用首，伸出头来不自由。田安心上常相思，田居当中虑不休；当初只望田为福，谁料田多叠叠愁。"

传说，苏东坡有个妹妹叫苏小妹，才貌双全，嫁给当时大词人秦观。一天，苏小妹对丈夫说："我做了一则字谜，请郎君猜猜。我的字谜是："两日齐相投，四山环一周，两王住一国，一口吞四口。"秦观想了良久也没有想出谜底来，只好跑到苏家向苏东坡求教。秦观说了来由及谜面，东坡不禁大笑，便叫厨子烧了一盘两湖醋鱼送上桌来。席间，苏东坡动手将鱼头和鱼尾去掉，留下中段，指着鱼身对秦观说："这就是谜底！"秦观恍然大悟。原来谜底是"鱼"字去"头"去"尾"为"田"字。

有个问题值得注意。是不是所有从"田"的字，其"田"的部分原意都是耕种之地的"田"呢？不是！比如，繁体字"萬（万）"里的"田"，原意是蝎子的头和躯体。"思"字头上的"田"原意是脑盖门。繁体"異（异）"头上的"田"原意是初民戴来跳舞的假面具。繁体"車（车）"中间的"田"原意是乐车轮子。这几个字都不是辨形可知义的，我们在读古籍探究字的原意时应该注意了。"田"，又用作姓。

这个"田"，现在仍设"田"部。

3. 农耕用具，耒耜，耒耕——释"耒"

楷书　　金文　　小篆

这个"耒"，是个象形字。甲骨文"耒"字，象犁形。其上方像犁的木柄，它的下方权形似犁头，是松土的工具。金文"耒"字的字形与甲骨文字形相似，只是在右上方另添加了一只手，表示手握农具劳作之意，成了合体会意字。小篆"耒"的字形，将金文上方的手形变为三斜横或叫三斜撇，下部是"木"，表示是木制农具。"耒"是犁的雏形，是一种原始翻土农具。如今的"耒"字，则是依据小篆字形经隶变、楷化后楷书写作"耒"。

《说文解字》说："耒，手耕曲木也。"也就是说，这是指耒耜的曲木柄，亦指一种原始翻地农具。《周易·系辞下》中说："包牺氏没，神农氏作，斫木为耜，揉木为耒。"这段话的意思是说：包牺氏死后，神农氏兴起，他砍削树木做成犁，揉弯木头做成犁柄。《吕氏春秋·孟春》中称："天子亲载耒耜……躬耕帝籍田。"《汉书·郦食其传》中称："农夫释耒。"也就是农民放下手中的耒。又引申为一种像犁的农具，称之为"耒耜"。"耒耜"是中国最为原始的翻土农具，后世就把各种地农具都称作"耒耜"。

"耒"，是个偏部首字。一个汉字如果有"耒"字作为它的组成部分，那么，这个字往往与农具或与农业劳动有关。耕、耘、耙、耢、耪、耡、耥、耖等等。

4. 石刀，蚌刀，骨刀，两肋插刀——释"刀"

楷书　　甲骨文　　金文　　小篆

"刀"是个象形字。甲骨文"刀"的上方是刀把子，其下部是刀体，是有背有刃的刀，所以刀字是个象形字。金文刀字的结构，基本与甲骨文相同。"刀"字发展到小篆阶段，刀柄变成了弯曲形状，不过仍然还有刀的模样。隶变后楷书写作刀。这个楷书的刀，一点也不像刀的形状了。

"刀"，是很早就有了的一种切割工具。在旧石器时代，就有了石质刀、骨质刀，还有用蚌壳磨制而成的蚌刀。这些刀具除了用于切割之外，还是一种翻土松土的农具呢。成语"刀耕火种"，说的就是原始农业的耕作法。先民们砍去土地上的树木，放火将野草灌木燃烧成灰变为肥料。先民们就是在这样的土地上用刀翻耕松土下种的。我们要是按照现代刀的通行字义来理解这个成语，就解释不通了。要是明白了刀也是农耕工具就不会奇怪了。在远古社会，一件工具常常有多种用途。后来随着分工越来越细，工具不断演变，越来越专门化。表现在语言文字上，也是分工越来越细。刀以后就不再用来表示耕地的农具，而是承载切、削、砍、割这些意义了。

刀的本意是指刃口锋利的用具或武器。如用于农作物的松土、除草的"锄刀（头）"，用于收割谷类农作物用的"镰刀"等等。刀还有军队打仗使用的"军刀""刺刀""马刀"。人们又把形状像刀的东西也称为刀，如滑冰脚下用的刀叫"冰刀"。建筑工人抹墙用的刀叫"瓦刀"。还有"刀笔""刀币"等等。刀字存留在成语中的文化含义也十分丰富。诸如"刀光剑影"——刀的闪光，剑的投影形容手持刀剑，杀气腾腾。形容激烈厮杀或搏斗的场景。"路见不平拔刀相助"——路上遇见不平的事儿，就挺身而出，为受欺负一方打抱不平。"单刀直入"直截了当，不绕弯子。"笑里藏刀"比喻外表和蔼可亲，而内心险恶。成语还有"单刀赴会""临阵磨刀""两肋插刀"等等。刀又用做姓，现如今仍设有"刀"部。在字典里，有的把刀字头也列在刀部，如：象、龟、兔，但这些字的意义与刀没有任何关系。

5. 木犁，铁犁，犁田耕地——释"犁"

犁　犂　犂

楷书　　小篆　　繁体楷书

这个"犁"字，在篆文中写作"犂"，是个从牛、黎声的形声字。隶变后楷书写作"犂"，现如今规范化写作"犁"。

"犁"，是由古代的"耒"演变发展而来的。这种最早的"耒"是由木头做成的，是曲柄尖头松土农具，靠人力拉动松土。犁是从耒这种松土农具发展演变而来的。秦以后，逐渐地进入铁犁和牛耕时代。这时，我们的先祖就意识到牛在农业生产中的作用。到了春秋时代的后期，人们开始使用铁制犁，并利用牛来拉犁，使人们可能开发更多的田地，由刀耕火种到精耕细作，真正成为农业的基础。时代在前进，到了战国时代，牛耕进一步得到推广。畜力取代了人力，大大提高了劳动效率。

汉代的犁又做了改进，在犁铧的上边添装了犁壁。这种改进的犁，在犁田时能使土向右侧翻，并把杂草埋到土下作肥料。汉代犁的木质部分，除了犁辕、犁梢、犁床、犁横外，还有个能够调节犁地深浅的犁箭。至此，犁基本定型。从中原大地出土的东汉及三国时代的壁画上，就有描绘垦荒、种地的"牛耕"图景。

唐代有一种曲辕犁，从汉代二牛抬杠式驾辕改为套索式驾辕，使用起来更加灵活。宋代犁有了分工，而且多样化。无论是水田还是旱田，都离不开牛耕。这个"犁"，又用作姓。

这个"犁"，现在归于"牛"部。

6. 钓鱼，捞鱼，张网捕鱼——释"渔"

渔　　　　　　　　　　　　
楷书　　甲骨文　　金文　　小篆

鱼，都生活在水中，有水的地方就有鱼。这个鱼是供人们食用的鱼，如鲤鱼、鲫鱼、鲢鱼、鳗鱼等等。那么，古文字中还有个带三点水旁的"渔"字。"鱼"与"渔"这两个字写法不同，但读音完全一样。那么，这个带三点水的"渔"字是如何产生出来的呢？上古时代，先民渔猎捕捞。殷商时期的甲骨文中的"渔"字就有多个。甲骨文"渔"字，是个左右结构的会意兼形声字。它是会意字，它的左半边有"水"，右半边有"鱼"，是在水中捕鱼；这个"渔"，也可以说它是形声字，其左形为水，右半边鱼为声。甲骨文"渔"字的形体多种多样，一些"渔"字便是一幅幅美丽的垂钓图：你瞧这五个手持鱼竿钓鱼的"渔"字，都刻画出了鱼的轮廓，且富有美感。其中第一幅鱼口与钓竿的绳子尚有一点儿距离，这不是契刻者的疏忽大意，而是表示鱼儿即将食饵上钩。其余四字都表示鱼已上钩，渔者收竿将鱼钓出之状。又有四个甲骨文"渔"字：都是由鱼、网和手三个字符组成，是以手张网捕鱼之状惟妙惟肖。甲骨文的这些不同的构形和写法，反映了汉文字在初创时期具有不确定性的特点。

金文渔的字形是左水右鱼、下有两手，表示用双手在水中摸鱼捞虾之状。小篆渔字，线条化、整齐化、文字化了。隶变后楷书写作"漁"，现如今简化作"渔"。

《说文解字》："渔，捕鱼也。"《玉篇·水部》也说："渔，捕鱼也。""渔"的本义是捕鱼。远古时代，先民多沿河湖傍水而居，热衷于渔猎。《周易·系辞下》："作结绳而为罔罟，以佃以渔。（"罔"同"网"；"佃"同"畋"）。"这话说的是：结绳以做网，既打猎又捕鱼。宋代欧阳修《醉翁亭记》中写道："临溪而渔，溪深而鱼肥。"《吕氏春秋》中说："竭泽而渔，岂不获得？而明年无鱼。"其意是说：把池塘的水弄干后捕鱼，怎么能没有收获呢？但到了第二年就没有鱼了。"竭泽而渔"这个成语就是从这里引申出来的。比喻只顾眼前利益，没有长远打算。

"渔"，用作名词指捕鱼的人。如王维《桃源行》中说："平明闾巷扫花开，薄暮渔樵乘水入。""渔家"——就是以捕鱼为业的人家。"渔民"——以捕鱼为业的人。"渔父"——捕鱼的老年男子。《庄子·秋水》："夫水行不避蛟龙者，渔父之勇也。"值得一提的还有个"渔火"，唐代张继在《枫桥夜泊》中写道："月落乌啼霜满天，江枫渔火对愁眠。"这个"渔火"讲的是夜间捕鱼渔船上的灯火。

"渔利"这个词说的是用不正当手段谋取利益。陆游《跋南城吴氏社仓书楼诗文后》："吝则啬出，贪则渔利。"还有个"渔色"，就是猎取美色。"渔"，又有渔村、渔港、渔业、渔场、渔政等词。

这个"渔"，如今归于"氵"部。

7. 牧童，放牧——释"牧"

牧　　　　　　　　　　　
楷书　　甲骨文　　金文　　小篆

"牧"，是个会意字。这个"牧"早在甲骨文里就有了。那么，这个"牧"是个什样子？左边的"牧"字，其上部是牛头形状（代表牛），其下半部是"行"与"止"两个表示动作的字符，其右半边像手持牧鞭（枝条）的形状。整个字形像手执牧鞭（枝条）驱牛羊缓缓前行。这就是放牧的牧字。其构字的有理性是很强的，充分表现出"牧"字的本义。右边另一个甲骨文"牧"字起了点变化，其左半的两个表示动作的字符省略掉了。虽然如此，它的右半边仍然是牛，其左半边仍然是手拿牧鞭驱赶牛羊缓缓前行的形象。这个牧字仍然是个会意字。现在我们再来看看金文"牧"字的构形。它的构形与甲骨文基本相似，它们的右半边是"攴"形。小篆"牧"的字形是随金文字形演变而来，而且整齐化了。隶变后楷书写做"牧"。

《说文解字》称："牧，养牛人也。从攴从牛。""牧"的本义是放牧牲畜。也就是放牛、放羊到草地上去吃草和活动。《孟子·告子上》中说："牛羊又从而牧之，是以若彼濯濯也。"这话是说：人们又紧跟着这里放牧牛羊，因此才那样光秃。《汉书·苏武传》中写道："乃徙武北海上无人处，使牧羝。"此话意谓：把苏武流放到荒无人烟的北海边，让他放牧公羊。

由“放牧牲畜”引申指放牧牲畜的人。《诗经·小雅·无羊》中有："尔牧来思，何蓑何笠，或负其糇。"这话说的是：你来到这里放牧，披着蓑衣头戴斗笠，身上背着干粮。唐代王绩在《野望》中写有这样的诗句："牧人驱犊返，猎马带禽归。"是说：牧人赶着牛群返回村庄，猎手骑马带着捕获的禽兽回到家里。唐代诗人杜牧的《清明》诗吟道："借问酒家何处有，牧童遥指杏花村。"这里的"牧童"就是放牛的人（放牛娃）。

"牧"，放牧的地方（牧场）。《孟子·公孙丑下》说："今有受人之牛羊而为之牧之者，则必为之求牧与刍矣。"孟子告人们：假如有个接受别人牛羊而替他人放收的人，他一定会替牛羊去找牧场和草料。《诗经·小雅·出车》："我出我车，于彼牧矣。"说的是：兵车派遣完毕，来到了那郊外的牧场。

"牧"，又引申出统治、主管的意思。在古代一些典籍中，可看到"州牧"这样的称谓，用以表示是政府官员，《三国演义》里的刘备就曾当过徐州牧。

这个"牧"，如今归于"牛"部。

8. 狩猎，打猎，猎取禽兽——释"猎"

猎　　獵　　欐　　獵

楷书　　金文　　小篆　　繁体楷书

这个"猎"，在金文中才露出面来。金文"猎"字的左半边是个"犬"表意，其右半边是"鼠"表声，是左右结构的形声字。小篆"猎"字的字形与金文相似隶变后楷书写作"獵"，十九世纪50年代，汉字实行检化字后，将"獵"简化为"猎"。

《说文解字》说：“猎，放猎逐禽也。从犬巤声。”此话意谓：猎，放出猎犬追逐禽兽。从犬巤声。

“猎”的本义是打猎、捕捉野禽野兽。《孟子·梁惠壬下》：“吾王之好田猎。”此话意谓：我们大王喜爱打猎。《诗经·魏风·伐檀》诗云：“不狩不猎，胡瞻尔庭有县狟兮？”这话大意是说：你不打猎，为什么你的房檐下挂着狟皮呢？陈毅同志《赣南游击词》中有这样两句词吟道：“猎取野猪遍山忙，捉蛇二更长。”《荀子·议兵》中有这样一句话：“不猎禾稼。”这话是说：打猎不要踩踏坏了农田里的庄稼。在这个意义上，后世都写为“躐”。这个“猎”又可以作“擸”通假字，为揽、理的意思。“猎猎”，拟声词。鲍照《上浔阳还都道中》诗云：“鳞鳞夕云起，猎猎晚风遒。”刘禹锡《畲田行》唱道：“风引上高岑，猎猎度青林。”又如李白的《永王东巡歌》也云：“雷鼓嘈嘈喧武昌，云旗猎猎过寻阳。”

由“猎”组成的词语有：猎场——就是划定范围供人打猎的山林或草原；猎户——以打猎为业的人家；猎人——就是以打猎业的人。还有猎枪、猎犬等词。“猎”又用作姓。

这个“猎”，如今归于“犬”部。

第十二篇

汉字与度量衡

1. 重量，丈量，思量——释"量"

量 $\quad$ 金文 $\quad$ 小篆

楷书 $\qquad$ 金文 $\qquad$ 小篆

俗话说，"人不可貌相，海水不可斗量"。这个"量"字的来源还真的与测定体积的用具斗、升有关。又有"量体裁衣"的"量"，说的是使用尺子量长短。那么，这个"量"字古人是怎么造出来的？请看上方古文字所示："量"是个会意字。甲骨文下半部从东，竹篓类容器，上半部是口，表示可以从此处往里装东西。金文字形与甲骨文字形相同，只不过上部的口中加添了一个点，表示这里已经装满了东西。小篆整齐化，隶变后楷书"量"字写作"上旦下里"的"量"。

《说文》称："量，称轻重也。"

量（liáng），本义为量器，用以测定长短、多少、大小、重轻、高低，或用其他作为标准的东西来确定性质，用尺量布知长短，用秤可称轻重，体温表可测体温高低。还有个"车载斗量"。量，又引申出思考、估计之义，诸如打量、估量、思量、酌量、商量。

"量"又读作 liàng，表示计量使用的器具，如"度量衡"。由此引申指容器容纳数量和限度，如雨量、产量、含量，又有胆量、度量、气量。量，表示衡量意思，如"量入为出"，就是依据自己的收入定支出的限度，也可以说"量力而行"；根据才能大小高低分配工作，叫"量才录用"；还有力量、能量、前途无量等词。诗人韩愈诗云："蚍蜉撼大树，可笑不自量。"诗中的这个"量"就用来表示估计、掂量。

量——汉字有多少量词？没有统计，反正为世界所罕见。就使用来看，既有一定的稳固性，又不乏灵活性。一个人、一匹马、一株树，这里的"个、匹、株"三字是量词；一座山、一条河、一块地，这里的"座、条、块"，也是量词；一张纸、一支笔、一本书以及走一趟、做一次、看一遍里的"张、支、本、趟、次、遍"同样是量词。计量"人"，可以说个，计量牛马虫蛇就不能说"个"。什么地方用什么量词，这取决于民众的习俗，又与事物的性状密切相关。一般地讲，计量小而圆的东西可用"粒"，计量细而长的东西常用"根"，计量扁而薄的东西多用"片"或"张"。量词用得妥当，能够使话语增色，提高表达能力。"一叶扁舟"就比"一条扁舟"来得形象，"一伙歹徒"就比"一群歹徒"更能表达憎恶之情。

这个"量"，如今归于"里"部。

2. 尺有所短，寸有所长——释"尺"

楷书　　金文　　小篆

毛泽东《七绝·为女民兵题照》写道："飒爽英姿五尺枪，曙光初照演兵场。"这个"尺"字最早出现于金文中，是个指事字。请看上方图形古文字所示：金文"尺"的形体，像一个弓腰、手臂贴于身体站立着的人形，身上加一点，指明人体寸口以上的尺骨或足以上膝以下的胫骨，皆大约为一尺。小篆"尺"的形体，像一个人腿部弯曲下蹲在打太极拳的姿势。右下方的曲线正指明胫骨所在部位，仍然是个指事字。隶变后楷书写作"尺"。

《说文解字·尺部》称："尺，十寸也。人手却十分动脉为寸口。十寸为尺。"

"尺"的概念源于人的身体。从手腕到胳膊肘之间的部位就叫尺，它的长度差不多就等于一尺。还有，古人以两拃为一尺。将右手的拇指与食指用力张开，其中间的距离就是"一拃"。因为人的高矮、手指长短不同，量出来的这个长度也就不那么精确了。看来，古人是以中等男人的臂长为准，定为一尺长度的。那么，古代的一尺到底有多长？始终也没有一个准确的说法。《战国策》中说："邹忌修八尺有余。"

"尺"，做名词。尺子。量长度的器具。杜甫《秋兴八首》道："寒衣处处催刀尺，白帝城高急暮砧。"古乐府《孔雀东南飞》道："左手持刀尺，右手执绫罗。"以上两句话中的"刀"都是指的裁剪工具剪刀；"尺"是测量长度的器具尺子。现如竹尺、皮尺、圈尺、丁字尺、三角尺等。

"尺"，长度单位，十寸为尺。尺，用作量词。李白《望庐山瀑布》诗吟诵道："飞流直下三千尺，疑是银河落九天。"李白《赠汪伦》诗又云："桃花潭水深千尺，不及汪伦送我情。"《战国策·燕策·三》载："而秦法，群臣侍殿上者，不得持尺兵。"句中"尺兵"就是短而小的兵器。

"尺书"，信札，书信。古诗《孤儿行》载："愿欲寄尺书，将与地下父母。""尺素"，古人写文章或写书信常用的长一尺左右的绢帛。陆机《文赋》载："函绵邈于尺素，吐滂沛乎寸心。"

有一种虫子叫"尺蠖"，它的身体细长，开始行动时头部不动，后部前移时使身体向上弓成弧状，先弓后伸，像人用尺子丈量物的动作，也像用拇指和食指丈量距离那样，一屈一伸向前移动，因此称之为尺蠖。《周易·系辞下》中写道："尺蠖之屈，以求信（伸）也。"此话意谓，尺蠖曲身，是为了伸开身体而前进。以此比喻人先屈而后伸，先受点委屈，以求将来施展抱负。尺比寸长，这是人们所共知的。可是有个成语"尺短寸长"。《楚辞·卜居》也说："夫尺有所短，寸有所长。"《史记·白起王翦列传》中又说："鄙语云：'尺有所短，寸有所长'……彼各有所短也。"这是说尺用在比尺更长的地方却显得尺短，寸用在比寸更短的地方却显得寸长。后以此比喻人和物各有长处，也各有短处。"尺幅千里"：说的是小幅中展示广阔的空间，表达深远的气势和意境。徐安贞《题襄阳图》

诗云："图书空咫尺，千里意悠悠。"后亦以"尺幅千里"比喻诗文篇幅短小而意旨深远。成语还有"尺寸之功""尺布斗粟"，等等。

这个"尺"，归入"尸"部。

3. 寸土，寸心，寸阴寸金——释"寸"

楷书　　甲骨文　　金文　　小篆

"寸（cùn）"是个指事字。请看上方古文字所示：甲骨文和金文"寸"的形体，都像手形。小篆"寸"的字形仍然是一只右手，且在手的下方左侧有一小横，是个指示符号，指中医切脉在手腕一寸处，称作"寸口"。作为长度单位的"寸"，就来源于此。隶变后楷书写作"寸"。

"寸"的本义指"寸口"。《说文解字·寸部》称："寸，十分也，人手却一寸动脉谓之寸口。"因"寸口"含有"距离"义，后来"寸"字就被借用来表示长度单位，用作量词。过去我们使用的旧市制长度单位为：丈、尺、寸、分。十分为一寸，一寸为一尺的十分之一，一寸的长度约等于3.333厘米。《荀子·劝学》篇中写道："西方有木焉，名曰射干，茎长四寸，生于高山之上，而临百仞之渊。"（木：草也。）这话是说，西方有种草，名字叫射干，它的茎长四寸，生长在高山之上，俯对着百丈深渊。《商君书·靳令》说："四寸之管无当，必不满也。"此话意谓，四寸长的竹如果没有底，必然装不满。以上两句话中的"寸"字都是指的长度单位。

"寸"这个长度单位，与"短"相对。所以"寸"又形容"短"或"小"的事物。苏洵《六国论》载："暴霜露，斩荆棘，以有尺寸之地。"如"寸土必争"，就是指在同敌对势力做斗争中，对每一寸土地都要进行坚决的斗争。"聊表寸心"，就是表示一点点小的心意，且带有谦虚的意思。我们常说常用的"一寸光阴一寸金，寸金难买寸光阴"，句中用了四个"寸"字，用来表示时间的宝贵，并以此告诫人们要珍惜时间。《淮南子·原道训》中说："故圣人不贵尺之璧，而重寸之阴。时难得而易失也。"此话意谓：所以圣人不以一尺长的璧玉为贵，而重视一寸的光阴，因为时间难得而易失掉。

由"寸"组成的词和成语也不少，如"寸阴"：就是日影移动一寸的时间，指极短的时间。寸阴寸金，形容时间极其宝贵。"寸心"，指内心，寸心如割，是形容痛苦不堪。也有微小心意之义，如略表寸心。"寸土"，指极小的一片土地。"寸步"，指极短的距离。如寸步难行、寸步不离、寸步不让。"寸功"：极小的功劳。由"寸"组成的成语还有"寸土尺地"，一寸土，一尺地，形容极少的土地。郭沫若先生在《羽书集·抗战与觉悟》文中写道："我们是不能把寸土尺地轻易地送给敌人的。""寸草春晖"（寸草：小草；春晖：春天的阳光），语出唐代孟郊《游子吟》诗中："慈母手中线，游子身上衣。临行密密缝，意恐迟迟归。谁言寸草心，报得三春晖。"后用"寸草春晖"比喻父母恩情深重，子女难以报答。"方寸之木，高于岑楼。"（岑楼：尖顶高楼。）意思就是把一寸高的木块放在高楼的尖顶上，它就会比高楼还要高。寸，用作成语的还有"寸长尺短""寸兵尺铁""寸草不留""寸丝不挂""方寸之地""方寸已乱"等。"寸"，又用作姓。

这个"寸"，如今仍设有"寸"部。

4. 缺斤短两，斤斤计较——释"斤"

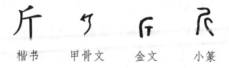

楷书　　甲骨文　　金文　　小篆

谈论起"斤"字来，人们都会说它是表示重量的字。如果谈论

"斤"字的本义是指锛斧，让人感到莫名其妙而不可思议。其实表示重量只是它的假借义。

这个"斤"是独体象形字。请看上方图形古文字所示：甲骨文"斤"的形体，像一把锛斧，你瞧，上部横刃朝左，下面是弯曲的把柄，这是个跟斧子形状接近的象形字。所以，在上古时代，"斤"既是劳动工具，也是一种兵器。金文"斤"，变为刃朝右的两把锛斧。小篆"斤"字，变得线条化了，形体虽然美观，但却不像锛斧了。隶变之后，它的构形完全变了模样，楷书写作"斤"。

《说文解字·斤部》："斤，斫木也。象形。""斤"的本义是锛斧。

"斤"本是斧类的工具，形状作用类似斧而又区别于斧。王筠在《说文句读》中说得极为清楚："斤之刃横，斧之刃纵。"它们的刃一"横"一"纵"就是最大的区别。"斤"大概相当于后来木匠使用的"锛子"。《庄子·徐无鬼》里写道："匠石运斤成风。"句中的"匠石"：指名叫石的木匠；运：挥动。句中后部的"运斤成风"成了成语，意谓：一个人在自己的鼻尖上点了个像苍蝇翅膀大小的白粉点儿，让一个叫"石"的匠人用锛斧把它砍下来。这位"匠石"挥起锛斧呼呼作响地砍下去，结果白点全不见了，而人的鼻子却没有半点损伤。"运斤成风"比喻匠人技术熟练神妙。

斤，指砍伐树木的"锛斧"，也是一种"劳动工具"。用作名词。《孟子·梁惠王上》载："斧斤以时入山林，材木不可胜用也。"此话说的是：手持刀斧按照季节进到山林砍伐，木材也就用不完了。句中的"斤"是刀斧之意。《荀子·劝学》载："林木茂而斧斤至也。"句中的"斧斤"也即是锛斧。又引申为"武器"。《左传·哀公二十五年》中记载了卫国工匠暴动："皆执利兵，无者执斤。"此话意谓：军队士卒都拿着锋利的武器，没有锋利武器的就拿着锛斧。手持锛斧，最常做的动作就是砍与削。"斤"由此引申用作"动词"，砍伐。《南史·宋测传》载："何为谬伤海鸟，横斤山木？"文言中有"斤削"一词，实际上就是砍削的意思。

"斤"的本义是锛斧，那么，它为什么转而又表示重量单位呢？其实，在最初的口语里早就有了当重量讲的词，发音与"斤"相同，只是在笔下却没有这个字。由于表示锛斧的"斤"和它的读音相同，就把表示锛斧的"斤"借过来表示重量单位的量词，而且一借永不归还。那么，没有表示"斧"的字怎么办？我们的先祖就在"斤"字上边加了一个"父"字，这样就新产生了一个"上声下形"新的形声字"斧"字。就这样"斧"与"斤"二字就各担其责了。此后"斤"就用为重量单位了。旧制的"半斤八两"，16两为1斤。那么，一斤何以16两？这是古人尊崇上天，这16两来自北斗七星、南斗六星，外加福、禄、寿三星。买卖不可短斤少两，否则上天不允，他的福禄寿必遭折损。市面上使用的市制单位：10两为1市斤。《战国策·齐策四》载："遣太傅赏黄金千斤，文车二驷，服剑一。"这话的意思是：派遣太傅这个人送去黄铜千斤，彩车两辆，佩剑一把。《墨子·号令》中写道："予医给药，赐酒日二升，肉二斤。"唐代白居易《卖炭翁》诗云："一车炭，千余斤，宫使驱将惜不得。"白居易还写道："织绢未成匹，缲丝未盈斤。"以上诸句中的"斤"，都表示重量。

由"斤"组成的词或成语不多，如"斤两"，意谓分量，多用于比喻，如"他的话很有斤两"。"斤斗"：就是翻跟头。成语"斤斤自守"（斤斤：拘谨的样子），就是谨小慎微，防备自己出现过失。"斤斤计较"，形容过分计较微小的利益或无关紧要的事情。"斤"，又用作姓。

这个"斤"，现今仍设有"斤"部。

5. 两袖清风——释"两"

楷书　　金文　　小篆

这个"两"，是会意兼形声字，请看上方古文字所示。金文"两"的字形，像两个并排的物体，又像二物相合，成对成双。在古代成双的东西都叫"两"。许慎在《说文解字》中对"两"的解释是："两，二十四铢为一两，从一；冈，平分，亦声。"朱芳圃《殷周文字释从》里指出："两"，即"一""冈"之合文，结构就像"百"，是由"一"和"白"组成那样。

在古代，"两"是一种重量单位。古制，十二粟为一分，十二分为一铢，二十四铢为一两，一两为一斤的十六分之一。新制改一斤为十两，十钱为一两。"两"又用作量词。《汉书·武帝纪》载："罢三铢钱，行半两钱。"关汉卿《窦娥冤·楔子》："这里一个窦秀才，从去年问我借了二十两银子，如今本利该银四十两。"

"两"用作数词，指两个。蒲松龄《聊斋志异·促织》载："杖至百，两股间脓血流离，并虫亦不能行捉矣。"《史记·孙膑传》载："则以法刑断其两足而黥之。"《史记·陈涉世家》载："陈胜左之，并杀两尉。"句中"两"当"二"讲。"两"与"贰""二"都同指数字，但读法、用法不同。如，从一到百中遇到二时只能用"二"不用"两"，如十二，二十二，三十二……但用在百、千，万、亿前面，就常用"两"而不用"二"，如两百、两千、两万。还有，"两个人""两个月""两重性""海峡两岸"等都用"两"而不用"二"。

在古代，"两"通"辆"。《尚书·牧誓》："武王戎车三百两。"《孟子·尽心下》："武王之伐殷也，革车三百内，虎贲三千人。"以上两句话中的"两"都作"辆"解，都是说的车辆。

由"两"组成的词语也很多。如："两广"，指的就是广东和广西；"两难"，这样做或那样做都有困难；由"两"打头的成语也不少。"进退两难"——去也不好，不去也不好，真是进退两难；"两全其美"——做一件事情顾全两个方面，使两方面都很好、都很满意；"两袖清风"，比喻做官廉洁；两小无猜，男童幼女嬉耍，天真无邪，互不猜忌，李白《长干行》吟道："同居长干里，两小无嫌猜。"成语还有"两厢情愿""两肋插刀""两败俱伤"，等等。

这个"两"，归于"一"部。

6. 五斗功名八斗才——释"斗"

斗　　　　子　　　　王　　　　弄

楷书　　　甲骨文　　　金文　　　小篆

　　这个"斗"是象形字。请看上方图形古文字所示：甲骨文"斗"字的形体，上部是勺杯，下为柄，是舀酒勺子之形，柄部一短画的下部为手持部分。金文"斗"的形体，与甲骨文"斗"的形体一脉相承。篆文变得线条化了，一点也看不出勺子的模样了。隶变后楷书写作"斗"。现如今"斗"又借用作"鬥、鬭"的简化字，故此，"斗"又有了"斗（dòu）争""斗（dòu）智""斗（dòu）勇"之义。

　　《说文·斗部》为"斗"字做了这样的解释："斗，十升也。象形，有柄。"古文字学家段玉裁《说文解字·注》中这样写道："上像斗形，下像其柄也。斗有柄者，盖象北斗。"

　　"斗"，本义舀酒的勺，古代酒器，有圆形的，也有方形的，还有玉石制成的。用作名词。例如《诗经·大雅·行苇》中写道："酌以大斗，以祈黄耇。""斗"字表示酒器，酒具。《史记·项羽本纪》里有这样的话："我持白璧一双，欲献项王；玉斗一双，欲与亚父。"句中的"斗"指的也是酒器。此话意谓：我带来白璧一对，想奉献给项王；玉石酒杯一对，打算送给亚父（范增）。

　　"斗"，由"盛酒器"引申为量器。《庄子·胠箧》写道："为之斗斛以量之，则并于斗斛而窃之。"（斗：量器。）这话是说，给天下人制造了斗斛用来衡量它。现如"大斗进，小斗出"。由容量，又引申作容量单位。十升等于一斗，十斗等于一石。《汉书·律历志上》告诉人们："十升为斗，十斗为斛。"其中斗是量器。斗，不仅可以量谷、量米还可量才。如《南史·谢灵运传》中载：谢灵运才智过人，极为自负，但他又十分佩服曹植。他说："天下才共一石，曹子建独占八斗，我得一斗，自古及今共用一斗。"以"八斗之才"形容人富有才华，这是"以斗量才"。又有这样一副对联："二分山色三分水，五斗功名八斗才。"也是用比喻义以斗量才的。

"斗"，又引申作形容词，指微小、狭小。如"斗筲"，斗与筲都是容量不大的容器，因此用以比喻才识、器量小。如《论语·子路》说："斗筲之人，何足算也。"如"斗室"，就是狭小的房子。沈绍姬《蚊》诗云："斗室何来豹脚蚊，殷如雷鼓聚如云。"也可以以小的东西形容大的，如"斗胆"，形容大胆，胆如斗大。梁简文帝《七励》说："至如牵钩壮气，斗胆豪心。"

"斗"，又引申像斗的东西。用作名词。如，由七颗星组成的样子，像一把勺子，勺头如斗，因此叫作"北斗星"，又叫"勺子星"。像"斗"形状的东西还有"斗车"，工地、矿区常用的一种运输工具，车身像斗，下方有轮在轨道上移动。还有"烟斗"和"熨斗"。

由"斗"组成的词语和成语也不少。如"斗拱"：我国古建筑特有的一种结构。在立柱与横梁交接处，从柱顶上层层探出成弓形的承重结构叫拱，拱与拱之间垫有方木块叫斗，合称为斗拱。由"斗"字组成的成语有："斗转星移"（斗：指北斗和南斗星），意谓，星斗移动了位置，时间推移和季节的变化。《元曲选·马致远〈陈抟高卧〉第二折》就写有："直睡的陵迁谷变，石烂松枯，斗转星移。"成语还有"斗酒百篇""斗量车载"，等等。"斗"，又用作姓。

"斗"还是"鬥""鬦"的简化字。这时"斗"兼有"斗（dòu）"义两个意思不同的字，常用于争斗，二人徒手搏。如坐山观虎斗。还引申指竞争、比赛，如"斗智斗勇"。

这个"斗"，可做偏旁，现今仍设有"斗"部。

7. 十合为一升——释"升"

升　　　楷书　　甲骨文　　金文　　小篆

这个"升"是象形字。请看上方图形古文字所示：甲骨文"升"的形体，像头朝上，口朝左的一个大勺子。勺中的一小横是盛装的东西，下部两边的点，是"升"中溢出来的东西。由此可见"升"是一种量器。金文"升"形体与甲骨文大体相同，只是省去了下边的两个小点。小篆"升"发生了讹变，而且变得复杂化了，且看不出原义了。隶变后楷书写作"升"。

"升"，本为古代量酒的器具，容量单位。《墨子·号令》载："赐酒日二升，肉二斤。"元稹《刘氏馆集隐客》载："偶然沾市酒，不越四五升。"

后来，量粟谷米粮的量具也叫"升"，且为容量单位。升，比"斗"小，为斗的十分之一。《说文·斗部》称："升，十龠也"。"龠（yuè）"也是一种量具。古代古文字学家段玉裁认为，"龠"应为"合（gě）"，十勺为一合，十合为一升，十升为一斗。贾思勰《齐民要术·种谷》文中写有："良地一亩，用子五升。"这话意为：耕种一亩好的田地，需要用五升种子。曹操《抑兼并令》中说："其收田租亩二升。"就是一亩地收租物二升。

"升"，又假借用作"上升""提升"。用作动词。如《诗经·小雅·天保》中说："如月之恒，如日之升。"此"升"是"升起来""上升"之义，此话说的是，好比上弦月逐渐圆满，好比太阳刚上升。《后汉书·王符传》说："以此遂不得升进。"这是说：因为这个原因，于是就不被提升。蒲松龄《聊斋志异·促织》也说："闻之，一人飞升，仙及鸡犬。"现如升降、升旗、升学、升级。成语还有"步步高升"。

"升"，由"上升"引申为"提升""登上"，由低处向高处移动，用作动词。《论语·先进》说："由也，升堂矣，未入于室也。"这里的"由"，指孔子学生仲由。这话的意思是，仲由嘛，学问可以登大雅之堂了，只是还不够精深罢了。又引申为升官职。梁启超《谭嗣同》文中说："既而胡即放宁夏知府，旋升宁夏道。"此话意谓：接着胡景桂被委任到宁夏做知府，接着不久就升为道员。欧阳修《回宝文吕内翰溱书》也说："升华内阁。"现如升格、升位、升官。由"升"字组成的成语也不少。如"升沉荣辱"——仕宦生涯中升官贬官、得意失意的遭遇。"升堂入室"——意为登上厅堂，原意比喻学习所达到的程度有浅有深，后用来赞扬人在学问或技艺方面到达高的境界。成语还有"升天入地""升高自下"，等等。

在古代，升、昇、陞三字在使用上是有区别的。作为量具使用，一定要写作"升"；旭日东升，太阳从东方升起，就得写作"昇"；在官员晋升级别这个意义上都写作"陞"。现在"昇"和"陞"这两个字作为"升"的异体字被淘汰，如今不管遇到上面哪种情况，都写作"升"。"升"，又用作姓。

这个"升"，归入"丿"部。

8.数之始，神奇的一——释"一"

楷书　　甲骨文　　金文　　小篆

这个"一"，是一个笔画最少的汉字，也是一个最容易认又容易写的汉字。从古人创造了这个"一"字开始，直到今天，这个"一"的外形一成不变。我们可以看到，无论是甲骨文的"一"、还是金文的"一"，乃至小篆的"一"，甚至发展到隶书、楷书的"一"，这五种字体都是一脉相承，始终如"一"的。清代学者段玉裁在为《说文解字》作注时指出："一之形于六书为指事。"其意思是说，"一"这个字按照六书的分析为指事字。从这个解释看，"一"的本义是最小的正整数。

"一"字的说法很多，作为数的开始，当最小、最少的整数使用。如一人、一物、一牛、一马、一刀、一枪。《诗经·王风·采葛》中说："一日不见如三秋兮。"《荀子·劝学》里讲："百发失一，不足谓善射。""一"也可当"专一"讲，如"一心一意"。《荀子·劝学》中有"用心一也。"《反经》中有："守职不挠，可谓诚一矣。""一"又可作"全""满"和"整个"讲，如"一天星斗"。《礼记·杂记》中有"一国之人皆若狂。"范仲淹《岳阳楼记》载："而或长烟一空，皓月千里。"《红楼梦》三十一回中说："这有什么的，筋都暴起来，急的一脸汗。"这里的几个"一"都当"全""满"讲。"一"又表示"一旦""一朝""一经"讲，如"一失足成千古恨"。《左传·成公二年》载："蔡许之君，一失其位，不得列于诸侯。"《吕氏春秋·贵公》言："一闻人之过，终身不忘。"崔颢《黄鹤楼》言："黄鹤一去不复返。"

先祖们赋予"一"极为丰富的内涵。人称"一"是一个神奇的汉字。在古代人眼里，"一"是万物的开端。因为有了"一"，才派生出整个世界。正如老子在《道德经》里讲的："道生一，一生二，二生三，三生万物。"据此可知，一切事物都是由"一"而发端的，"一"是一个无所不包的东西。老子还说："天得一以清，地得一以宁，神得一以灵，谷得一以盈，万物得一以生，侯王得一以为天下贞。"这个最简单的"一"，却是天地间万物的发端和源头。

神奇的"一"还有不少的趣事呢！据说，周恩来同志在观看京剧《霸王别姬》中，用了五个"一"打头的词语，对戏中故事做了精彩的评说。当戏中刘邦发兵追打项羽时，项羽召集众大臣商议，大臣纷纷劝诫，项羽不听，执意起兵抗争。此时周恩来同志评说道，"一言堂"。

发兵之后，项羽又一次不听谋士之言，固执己见，周恩来同志称，"一意孤行"。在战斗中项羽中计，被困亥下。周恩来同志这时说，"一筹莫展"。困境中的项羽借酒浇愁，唱出悲愤的"垓下曲"，周恩来同志感叹道，这是"一曲挽歌"。曲罢，项羽自杀身亡，周恩来同志说，"一败涂地"。对这曲戏，周恩来同志用了五个"一"打头的成语做了精辟的评说。

"一"字的趣事还有一个。乾隆帝下江南，一天他和纪晓岚在长江边一家酒楼上观景。乾隆帝要纪晓岚吟一首含十个"一"的绝句。纪晓岚看着江面吟道："一蓑一笠一渔舟，一个渔翁一钓钩。"乾隆帝观之，江面果然有一渔夫头戴斗笠、身披蓑衣，坐在江边小船上垂钓。乾隆帝暗暗赞许吟得好。这时候纪晓岚捻着胡须，皱着眉头，沉思不语，乾隆帝见状，拍案笑道："爱卿，难住了罢！"纪晓岚触景生情，灵感顿生，吟道："一拍一呼还一笑，一人独占一江秋。"听罢，乾隆皇帝对才气横溢、满腹经纶的纪晓岚大加赞赏。

这个"一"，可作偏旁，现今仍设有"一"部。

9. 木千章，竹万个——释"个"

楷书　　竹简　　小篆　　繁体楷书

毛泽东《七绝·为李进同志题所摄庐山仙人洞照》中说："天生一个仙人洞，无限风光在险峰。"诗中的"个"是简体写法，它的繁体写作"個"。"个"字本是个象形字。请看上方图形古文字所示：竹简"个"字的字形，像一段竹子之形，且有三片竹叶，用以指称竹子的数量。"个"字发展到篆文阶段，另造了一个上"竹"、下"固"的"箇"字。成为从竹、表示一根竹子、固声的形声字，固有兼表义义，表示选用竹子宜选坚实的。"个"字发展到汉隶、楷书时期，人们又造了个左"人（单人旁）"、右"固"的形声字"個"。"人（单立人）"表示单个的人或物，皆自成一体。汉字简化后写作"个"。

《说文解字·竹部》称："箇，竹枚也。从竹，固声。"《集韵·箇韵》载："箇，或作个，通作個。"用作量词，本义为竹一枚。

个，计算竹子用的"量词"。《史记·货殖列传》载："木千章，竹竿万个。"也用于表示其他事物。《国语·吴语》载："譬如群兽然，一个负矢，将百群皆奔。"杜甫《绝句》中有："两个黄鹂鸣翠柳，一行白鹭上青天。"鲍照《拟行路难》之十八："但愿樽中酒酽满，莫惜床头百个钱。"还有"个"做量词"些"的后缀。李煜《一斛珠》载："晚妆初过，沈檀轻注些儿个。""个"也泛用于有专用量词的事物，如一个人、一个字、一个苹果、一个国家。"个"还用于突然的动作，如：一个不留神滑了一个屁墩儿。一次路过一个小水沟儿，一个箭步蹿了过去。

"个"还用作正房两边的侧室"厢房"。《礼纪·月令》："天子居青阳左个。"（高诱注：青阳，明堂也，中方外圜，通达四出，各有左右旁，谓之个。）

"个"又用作"代词"，这，此，什么。李白《秋浦歌》诗："白发三千丈，缘愁是个长。"白朴《墙头马上》一折："与你个在客的刘郎说知。"宋代女词人朱淑真《夏枕自咏》诗云："起来无个事，纤手弄清泉。""个"，又用为指代词，用作"自个儿""自己"。如：我自个儿的事，别人不要管。

又虚化为助词。相当于"地"。韩愈《盆池》诗之一道："老翁真个似童儿，汲水埋盆作小池。"

"个"在现代汉语中主要用作量词。凡没有专用量词的名词都可以用"个"。也可以作动量词使用，如"见个人"。这是古义中所没有的。"个"，又用作姓。

这个"个"，可做偏旁，如今归于"人"部。

第十三篇

汉字与感知

1. 天大，地大，人也大——释"大"

楷书　　甲骨文　　金文　　小篆

"大"，是个抽象的概念，需要通过某个物象做比拟，才能使抽象的概念具体化。那么，我们的先民是用何种方法创造出这个"大"字来的呢？请看上方图形古文字所示。

甲骨文"大"的字形，是一个正面站立着的大人形。你瞧，这个人手臂平举，腿脚大大地叉开，以借这个成人形象表示"大"这个概念。是个象形字。金文和小篆"大"的字形与甲骨文一样，都是臂腿张开站立着的人形。"大"字发展到汉隶、楷书时期，人的两腿仍然是叉开的，不过人的手臂举得更平了。隶变后楷书写作"大"。

古人为什么要以这个"人"来比拟"大"的概念呢？我们的先祖们认为："天生万物，唯人最贵。"人创造了社会，创造了人类文明，创造了历史。所以就以张开手臂、叉开两腿、顶天立地的人来展示"天大、地大、人也大"的意念。可见，"大"的本义是指人，也指人类的巨大力量和巨大的气魄。有了力量和气魄，就有大动作、大规模、大张旗鼓、大动干戈、大刀阔斧、大展宏图、大显神通、大有作为、大放异彩、成就一番大的事业。

"大"与"小"相对，指面积、体积、重量、数量等大小、多少。"大"是"人"腰间添加一横成为"大"。说明"大"需要添加物才能成为"大"。所以，小沟的水不添大的雨水就成不了江河；小丘不增添不增长就成不了大山；小树不增长就成不了大树。还有"大楼""大风""大雨"等。

"大"字在古代又可读为"太（tài）"，在六朝以前没有"太"字，那时候的"大"即为"太"。古时候的这个字的读音读"大"为"太"。诸如"大守""大上皇""大后""大子"等，其中的"大"字，全都应该读作"太"。六朝之后才另造了一个在"大"下面加一点的"太"字。这时候才把"大""太"两字的形、音、义区分开来。

"大夫"一词中的"大"字有两个读音：如，秦以后有御史大夫、谏大夫、中大夫、光禄大夫等，以上这些"大"都与"官职"有关，都读作"大（dà）"；而宋代以及以后称医生为"大夫"，乃至今天仍沿用这个称呼，这个"大"不能读"dà（大）"，只能读"dài（代）"。"大"，又用为"姓"。

这个"大"，可用为偏旁。如今仍设有"大"部。

2. 小，物之微也——释"小"

小　小　八　小

楷书　　甲骨文　　金文　　小篆

这个"小"字是会意字。请看上方图画古文字所示：甲骨文"小"的构形，像有些人分析说的那样，当中是一个细长之物，它两侧的小长物组成了个"小"，一物分为二当然要比原物小之意。金文"小"的字形与字义，都同于甲骨文。小篆"小"的形体由甲骨文演变而来，而且构形有了变化，上部那一小竖笔拉长了，将下面"八"分在两边，看上去其"分"义更加明显。细观之，其形又似乎像个"小"字了。隶变后楷书写作"小"。

《说文解字·小部》对"小"的解释说："小，物之微也。从八，见而分之。”

“小”与“大”相对。指体积、容积、范围、规模、力量等。如：小碗、小山、小雨、小河、小路、小厂、小船、小车，还有小型企业等词中的“小”，可以分别用于表示数量、体积、容积、范围、规模等方面的细小、微小。“小”，从表示一般事物的细微引申指时间的短暂。如“小坐”，就是坐的时间短暂；“小别”，就是分别的时间短暂；“小住”，就是住的时间短；“小别”，就是分别的时间短暂。“小”，由事物的细微又引申指年龄的幼小。如“少小离家老大回”，说的是年幼的时候离开家，年老的时候才回乡。元稹《连昌宫词》说：“宫边老翁为余泣，小年进食曾因入。”“小”，又有地位低微之义。如小官、小民。《后汉书·杜诗传》中说：“愿退大郡受小职。”“小”又有旧时自谦之词，称自己与自己有关的人或事。如小弟（自己）、小儿。

“小”，又含二十四节气中的某些季节。如“小满”，二十四节气之一。《懒真子录》里说：“小满，四月中（夏历），谓麦之气，至此方小满而未熟也。”此时我国大部分地区麦类夏熟作物籽粒逐渐饱满。此外，还有小暑、小寒、小雪等节气。“小”，又用作姓。

由“小”组成的词也不少，诸如：“小子”，指年幼的人，子弟。《诗经·大雅·思齐》载：“肆成人有德，小子有造。”“小友”，年长者称可敬佩的年轻人。唐代张九龄呼李泌为小友。“小登科”：旧谓读书人完婚。铁保有《题恩假归娶图》诗云：“我向随园称后辈，廿年前亦小登科。”由“小”组成的成语也不少，诸如“小心翼翼”——语出《诗经·大雅·大明》：“维此文王，小心翼翼。”意谓十分恭谨，唯恐出错。“小巫见大巫”意谓，小巫见到大师。比喻二者一比较，优劣高下相差很远。“小中见大”指从小处可以看出大的问题或道理。还有“小不忍则乱大谋”“小巧玲珑”“小康之家”等。

这个“小”，可作偏旁，如今仍设“小”部。

3. 多数，多少，积少成多——释"多"

多　　　𦏃　　　𦏃　　　多

楷书　　　甲骨文　　　金文　　　小篆

　　多，会意字，其构字思路很有意思。请看上方古文字所示：甲骨文中的"多"字，像是两个"夕"上下叠放而成（"夕"是古文"肉"字），表示肉多数量大；金文"多"的形体与甲骨文的形体相同，也是个上下相叠的叠体会意字。近现代著名学者王国维说："多从二肉，会意。"就是说"多"是以会意法造的，用两块肉构成的。小篆"多"的构形与甲骨文、金文的形体相似，且整齐化线条化了。隶变后楷书写作"多"。这个"多"字的字形，从古到今，从甲骨文、金文、小篆乃至楷书，都是用两个"夕"相叠而成的。

　　《说文解字》对"多"字解释说："多，重也。从重夕，夕者相绎也，故为多。"以为"重夕为多"。《尔雅·释诂上》中也说："多，众也。"

　　"多"的本义是众多，数量大，与"少"和"寡"相对应。如《孟子·公孙丑下》中称："得道者多助，失道者寡助。"《史记·高祖本纪》载："某之业所就，孰与仲多。"鲁迅《准风月谈·爬和撞》载："可是爬的人那么多，而路只有一条，十分拥挤。"又如：许多，人多好办事，多面手，多种多样，多才多艺，他比我强多了。"多"还有一个故事呢。据说，韩信曾说刘邦只能带领十万兵马，而自带兵则"多多益善"，惹得刘邦发怒。幸好韩信机智，马上改口说，刘邦能"带将"，就是带领大将。刘邦这才转怒为喜，韩信也算逃过一劫。不过，这已埋下后来"未央宫斩韩信"的种子。

　　此外，"多"又表示过分的、不必要的。如"多心"，《镜花缘》里写道："妹子同紫芝妹妹说顽话，姐姐莫要多心。"《吕氏春秋·精谕》："纣虽多心，弗能知矣。"又有"多疑""多嘴多舌"。这个"多"，又用作姓。

由"多"组成的成语也不少。如"多如牛毛"——语出《北史·文苑传序》："学者如牛毛，成者如麟角。"后用"多如牛毛"形容非常多。"多嘴多舌"——形容多说话或不应当说的话说得太多。"多才多艺"——具有多方面的才能和技艺。由"多"组成的成语还有："多财善贾""多难兴邦"等。

这个"多"，可用作偏旁，现今归于"夕"部。

4. 少量，稀少，不多就少——释"少"

楷书　　甲骨文　　金文　　小篆

毛泽东在《满江红·和郭沫若同志》词中写有："多少事，从来急……一万年太久，只争朝夕。"句中的"少"要读作 shǎo，其义与数量有关。毛泽东《沁园春·长沙》词中又写道："恰同学少年，风华正茂。"句中的这个"少"要读作 shào，其意义与人的年龄有关。"少"的读音不同，其意义也就不同。

"少"是"小"的分化字。在古代"少"与"小"可以相互通用。"少"是个象形字。请看上方图画古文字所示：甲骨文"少"字的构形，你瞧，像四个大小相同的小长点，像颗粒之形，表示数量小而不多的意义。金文"少"，为与小字区分开，就将四个小点中的下面那个小点改写为"捺"，成为金文"少"。小篆"少"承接金文，且线条化、整文化、文字化了。隶变楷化楷书写作"少"。

《说文解字·小部》对"少"的解释说："少，不多也。"不多就少。段玉裁注："不多则少，故古少、小互训通用。"

"少（shǎo）"的本义是数量小、数量少，与"多"意义正好相对。唐代大诗人杜甫在《佐还山后寄》诗中写道："葳蕤秋叶少，隐映野云多。"老舍的小说《离婚》中说："东西两间每间一张桌，一把椅；太少点！"《孟子·梁惠王上》载："邻国之民不加少，寡人之民不加多，何也？"这话意思是说：邻国的百姓并没有因此而减少，而我国的百姓也没有增多，这是为什么呢？

"少"，又有缺少、短缺之义。如唐代诗人王维的《九月九日忆山东兄弟》诗吟道："遥知兄弟登高处，遍插茱萸少一人。"诗句中的"少"字就解释为缺少。缺少了谁？就是缺了诗人王维一人。

"少"还含有"欠"意。元杂剧家睢景臣《哨遍·高祖还乡》中称："少我的钱？差发内旋拨还。"董解元《西厢记诸宫调》卷一中说："少负你前生眼儿债。"以上两句话中的"少"，都作"欠"讲，就是欠债。

"少"字是个多音、多义字。当读第四声 shào 时，一般都是指年幼、年轻、青年。如今又称作少年、少男、少女，又有男女老少。在军队里，少又用到军衔中，以表示级别的高低：少将，少校，少尉。"少"又用作姓。"少正"为复姓。

这个"少"，可以作偏旁，如今"少"归于"小"部。

5. 重量，沉重，举足轻重——释"重"

重　　　　　　　　　
楷书　　金文　　小篆

这个"重"字是会意兼形声字。请看上方古文字所示：金文"重"的构形，人面朝左，沉重的囊袋在人的背上，其形像人背上负重物站在地上。"重"，是个从人，从东，东也兼表声的会意兼形声字。小篆"重"

的字形大致与金文相同。你瞧，其上部仍然是个身体前伏的人。可是它的下方新增添了个"土"字，变得复杂而且线条化了。经过隶变、楷化之后，楷书写作"重"。

《说文解字·重部》是这样对"重"字解释的："重，厚也，从壬，东声。"

"重"（zhòng）的本义表示分量大，东西重，与"轻"相反、相对。如物重、负重、拈轻怕重。《孟子·梁惠王上》里说："权，然后知轻重。"这话是说：称一称，然后才知道分量轻还是分量重。《史记·秦始皇本纪》称："金人十二，重各千石。"这个"石"指重量单位，一百二十市斤为一石。"重"，又有沉重之意。唐代大诗人杜甫《春夜喜雨》诗吟道："晓看红湿处，花重锦官城。"诗意是说，春雨的滋润，使得锦官城的花儿也变得沉重。"重"，又表示重要、重视、敬重。《荀子·仲尼》载："任重而不敢专（专，独断）。"贾谊的《过秦论》说："尊贤而重士。"《三国志·诸葛亮传》说："又睹亮奇雅，甚敬重之。""重"又有庄重之意。《后汉书·孔融传》载："时河南尹李膺，以简重自居，不忘接士宾客。"

"重（chóng）"，有重新、重复、重叠、层层之意。如重振旗鼓、突破重围、久别重逢、困难重重等。如：重复——毛泽东的《水调歌头·重上井冈山》开头就写道："久有凌云志，重上井冈山。"郦道元《水经注·江水·三峡》道："重岩叠嶂，隐天蔽日。"毛泽东《西江月·井冈山》道："敌军围困万千重，我自岿然不动。"陆游《九月三日泛舟湖中》道："重重红树秋山晚，猎猎青帘社酒香。"杜甫《茅屋为秋风所破歌》诗云："八月秋高风怒号，卷我屋上三重茅。"《庄子·天下》道："天子棺椁七重，诸侯五重，大夫三重。""重五"或"重午"是指阴历五月初五日，即端午节。这天人们划龙船、吃粽子纪念屈原。"重"，又用作姓。

这个"重"，归于"里"部。

6. 轻车熟路，轻装上阵——释"轻"

轻　　輕　　輕

楷书　　小篆　　楷书繁体

　　"轻"是形声字。请看上方篆文字所示：小篆"轻"的构形，其左半边从"车"，表意，指轻便的车；右半边"巠"表声，是左右结构的合体形声字。隶变后楷书繁体写作"輕"，简化后写作"轻"。

　　《说文解字·车部》对"轻"字解释说："輕，轻车也。从車，巠声。""轻"的本义为古代军车，为兵车中最为轻便、灵活、便捷的小车。《楚辞·九辩》中说："前轻辌之锵锵兮，后辐乘之从从。"（这里说的"辌"指古代卧车，"锵锵"指铃声。）此言是乘坐轻便小车之义。《周礼·春官·车仆》中有"轻车之萃"之句。郑玄注曰："轻车，所用驰敌致师之车也。"此言谓军旅之轻车也。《孙子兵法》中说："凡用兵之法，驰车千驷，革车千乘。"这里讲的"驰车"就是指的轻车。因为轻车灵活、轻捷而便于驰骋，便于冲击敌阵作战。唐代李颀的《古从军行》唱道："闻道玉门犹被遮，应将性命逐轻车。"诗意意谓，听说玉门的退路已被阻隔，应该豁出性命随轻车去作战。

　　"轻"又有轻装、轻骑之义。指的是装备从简，轻便，行动迅速、快捷的骑兵部队。也有人称其为轻骑兵。《史记·刘敬叔孙通烈传》中这样写道："去长安近者七百里，轻骑一日一夜可以至秦中。"

　　"轻"，又有分量不大、分量轻、轻盈之义。与"重"相对的都可以叫"轻"。《荀子·王霸》："譬之犹衡之于轻重也。"毛泽东的《蝶恋花·答李淑一》词吟道："杨柳轻飏，直上重霄九。"词中的"轻"就有轻轻地、轻盈地向上飘起之意。唐代大诗人李白在《早发白帝城》诗中吟诵道："两岸猿声啼不住，轻舟已过万重山。"诗中的"轻舟"的"轻"就有轻盈之意。陶渊明的《归去来兮辞》唱道："舟遥遥以轻飏"。

"轻"又有轻率之义。《荀子·议兵》中说："重用兵者强，轻用兵者弱。"

"轻"，又有轻薄、轻佻之义。《南史·谢惠连传》称："轻薄多尤累，故官不显。"后多指以轻佻态度对待妇女。"轻薄"还有一个意思是不尊重，鄙薄。《汉书·王尊传》中说："摧辱公卿，轻薄国家。"

由"轻"组成的成语有"轻车熟路"，语出韩愈《送石处士序》，文中说："若驷马驾轻车就熟路，而王良、造父（古代善于造车的人）为之先后也。"后因此以"轻车熟路"比喻对事很熟悉，做起来很容易。"轻财重义"，语出《史记·平津侯主父列传》："股肱宰臣，身行俭约，轻重义，较然著明。"说的是：轻视财利而看重道义。还有个成语"轻徭薄赋"，语出自《汉书·昭帝纪》："海内虚耗，户口减半，光知时务之要，轻徭薄赋，与民休息。"就是减轻徭役，降低赋税。由"轻"组成的成语还有"轻裘肥马""轻歌曼舞"等。

这个"轻"，归于"车"部。

7. 寒冷，冷漠，冷嘲热讽——释"冷"

楷书　　　小篆

"冷"是形声字。请看上方篆文字所示：小篆"冷"字的构形，其左半边从"冫（冰）"表意，表示寒冷；右半边是"令"，表声，是个左右结构的合体形声字。隶变后楷书写作"冷"。

《说文解字·冫部》对冷字解释说："冷，寒也。从冫，令声。"这话是说：冷，寒气凛冽。从冫，令声。

"冷"的本义为寒凉，寒冷，温度低。跟"热"相对。杜甫的《茅屋为秋风所破歌》中说："布衾多年冷似铁。"杜牧的《阿房宫赋》中写道："舞殿冷袖，风雨凄凄。"

　　"冷"，又引申有清冷、冷清、萧条之义。白居易《琵琶行》里说："门前冷落鞍马稀，老大嫁作商人妇。"姜夔的《扬州慢》中也写道："二十四桥仍在，波心荡，冷月无声。"

　　"冷"，又引申有冷落、冷淡、寂静义。杜甫《醉时歌》里说："诸公衮衮登台省，广文先生官独冷。"

　　"冷"又引申出突然的、冷不防之义。《红楼梦》第九十一回里写道："冷不防外面往里一吹，把薛蝌唬了一大跳。""冷"，又用作姓。

　　这个"冷"，现在归于"冫"部。

8. 热情，热门，热气腾腾——释"热"

热　　　　　　　
楷书　　甲骨文　　小篆

　　"热"，是个象形字。请看上方古文字所示：这个甲骨文"热"字的构形，像人的一只右手举着燃烧的火炬之形。小篆"热"字，变成为下"火"上"执"的会意兼形声字。另加义符"火"。《说文·火部》称："热，温也。从火，执声。"隶变中将下部的"火"变为"灬"，这个"灬"也是"火"。楷书繁体写作"熱"，简化后规范写作"热"。

　　"热"的本义是指温度高，与冷相对。诸如：火热，形容像火一样热；热天，炎热的天气；热气，即热的空气；又有成语"热气腾腾"，其本义是指热气直往上冒；炎热，天气很热，如炎热的夏天；酷热，天气极热，如酷热的夏天。《孟子·梁惠王下》中说："如水益深，如火益热。"这话意思是说，像沉入水中越来越深，像掉进火坑越来越热。孟子的这句话后来演变成了成语"水深火热"，比喻人们生活在痛苦和灾难之中。宋代杨万里的《暮热游荷池上》诗云："荷花入暮犹愁热，低面深藏碧伞中。"描写了荷花在日落之前的暑热中无精打采的情形。

一提到热，人们眼前马上就浮现夏天烈日当空、大地流火的情景。著名作家老舍先生在《骆驼祥子》书中对夏天烈日下的炎热写道："太阳刚一出来，地上已经像下了火。"这话意谓，太阳似流火，大地热气蒸腾。

热，由火的温度高而引申指人的情绪高昂或者情意深厚。诸如：热烈，热爱，热情，热望。陶潜的《影答形》诗云："身没名亦尽，念之五情热。"这个热，是情意深厚之义，含有热烈意味。唐代诗人杜甫心系民生，关爱贫民百姓。这是他写下的诗句："穷年忧黎元，叹息肠内热。"这一个"热"字体现了杜甫和广大群众情感相通。亲热、热情、热忱、狂热等词中的"热"都与积极主动、热情有关。现如今热又引申出热点、热门话题、留学热、旅游热等。

含有"热"字和由"热"字组成的成语也不少。如"热火朝天"，形容气势盛大，气氛热烈高涨。冯德英《迎春花》九章中写道："这几天热火朝天的参军运动，也冲击着他们的身心。"成语还有"趁热打铁"，原意是趁着烧红的铁抓紧锤打，比喻做事情要抓住有利时机。姚雪垠《李自成》二卷三十四章中写道："是的，我们要趁热打铁，一举攻破南阳。"由"热"字组成的成语还有"热血沸腾""热情洋溢""热锅蚂蚁""热泪盈眶"等。

这个热，如今归于"灬"部。

9. 瘦小，瘦弱，瘦骨嶙峋——释"瘦"

瘦 㿾

楷书　　小篆

　　这个"瘦"是形声字。请看上方篆文字所示：小篆"瘦"字的字形，其外部是病字头，或叫病字旁，也俗称病壳子。这表明，在造字者眼里"瘦"不是什么好现象，是一种病态，或者是一种不太健康的现象。其"瘦"字的内部是个"叟（sou 叟）"字，表明这个字的读音。《说文解字·疒部》对"瘦"字解释说："瘦，臞也。从疒，叟声。"这话说的是：不胖而精瘦，从疒，叟声，是个形声字。

　　"瘦"的本义为肌肉不丰满，脂肪少，是人消瘦的通称。《汉书·叙传上》中说："太后泣曰：'帝间颜色瘦黑。'"《淮南子·修务训》一书中说："神农憔悴，尧瘦癯，舜霉黑，禹胼胝。"《论衡》书中甚至说："尧若腊，舜若腒，桀纣之君垂腴尺余。"这些话分别说的意思是：尧瘦得像腊干肉，舜瘦得如干鸟肉，而夏桀商纣这些暴君肚子的肥肉下垂有一尺多长。把人身体的瘦胖用作区别圣君与暴君的标志。杜甫《九日寄岑参》诗云："所向泥活活，思君令人瘦。"南朝鲍照《拟行路难十八首》诗之八："床席生尘明镜垢，纤腰瘦削发蓬乱。"腰变细是瘦削的标志。宋代词人程垓《摊破江程子》："人瘦也，比梅花，瘦几分。"南宋女词人李清照在她词中最爱用"瘦"字。她在《醉花阴》词中吟道："莫道不销魂，帘卷西风，人比黄花瘦。"她在《凤凰台上忆吹箫》词中又吟道："新来瘦，非干病酒，不是悲秋。"以上这两处的"瘦"都是写人的"瘦"。

　　"瘦"的基本义是指肌肉不丰满。瘦是肥、胖的反义字。自古以来，人们以瘦、胖作为美丑标准的看法虽有很大区别和差异，但历史上都有过绝代佳人。如，汉代人以瘦小娇柔为美，因此，腰不盈握的赵飞燕就成为美的化身。所谓"楚王好细腰，宫中多饿死"。而唐代人则以丰满为美。因此体态丰满的杨玉环就成为美的象征。赵飞燕和杨玉环一瘦一胖风韵不同，各擅其美，各领风骚，都成了美人。苏轼《孙莘老求墨妙亭诗》云："短长肥瘦各有态，玉环飞燕谁敢憎！"

这个瘦，又有动物的瘦、植物的瘦。《韩非子·内储说下》中有："中山有贱公子，马甚瘦，车甚弊。"杜甫《房兵曹胡马》诗云："胡马大宛名，锋棱瘦骨成。"这是说的动物的瘦。植物也瘦。白居易《茅城驿》诗吟道："地薄桑麻瘦，村贫屋舍低。"黄庭坚《谢景文惠浩然所作廷珪墨》诗唱道："柳枝瘦龙印香字，十袭一日三摩挲。"宋代女词人李清照词中写物也爱用"瘦"字。例如，她在《如梦令》词中写道："知否？知否？应是绿肥红瘦。"她在《点绛唇》词中又写道："露浓花瘦，薄汗轻衣透。"李清照写了植物的瘦。

土地也有肥与瘦。土地瘦就是地薄、缺少肥料。唐代孟郊《秋夕贫居述怀》诗中唱道："浅井不供饮，瘦田长废耕。"中国有一种书法，笔法体细而有力。这是宋徽宗赵佶创造的字体叫"瘦金体"。这种书法的特点是，笔画瘦直而挺拔，收笔带钩、带点等，潇洒而有风韵。

这个"瘦"，现在归于"疒"部。

10. 发胖，胖乎乎，心宽体胖——释"胖"

胖　　胖

楷书　　小篆

"胖"字到了秦代才出现。请看上方篆文字所示：这个小篆"胖"，它的左半边是个"月"，即从月（肉），右半边是个"半"，从半，半亦兼表声。"胖"是个左右结构的合体会意兼形声字。隶变后楷书写作"胖"。

"胖"是"半"的加旁分化字。古代的"半"字是由"八"和"牛"字的简省字组合成的。八的两笔向外分开，是分意。分什么？就是分牛，就是把牛分为两半。而"胖"字，是由"月（肉）、半"组合而成，也就是半边牛肉，也可以是其他半边牲畜肉。其本义就是指古代祭祀用的半边牲畜肉。

《说文解字·半部》对"胖"的解释是："胖，半体肉也。一曰广肉。从半，从肉，半亦声。"本义为古代人祭祀时用的半边牲肉。《仪礼·少劳馈食礼》中写道："司马升羊右胖。""右胖"指的是右半边羊肉。作为人的体态之"胖"是假借，常见的是《礼记·大学》中有"心广体胖"一语。吴敬梓《儒林外史》第一回中也写有："那个穿宝蓝直裰的是个胖子。"《水浒全传》第六回中说："当中坐着一个胖和尚。"鲁迅先生的《彷徨·祝福》中说："母亲也胖，儿子也胖。"

"胖"，人体发胖，脂肪多、肉多，跟瘦相对、相反，如发胖，肥胖，心广体胖（pán）。还有胖墩墩，是状态词，形容人矮胖而结实。胖墩，称矮而胖的人，多指儿童。胖子，即肥胖的人。还有胖头鱼、胖大海等名词。

这个"胖"，归于"月（肉）"部。

11. 日月争辉——释"明"

明	明	明	明
楷书	甲骨文	金文	小篆

《荀子·天论》里说："在天者莫明于日月。"这话是说，在天上没有比太阳和月亮更明亮的了。我们先祖在造"明"字时，正是这样构想的。请看上方图形古文字所示："明"在甲骨文里有多种构形和写法，

有的左日右月，也有的左月右日，还有的把"日"变为"窗户"形，成为左"窗"右月，是月亮的光照在窗上，即表示光明、明亮之义。金文"明"字，用弧线画成日月组成的"明"字。这些"明"字都是典型的会意字。小篆"明"字，其左边也是窗棂之形，右边是个月形，大致与金文相同。到了楷书"明"字，又还原到甲骨文的日月"明"字。这个日月"明"，从古到今，其字形和字义基本没变，而且字形清楚易记，书写简便，符合汉字删繁就简的发展规律。

"明"的本义是明亮、光明。日升月落，日落月升，早晚轮替。白天光明来自太阳，夜晚的光明来自月亮。这对古代没有烛与电的先祖们来说，日月就是他们的照明工具和光的来源。难怪古代典籍中说："悬象著名，莫大乎日月。"其意思是说：世上人间万物，没有什么能比日月更重要的了。在农历每月十五前后的傍晚，人们可以看到东方天际玉盘似的月亮升起，西方天际一轮红日徐徐下沉；到了农历月末几天的早上，又是另外一番景象，东方天际是一轮旭日喷薄而出，西方天际一弯缺月缓缓下落。此二时间，《周易·系辞》中有这样的天象记载："日往则月来，月往则日来，日月相推而明生焉。"这大概就是先人观察天象得出来的结论。

传说，秦始皇有一面镜子，能照见人心的善恶。后人用"明镜高悬"比喻官员纪律严明、办事公道或法官办案公正。《商君书·君臣》里称："明王之治天下也，缘法而治，按功而赏。"光明、明亮是"明"的本义。唐代张九龄的《望月怀远》诗中有"海上生明月，天涯共此时"名句。诗人王维的《山居秋暝》中云："明月松间照，清泉石上流。"此两首诗中的"明"都解释为月光明亮。窗户、桌椅擦洗得干净明亮，可称为"窗明几净"。由"明"组成的成语很多，如"明察秋毫"，是指人的目光敏锐，对事物细枝末节都能看得清清楚楚。"明枪暗箭"和"明争暗斗"都是指公开的、隐蔽的钩心斗角的斗争。还有"明来暗往""明目张胆"等。

"明"与"亮"是由人的视觉感知的，因此又引申指视力之义。如

"耳聪目明"，指的是听力、视力都很好。若将"聪"与"明"连起来成为"聪明"一词，那是指人的头脑反应敏锐、领悟力强。一个人聪明过了头而"自作聪明"那就不好了。人要有"自知之明"，使用人更要有"知人之明"，看问题要有"先见之明"，具有这样的品德和能力，可以称得上"明智"。那么"明智"的人当了领导，就能成为"贤明"的领导。有人说，"明"是有哲学意味的汉字，拥有太多的内容，只是人们缺乏把它研究明白的毅力，多了一些"明天复明天，明天何其多"的托词与无奈。

"明"，也是个朝代名。朱元璋推翻元朝统治，建都南京，定国号为明。这里有一个"明"字拆字法故事：在一个月明星稀的夜晚，光绪帝与珍妃在御花园里漫步。光绪帝给珍妃出了一句上联："二人土上坐。"珍妃机智地答道："一月日边明。"珍妃将自己比作月亮，表示是光绪太阳光芒照亮自己，很切合君臣之礼，故博得光绪帝的厚爱。这个"明"，又用作姓。

这个明，如今归入"日"部。

12. 昏暗，黑暗，柳暗花明——释"暗"

暗　暕

楷书　　小篆

"暗"，是个形声字。请看上方古文字所示：小篆"暗"字的构形，其左半边是个"日"，它的右半边是"音"。暗是个从日，音声的合体形声字。经过隶变后楷书写作"暗"。还有个异体字"闇"，改为从门，音声；又有这个"黯"，改为从黑，音声。现如今汉字规范化，以暗为正体。

《说文解字·日部》对暗的解释说："暗，日无光也。从日，音声。"本义为不明亮，光线不足，"日无光也"。《玉篇·日部》说："暗，不明也。"

《论衡·说日》说："日中光明，故小；其出入时光暗，故大。"汉代郑玄曾说过："闇，日月食也。暗者正字，闇者假借字也。"依照郑玄的说法，"暗"字的本义是日食时太阳一点光也没有了，以所"暗无天日"就是形容黑暗到了极点。真可谓"立在日旁、且又立在日上而无光"了。《世说新语·言语》中说："简文（简文帝）在暗室中坐，召宣武。"黑屋子，无人处叫暗室。现在暗室指有遮光设备的房间。

幽深之处光线不足、不明亮，也称之为暗。《广雅·释诂三》中称："暗，深也。"春天绿柳成荫也称为暗。明与暗相对。宋代欧阳修《送胡学士诗》云："都门春渐动，柳色绿将暗。"宋代陆游《游山西村》诗中写的又是一番景象，诗云："山重水复疑无路，柳暗花明又一村。"

清幽秀丽而幽静，似乎也有暗的感觉。"暗香"，是一种清幽的香气。宋代诗人林逋《山园小梅》诗吟道："疏影横斜水清浅，暗香浮动月黄昏。"诗人将月下梅花的优雅、暗香的韵味描写得十分动人。宋代辛弃疾《念奴娇·赋梅花》说："疏影横斜，暗香浮动，把断春消息。"宋代女词人李清照的《醉花阴》也吟诵道："东篱把酒黄昏后，有暗香盈袖。"我们知道，"暗香"，通常指梅花。李清照的《醉花阴·重阳》词中的"暗香"肯定写的是菊花。菊花经霜不落，傲霜而开，风骨与梅花相似，暗示词人高洁的胸襟和脱俗的情趣。也表明诗词人赏花的心境不同，对花的感受各异，这也是正常的。

由昏暗，又引申出隐秘的"明争暗斗"，也就是明里暗里都在相互争斗。冯玉祥《我的生活》第二十二章中写道："于是两方明争暗斗，各不相让，一天厉害一天，闹成所谓'府院之争'。"也作"暗斗明争"。李六如《六十年的变迁》第七章里称："南方的桂、滇、黔等小军阀，暗斗明争，弄得全中国民不聊生。"还有个"明枪暗箭"，比喻公开的攻击和暗中的伤害。鲁迅先生《三闲集·通信》说："现在正有许多正人君子和革命文学家，用明枪暗箭，在办我革命及不革命之罪。"有个成语叫"明来暗往"，说的是公开或背地里的交往，形容关系密切，往来频繁，含有不光明正大的意思。如冯志《敌后武工队》二十二章中写道："刘魁胜自从给哈叭狗运动了一个警察所长之后，和二姑娘的明来暗往更是理直气壮。"

"暗"，又有隐秘、不公开的意思。如"明修栈道，暗度陈仓"，说的是楚汉相争时，刘邦攻下咸阳，推翻秦王朝后，项羽依恃力量强大，自立西楚霸王，划巴、蜀汉中四十一县归刘邦，并封他为汉王。刘邦听从张良计谋，在去南郑途中，烧毁路经所有栈道，表明不打算再返回汉中，以消除项羽的疑忌。不久，刘邦便带兵绕道奔袭陈仓，打败了章邯，又回到了咸阳。后来这一事件被演绎为"明修栈道，暗度陈仓"，并用以指称从正面迷惑敌人而从侧面突然袭击的战略。成语还有"暗送秋波""暗中摸索"等。

这个"暗"，如今归于"日"部。

13. 善良，慈善，惩恶扬善——释"善"

善　　　　楷书　　　金文　　　小篆

在中国宋代大儒根据孟子性善论编写的一本启蒙读物《三字经》中，开篇第一句话就是"人之初，性本善"。这话说得是多么好呀！人初生下来本性都是纯洁的、善良的、美好的。"善"的意义与"恶"相对。

这个"善"字在甲骨文里尚未出现。现在发现最早的要算是周代中期青铜器"克簋"中的金文"善"字了（"克簋"即古代盛食物的圆口两耳的食具）。这个"善"，是个会意字。请看上方"克簋"中这个金文"善"的构形。你瞧，这个金文"善"的上方是个"羊"，而且这只羊的颈部还系着一个绳套呢，其下方是两个并列的"言"，言是讲话，互相说吉利话不止，会连连夸赞羊的美德和羊肉鲜美之意，是个合体会意字。周代晚期"毛公鼎"中也有一个金文"善"，羊脖子上的绳套取消了。"羊"既是吉祥动物，又是知善恶、知礼仪而为人们所喜爱的动物。刚生下的小羊，站立起来后，就跪在母腹下求口奶吃。《考工记》注中有："羊，善也。"由此可见，先人早就从羊身上发现了善的本性。

小篆"善"的形体与金文相同。汉隶以后的"善"下方的两个"言"的形体起了很大的讹变，变得走了形，省略得走了样，于是楷书继承了这种讹变的形体，发展成今天的"善"字。

《说文解字》对善的解释是："善，吉也。从誩，从羊。""善"从"羊"，有"吉祥"之义。从"吉祥"的"祥"看，从文字创造的先后顺序讲，"羊"字出现在先、在前，是"古字"；"祥"字为后造字，称为今字。羊、祥原本在表示"吉祥"时可相通互换，在篆刻中，"吉祥"也可以刻为"吉羊"。后世为了表义明确，就给"羊"字左半边加了个"示"旁，造出了这个"祥"字，专用以表示"吉祥"之意。

"善"的本义即为心地和善、善良、慈善，品行高尚，与"恶"相对。例如：态度和善，和善待人，温和而善良叫"和善"；心地纯洁，没有恶意叫"善良"；好心肠、没坏心叫"善心"；友好地对待，叫"善待"。现如今人们常说"献爱心"也就是"做善事""有善举"，而且总与"慈"联系在一起，此曰"慈善"之事。与他国邦交亲近、和睦、友好叫"亲善"。古代书籍在学术或艺术价值上比一般本子优异的刻本或写本，叫作"善本"。

由"善"组成的成语也不少。诸如"善气迎人"，此语出自《管子·心术下》："善气迎人，亲如兄弟。"意谓，以和善的气色、和蔼可亲的态度待人，相亲如同兄弟。成语"善善恶恶"，语出《史记·太史公自序》中："善善恶恶，贤贤贱不肖。"这个成语意谓：称赞好的，憎恶坏的，爱憎分明。成语"善男信女"是佛教用语，指信仰佛教的人们。"善始善终"这个成语，意谓：事情从开头直到结束都做得很好。由"善"组成的成语还有："善文能武""善有善报，恶有恶报"等。

"善"又用作地名。如：浙江省内就有个"嘉善县"。北京地区以

"善"称地名的就更多了。如"崇善里""良善庄""魏善庄",还有"和善胡同"等。"善",又用作姓。

"这个善",现在归入"羊"或"口"部。

14. 罪过，罪恶，穷凶极恶——释"恶"

恶　愸　惡

楷书　　小篆　　繁体楷书

这个"恶"字出现得较晚，在甲骨文、金文里尚未露面，在篆文中才有"恶"字。请看上方小篆"恶"字的构形。其"恶"上部是"亚"，其下部是"心"。是个从心，亚声的叠体形声字。隶变后楷书写作"惡"。汉字实行简化字后写作"恶"。

《说文解字·心部》对"恶"是这样解说的："恶，过也。从心，亚声。"

从许慎对"恶"的解释，可以说"恶"的本义为罪过、罪恶，是很坏的行为。不善就是恶。善恶之别在于人心。恶人不善，对人心狠手辣，最后走上犯罪道路。我们看法院布告上说"该犯品质恶劣"。这里的"恶"与"劣"都是指不好、极坏的意思。布告中又写罪犯"穷凶极恶"，这是说罪犯极端凶残恶毒。还有个成语叫"恶贯满盈"，说的是他做恶事、坏事太多，成串成堆。在医学领域内有一种疾病叫"肿瘤"。肿瘤又分"良性肿瘤"与"恶性肿瘤"，恶与良相对。以"恶"组成的成语还有："恶积祸盈""恶言恶语""恶有恶报""惩恶劝善""除恶务尽"等。

"恶"与"善"相对。恶属于坏，坏是不好的、是劣等的，因此就有了"恶劣"一词。"恶人"干坏事，心狠手辣，凶相毕露。由此"凶"与"恶"组成了"凶恶"一词。由"恶"组成词可不少，如"恶棍"，是凶恶的无赖，欺压群众的坏人。"恶斗"，凶猛激烈的斗争，两方恶斗了一场。"恶果"，坏的结局，坏的下场，自食恶果。

这个"恶"，又有不舒服、要呕吐的感觉。这种不舒服，这种感觉人们称之为"恶（ě）心"。吐出之物，人若看到使人"恶心"。坏人坏事，人人讨厌，因此就有了"厌恶（wù）"感；坏人干坏事，令人憎恨，让人"深恶痛绝"。这里的"恶"只能读作wù。

这个"恶"，字如今归于"心"部。

第十四篇

汉字与政事

1. 君主，国君，暴君——释 "君"

君	𝕝	君	君
楷书	甲骨文	金文	小篆

这个 "君" 字，从甲骨文、金文、小篆乃至楷书，其字形一致，都是上下结构的会意字。请看上方古文字所示。你瞧，甲骨文 "君" 字，其字的上部是个 "尹" 字。你仔细看，像手拿着一支笔，又像手上握着指挥棒。在古代，能识书写字的人，都是文职官员：能手握指挥棒者，多是武职将帅，或者是国家君王，都是象征权力，会治理之意；其下部从 "口"，表示君王治理政事发布命令都要用口，通过 "口" 发号施令。所以 "君" 从尹、从口会意。表示至尊的君主。金文 "君" 的形体较甲骨文稍有变化，就是指挥棒和手臂向下伸长了些，将 "口" 字放在下面了。小篆 "君" 字由金文演变而来，且整齐化、线条化了。隶变后，楷书写作 "君"。

"尹" 与 "君" 这两个字在古代都是官名。它们不同之处在于这个 "君" 多了一张嘴，即一个 "口" 字。可以这样说，"君" 不仅仅是手握权力之杖而赋予治理之义，而且有可以用于发号施令的一个 "口"。《说文解字·口部》对 "君" 字解释说："君，尊也。从尹，发号，故从口。" 这话的意思是：君，尊贵者也。从尹，表示治理之意；发号施令，所以从口。《仪礼·丧服》中将 "君" 解释为 "君，至尊也。" 句中的 "尊" 是 "君" 字的引申义。可见，君的本义由发号施令者升格为君主、君王、帝王了。《荀子·非相》中也说："彼后王者，天下之君也。" 其意思是说，后代的帝王是天下的君主。除此之外，还有国君、暴君。"君"，由君主又引申指封建制度下的一种封号。诸如，战国时的商鞅称商君，白起称武安君。此外，齐有孟尝君，赵有平原君，楚有春申君，魏有信陵君。

《甲金篆隶大字典》中的"君"字

"君"，也用于对人的尊称。相当于"您"。如古乐府《孔雀东南飞》中就有："十七为君妇。"杜甫《江南逢李龟年》中也有："正是江南好风景，落花时节又逢君。"这两处话中的"君"，都说的是"您"意。《三国志·魏书·武帝纪》写道："能安之者，其在君乎！"句中的"君"就是"您"意。整句话的大意是：能安定国家的，大概就是您（曹操）了！

"君"，又用作对人的尊称。称高尚的人为"君子"。如："君子之交淡如水，小人之交甘若醴"；又有"以小人之心度君子之腹"。这两句古语中的"君子"，都是敬重地称道德品质高尚的人，也同时表示对品质低劣的"小人"的不屑。口头上承诺的协定，称之为"君子协议"。现如今，我们对人的尊称仍还使用。如：张君，王君，李君，等等。"君"，又用作姓。

这个"君"，现在归入"口"部。

2. 君臣，使臣，总理大臣——释"臣"

臣	𦣠	𦣠	臣
楷书	甲骨文	金文	小篆

这个"臣"，从字形结构看是一个象形字。请看上方古文字所示：

甲骨文"臣"字像一只竖着的眼睛。人低头侧面看人、看物，人的眼睛才是竖着的。而且这只眼睛"有眼无珠"。这是何故？原来这是一只被刺破了眼珠而强迫其为奴隶的瞎眼睛。在古代，奴隶被用作祭祀的牺牲品，也是终身受欺凌、受压迫的奴隶。把他们的一只眼刺瞎了，作为奴隶身份的标记。他们被刺伤了的瞎眼睛有眼无珠。奴隶是不能抬头正面看主人的，都要低头侧着看人。所以呈现出竖着的眼睛。郭沫若先生在《甲骨文研究》一书中写道：甲骨文的臣字"像一竖目之形，人首俯则目竖。"这就是"臣"字的造字来意。

"臣"，在甲骨文中多是有眼无珠的。发展到金文阶段后，有一些"臣"字添上了眼珠子。但，好景不长，到了周代的中晚期的青铜器的铭文中，"臣"字又回到了甲骨文的模样，又成了"有眼无珠"的模样。如此这样一路发展下去，就形成了后来小篆"臣"，乃到了后来的隶书"臣"、楷书"臣"，全都成为"有眼无珠"的"臣"字了。

"臣"的本义为战俘、奴隶。如孔颖达在注解《礼记·少仪》时写道："臣，谓征发新获民虏也。"这话意谓：在征战中，捉来的俘虏叫"臣"。《吴越春秋·勾践入臣外传》里也写道："越王勾践与大夫种、范蠡入臣于吴。"这话意思是说：吴国打败了越国，越国的国君勾践和大夫文种、范蠡一起到吴国充当俘虏。这里的"臣"用的就是本义，当"俘虏"讲。

古代的战争，抓到的俘虏一般都用来充当奴隶，而且让他们从事繁重的劳动和下贱的工作。因此，这个"臣"的意义很自然地由"俘虏"引申为"奴隶"。汉代的孔安国在《尚书·孔氏传》中指出："役人贱者，男曰臣，女曰妾。"这话说的意思是：供人役使的仆从和地位卑贱的奴隶，男的奴隶称为"臣"，女的奴隶叫"妾"。

封建社会等级严格，君主是至高无上的统治者。从这个角度讲，不管你的官位有多高，权力有多大，对于君王来说，都是要侍奉君王、为君王办事的，都好像是君王的奴隶。因此，"臣"又引申指君主专制制度下的各级官吏和大臣。诸如诸葛亮的《出师表》中就说："臣本布衣。"

这话中的"臣"，是诸葛亮给刘禅上书的谦称。此外，还有大臣、使臣，又有忠臣、奸臣、总理大臣、财政大臣等词。然而，这个充满封建色彩的"臣"字，现如今已根本不再使用，只在阅读古籍、研究历史过程中才能接触到它。这个"臣"，又用作姓。

这个"臣"，现如今仍设有"臣"部。

3. 宰相，首相，相识相爱——释"相"

相	相	相	相
楷书	甲骨文	金文	小篆

这个"相"是个左右结构的合体会意字。请看上方图形古文字所示。甲骨文"相"的构形，它的左边是树木的"木"字，右边是人眼睛的"目"字，二形合起来表示先民们用眼睛察看树木。金文"相"的形体与甲骨文"相"的形体基本相同，只是笔画变粗、眼睛的"目"向下斜了点。小篆"相"的字形与甲骨文形体相类似，且线条化整齐化了。楷书的写法，其结构同于小篆，写作"相"。

《说文解字》称："相，省视也。从目，从木。""相"的本义是"观察""察看"或"仔细看"，用作动词。《诗经·鄘风·相鼠》中写道："相鼠有皮，人而无仪。"句中的"相"即为"察看"之意，整句话意谓，察看那老鼠还有皮，可是人却没威仪。有个成语"相机行事"，其中的"相"字就是"观察，察看"的意思。这个成语意思是说：观察事情的发展变化，灵活地处理事情。

《史记·淮阴侯列传》中说："相君之面，不过封侯。"句中的"相"就是"看""察看"的意思，此话意谓观看你的面部，将来最多只能封个侯。《荀子·非相》里也说："长短、大小、善恶形相，非吉凶也。"句中的"相"指的是"容貌"，整句话意谓：人的高矮、大小、容貌的美丑，并不是吉凶的标志。又说："形象虽恶而心术善，无害为君子也。"句中的"相"，是"相貌"的意思，此话意思是说，一个人的形体相貌虽然有丑恶，但心肠好，这对于他作为君子是没有妨碍的。

"相"，又引申为辅佐、帮助。《论语·季氏》："今由与求也，相夫子。"句中的"相"有"辅佐、帮助"之意。说的是，现在仲由和冉求二人辅佐季康子。"相"又引申指辅佐君主的人，此类人就可以称"相"。如《论语·宪问》："管仲相桓公。"语中的"相"是"辅佐"的意思，整句话意谓，管仲辅佐齐桓公。由"辅佐"又引申为辅助国君，此类人为"相"，即"宰相"，成为掌握国事的最高官员。《吕氏春秋·举难》写道："相也者，百官之长也。"这话说的是：宰相是百官首。

"相"，作为副词应该读作 xiāng，最常见的用法表示"互相""相互。"如《史记·陈涉世家》载："苟富贵，勿相忘。"句中的"相"是"彼此、互相"的意思。整句话意为，如果将来富贵了，不要彼此忘记呀。《礼记·学记》中说："故曰教学相长也。"句中"相"为"互相"意，此话谓，教与学是互相促进的。现如相互了解、相依为命、相亲相爱、相知、相思，这几个"相"解释为"相互"。唐代王维有一首《相思》诗吟道："红豆生南国，春来发几枝。愿君多采撷，此物最相思。"

"相"为副词又可释为"共同""一齐"。《孟子·离娄下》载："（其妻）与其妾讪其良人，而相泣于中庭。""相"是"一齐，共同"意，此话是说：她和那妾骂她们的丈夫，一同在堂屋里哭泣着。

"相"又可释为"相继"。《史记·魏其武安侯列传》载："父子相传，此汉之约也。"句中"相"释"递相"，这话意为：父子递相传位，这是汉代的约法。

作为副词的"相"，还有特殊称代，那就是第一、第三人称。称代第一人称的"相"可释为"我"，如传世的曹植的《七步诗》说："煮豆燃豆萁，豆在釜中泣。本是同根生，相煎何太急。"句中的"相煎"，等于说"煎我"。张溥《五人墓碑记》中说："吴之民方痛心焉，于是乘其厉声以呵，则噪而相逐。"句中的"相逐"即释为"追赶他"。"他"为第三人称。"相"，又用作姓。

这个"相"，如今归于"木（或目）"部。

4. 侯门，侯爵，万户侯——释"侯"

侯　夋　厉　庼

楷书　　甲骨文　　金文　　小篆

"侯"，象形字。请看上方古文字所示：甲骨文"侯"的形体，其上面就像半包围着的箭靶之形，下部的"矢"像一支箭，二者组合起来，表示箭射靶子。金文"侯"的形体基本同于甲骨文的形体。小篆"侯"的形体反而变复杂了，在上部增添了一个面朝左跪着的人，表示"射侯"与人有关。楷书怎么写？经隶变后将上部的人移到了左边，成了单人旁，楷书成为左右结构的"侯"了。

"侯"的本义在古代指箭靶。用作名词。古时候，弓箭是最重要的狩猎武器之一，练好箭术非常重要。《国风·齐风·猗嗟》说："终日射侯，不出正兮。"句中的"侯"，指的就是"靶子"，句中的"正"，指靶心。此话意谓，终日认真练习射靶子，每箭都射在箭靶中心。

古有"射侯"之礼，凡是能射中"侯"的就是了不起的、有本事的男子。相传上古天子以大射封侯，于是就产生了有本事的人可以封"侯"。后来就成了官职爵位的等级。毛泽东同志《沁园春·长沙》词云："指点江山，激扬文字，粪土当年万户侯。"句中的这个"侯"字，是个"显赫"的字眼。它的本义就是指古代封建制度五等爵位的第二等。如《礼记·王制》写的："王者之制禄爵，公、侯、伯、子、男凡五等。"这话说的意思是，天子制定的俸禄爵位，共设为公、侯、伯、子、男五等。

随着社会的发展，作为二等爵位的"侯"，字义也有所扩大，且被引申为对国君的尊称。如郑玄所说："侯，君也。"自唐代起，"侯"又泛指达官贵人和士大夫，他们之间也可称"侯"称"君"，如杜甫说的"李侯有佳句"，也就是李白有好诗之意。又如《红楼梦》里说的"侯门公府"，指的是显贵之家，绝无封侯之意。还有一词叫作"侯门"，指显贵之家。崔郊《赠去婢》诗云："侯门一入深如海，从此萧郎是路人。"有个成语叫"侯门似海"，是形容王公贵族的门庭深广，禁卫森严。成语"侯服玉食"，是形容穿王公贵族服装，吃珍贵精美的食品，形容生活极其奢侈、豪华。还有个"万户侯"，说的是汉代侯爵的最高一级，享有万户农民的赋税。后来泛指高官贵爵。

"侯"，作疑问代词时，相当于"为什么""何"。《吕氏春秋》中有："向者右宰谷臣之觞吾子也甚欢，今侯渫过而弗辞？"句中的"侯"是"为什么"之意，整句话意谓，先前右宰相谷臣宴请您，感情很欢洽，现在为什么重新路过卫国却不去告别？

"侯"可作形容词，美丽。《诗经·郑风·羔裘》："羔裘如濡，洵直且侯。"句中的"侯"当"华美""美丽"讲。

"侯"，又用作姓。侯姓的名人有：隋代著名幽默家侯白；东汉著名文学家侯瑾，著有《矫世论》讽刺当时的丑恶现实，还著有《皇德论》，记述了当朝史事，时人敬称他为"侯君"。《史记·魏公子列传》载：

孔子观射侯（选自左民安《细说汉字》）

"魏有隐士曰侯嬴。"侯芝，清代著名文学家。她才华横溢。她的词多流传于世，其中以《再生缘》最为著名。

请注意，福建省有个"闽侯县"。这个县名中的"侯"字应读作 hòu（后），不能读作 hóu（侯）。同时还要注意"侯"与"候"的书写之别。

这个"侯"，可作偏旁，侯归入"亻"部。

5. 子爵，侯爵，加官晋爵——释"爵"

这个侯爵的"爵"字，在甲骨文和金文里都是象形字。请看上方图形古文字所示：甲骨文"爵"字的形体，像古代饮酒用的酒器之形。你瞧，其上有柱，他的左边有个缺口，是将酒倒出的流口，酒器的右侧有个鋬耳，可供手拿着倒酒之用。其下部有脚，起支撑作用，可用火温酒。中间部分为腹，是盛酒的地方。但其腹上还平添了一个形义至今不明的"口"。金文的"爵"字，其中有一款是象形字，其模样像酒器形状。它的右边增加了一只手，象手持酒器之形。"爵"字发展到秦篆时，将"爵"字的形体来了个大改造，爵的原形很难看得出来了。上面的"柱"依然如旧，但"流"起了大的变化，且在"流"的下面添加了个"鬯"，表明古代祭神用的香酒，又在其右边增添了一个"又（手）"字，表示手持爵倒酒之意。整个字的形体笔画比金文繁化了许多。"爵"字发展到汉隶时，其形再次发生大的改变，且从小篆的线条化变为笔画化，于是在隶书的基础上，经楷化后成为今天的"爵"字。

可以说这个"爵"是最早的饮酒器。它的功用相当于现代的酒杯。爵在青铜器中是最早出现的，数量也最多，盛行于商代和西周的早期。

夏代晚期的"爵"，有的尚带有陶爵的特征，多是扁体的。"爵"在金文中作雀状。其既像饮酒器的爵，又似鸟雀。《说文解字·隹部》说："雀，依人小鸟也。从小，隹。读与爵同。"其意说的是：雀，依人而宿的小鸟。由小、隹会意。读音与"爵"字同。《孟子·离娄上》里说："为渊驱鱼，为丛驱爵。"这个"爵"字若理解为酒器那就错了。其实，这个"爵"是"雀"的通假字，是当雀用的。

《说文解字》又称："爵，礼器也。象爵之形。"如《左传·庄公二十一年》里说："虢公请器，王与之爵。"其意思是说：虢国国君请求周王赐给一件礼器，王给了他一件酒器。又由"酒器引申为酒"。如《周易·中孚》里说："我有好爵，吾与尔靡之。"其意为：我有美酒，我与你一起喝干。《诗经·邶风·简兮》里也说："赫如渥赭，公言锡爵。"这里说的意思是：舞师容颜色如丹，公爷赏他一杯酒。"爵"又做量词，酒的计量单位。曹植《箜篌引》里说："乐饮过三爵，缓带倾庶羞。"《辽史》中说："皇帝皇后各举酒二爵，肉二器，再奠。"

"爵"在古代有很高地位的人才能使用，故此又用以表示"爵位"。《尚书·武成》称："列爵惟五，分土惟三。"《韩非子·五蠹》称："官爵可买，则商工不卑也矣。"戴圣《礼记·王制》中有："王者之制禄爵，公、侯、伯、子、男凡五等。""爵"用于动词指授爵。《韩非子·定法》说："官爵之迁与斩首之功相称也。"意为：官位的提升是与杀敌功劳相称的。"爵"，又用作姓。

这个"爵"，归入"爪"部。

方爵（选自《安阳》河南人民出版社2006年版）

6. 官吏，无品小吏——释"吏"

吏　　　　　　　　　　

这个"吏"字，本为会意字。吏与史同源。请看上方古文字所示：甲骨文"吏"的构形，其左下方是一只左手，上方则是一把长柄叉子之形，其叉齿之下的"口"状是装饰物。在古代，人们狩猎是常事，故以此会"手持猎叉去打猎"之意。金文"吏"的形体，下部换为右手，上部变为三股叉，其打猎之义仍在。小篆"吏"线条化整齐化了。隶变后楷书写作"吏"。

其实，从小篆开始，这个"吏"分化为三个字。即"篆"吏、"篆"史、"篆"事。其"篆"史，省去了上部的一横为"史"；其"篆"事，将中间的一竖向下拉长，即为"事"。吏、史、事三字由同一来源分化出来，文字学将其称为"同出字"。

《说文解字》称："吏，治人者也。"说明"吏"是管理人的。

上古时期，先民狩猎时多为集体行动，"吏"正是这一集体的领头人。古代"吏"一直是官员的通称。先秦时既可以指高级官员，也可以指低级官员。用作名词。《国语·周语》载："百吏庶民。"韦昭注："百吏，百官也。"《孟子·万章上》说："天子使吏治其国而纳其贡税焉。"句中的"吏"即为"官员"，这句话是说：天子派官吏来治理他的国家，收取贡税。《左传·成公二年》："王使委于三吏。"这里的"三吏"即"三公"，指司徒、司马、司空，为地位很高的官员。这话是说：周天子把接待的事情委任给了三公。《聊斋志异·促织》说："加以官贪吏虐，民日贴妇卖儿，更无休止。"句中的"吏"即为"官员"。其意是说：贪官污吏肆虐，百姓卖儿卖女，更是没完没了。

汉代以后"吏"又特指官府中的小官员或吏卒差役。如，汉乐府《陌上桑》中罗敷夸赞夫婿说："十五府小吏，二十朝大夫。"句中的"吏"，指的是府衙中的小官。杜甫《石壕吏》中说："莫投石壕村，有吏夜捉人。"句中的"吏"也是个"官"，只是个"差官"。此话说的意思是：傍晚时分我投宿在石壕村，有差官夜里来抓壮丁。还有：刀笔吏，狱吏，等等。"吏"，又用作姓。

这个"吏"，归入"一"部。

7. 公民，农民，民为邦本——释"民"

民　甲　甲　民

楷书　　甲骨文　　金文　　小篆

毛泽东同志的《杂言诗·八连颂》云："全军民，要自立。"此中的"民"，说的是老百姓。这个"民"是合体象形字。请看上方古文字所示：甲骨文"民"字的形体，由上下两部分组成：上面是一只眼睛的形象，下面是一把锥子模样的形象，两形相合，表示用锥子刺瞎眼睛。这表明，在奴隶制社会里，残暴的奴隶主用残酷的手段迫害奴隶。尤其对战俘，处罚方法多种多样，那些企图反抗者，往往会遭到杀害的命运，而能幸免的，也常常会被刺瞎一只眼睛，充作牛马不如的苦力。"民"字的构形，从一个侧面反映出奴隶社会的残暴。金文"民"字的形体，与甲骨文"民"的字形相同，只是将"眼睛"等都写得圆润且线条化了。小篆"民"字形体，其模样大变，且失去了原形，一点也看不出它原来的本义了。楷书"民"的写法，由小篆直接演变而来写作"民"。

"民"的本义是"奴隶"。用作名词。郭沫若老先生的《甲骨文字研究》一文中写道："周人初以敌囚为民时，乃盲其左目以为奴征。"此话说的意思是，周朝统治者把囚禁的战俘作为奴隶时，就将战俘的左眼刺瞎为奴隶记号。由"奴隶"又引申为"庶民、百姓"。《论语·泰伯》中有这样一句话："民可使由之，不可使知之。"句中的"民"作"百姓"讲，整句话的意思是说，老百姓可以让他们跟着行事，不能够只让他们知道空泛的道理。《孟子·尽心下》称："民为贵，社稷次之，君为轻。"句中的"民"说的也是"百姓"。整句话的意思告诉人们：老百姓最重要，国家其次，君主为轻。

由奴隶又引申为被统治的人，如《谷梁传·成公元年》称："古者有四民：有士民，有商民，有农民，有工民。"在上古，"人"与"民"是有区别的："人"指统治者，"民"指被统治者。只是到了后世，人与民就没有区别了。《诗经·大雅·假乐》载："宜民宜人，受禄于天。"句中的"民"说的是"百姓、人民"，整句话意谓：善于安定人民，善于使用贤臣，受到天赐的福禄。后来"人"与"民"就没有区别了，把"民"与"人"连在一起，成为双音词"人民"了。现有农民、牧民、渔民、侨民、灾民等词。

"民"，又引申为"乡间的""民间的"。形容词。如天子令使臣采诗采歌谣，以观民风，还有民俗、民歌、民谣、民间文学。又引申指非军事、非军人的，如民宅、民居、民校、民品、民用、民营、民航等。由"民"组成的成语也很多，如"国以民为本，民以食为天。"说的是：国家以人民为根本，民众以食物为头等大事。"民为邦本，本固邦宁"意谓：人民是国家的根本，根本稳固了国家就安宁。"民胞物与"说的是：天下民众都是同胞，世间万物都是同类。表示仁爱之至，关心和同情人民，爱惜万物。又有"民安国泰""民生在勤　勤则不匮"等。民，又用作姓。

这个"民"，归入"一"部。

8. 政府，官府，总统府——释"府"

府   𤰔   府

        楷书   金文   小篆

　　这个"府"是会意兼形声字。请看上方图形古文字所示：金文"府"字的形体，上部是"广"，"广"也就是简易房子；下面是"贝"，"贝"指钱财；"屋子"里还有一个"付"字，"付交"；三形相合是从广、从贝，能储藏财物的地方之义，付也兼表声，是个会意兼形声字。小篆"府"字省去了"贝"，且整齐化。隶变后楷书写作"府"。

　　《说文解字·广部》称："府，文书藏也。从广，付声。"本义为古代官府储藏财物或文书的地方。

　　"府"的本义为官方储藏财物或文书的地方，府库，用作名词。《商君书·去强》文中写道："仓府两虚，国弱……金粟两生，仓府两实，国强。"句中的两个"府"字都是指的"府库"。这话意为，粮仓金库全都空虚了，国家也就削弱了。那么，粮仓金库全都充实，国家也就强盛。《左传·僖公五年》载："勋在王室，藏于盟府。"这话意为，对于王室有大功，受封的典册还藏在盟府里面。《战国策·燕策一》："民虽不由田作，枣栗之实足食于民矣，此所天府也。"句中的"府"意谓"府库"。此话是说：老百姓即使不从事田地的劳作，枣栗的果实也足够百姓们的食用，这就是人们所说的天然的府库。

　　"府"指官府，官署。《管子·权修》载："府不积货，藏于民也。"句中的"府"指"官府"。此话意谓：官府不应积累大量的财货，而要把财富藏于民间。诸葛亮《出师表》中说："宫中府中，俱为一体。"句中的"府"说的是"官府"，此整句话是说：宫中的士臣和丞相府里的官，都是一个整体。

"府"由"官署"又引申指旧时行政区划名称，"州府""郡府"。《新唐书·地理志一》中说："京兆府京兆郡本雍州，开元元年为府。"此话意谓，京兆府、京兆郡原来是雍州，开元元年改作府。王勃《滕王阁序》说："豫章故郡，洪都新府。"还有个"孔府"。唐代诗人韦应物在《答崔都水》诗中吟道："久嫌官府劳，初喜罢秩闲。"诗意谓：我很早就感觉到了官府的疲劳和辛苦，现在刚刚才尝到卸去官职、离开官署的清闲。"府"，还是古代社会中的一级行政区划，如开封府、应天府、顺天府、济南府等。今"府"主要指国家行政机关，如"政府""官府"等。对国家领导人办公或居住的地方也称为"府"，如"总统府""元帅府""总理府"。

　　"府"由"官署"引申指"达官贵人的住宅"。《红楼梦》第二回中称："街东是宁国府，街西是荣国府。"巴金《寒夜》中有："我内人活着的时候就说过要到府上去拜望大嫂。"

　　"府"通腑。《吕氏春秋》中有："凡人三百六十节，九窍、五藏、六府。"此意后作"腑"。

　　在古代，"府"与"库"有别，藏财物或书文的地方称"府"，藏兵车的地方称"库"。后来"府""库"同义，也就并成一词"府库"。"府"，又用作姓。

　　这个"府"字，现今归于"广"部。

9. 国徽，国旗，国歌，保家卫国——释"国"

楷书　　甲骨文　　金文　　小篆　　繁体楷书

　　毛泽东同志在《七律·吊罗荣桓同志》诗中写道："君今不幸离人世，国有疑难可问谁？"这个"国"是简体字，它的繁体写作"國"，是会意字。"国"与"或"同源。请看上方古文字所示：甲骨文"国"的形体，最初由两个字符组成：一个是"戈"，表示军队使用的武器；另一个字符是"口"，表示人的嘴巴，在字中代指人。可见在甲骨文中"或"与"国"同源，是不可分的。金文"国"将表示人口的"口"讹变成一个小圆圈，以此表示地域，并在圆圈四周加上四个短横，以此表示疆界。右边仍然是以"戈"卫国之意。随着古代国家发展壮大，到了小篆则在"或"的外部加了一个大方框口，表示国家的疆域国界。"国"字的本义是"邦"，邦也是国的意思。古时候诸侯将大国称邦，小国称国。如今，国不分大小都叫国。隶变后楷书繁体写作"國"，如今简化后写作"国"。国中有"玉"，成为新的会意字。以玉为国，玉为珍宝，又是美好事物的象征，国人像爱宝物一样珍爱自己的国家。

"国"，本义是国家。用作名词。《诗经·小雅·节南山》云："秉国之钧，四方是维。"诗中的"国"指的是"国家"，整句诗意谓，国家权柄手中握，天下太平你们维持。《孟子·梁惠王上》云："寡人之于国也，尽心焉耳矣。"句中的"国"说的是"国家"，此话意为，我对于国家，费尽心力了呀。王安石《答司马谏议书》说："人习于苟且非一日，士大夫多以不恤国事，同俗自媚于众为善。"句中的"国"说的是"国家"。《商君书·更法》云："便国不必法古。"句中的"国"指的也是"国家"，此话意谓，只要有利于国家，就不一定要效法上古的治国之道。《老子·十章》说："爱民治国，能无为乎？"句中的"国"说的是"国家"，此话是说，爱民治国能遵行自然无为的规律吗？

"国"，古代指周代的诸侯国及汉以后侯王的封地。《史记·高祖本纪》载："四月，兵罢戏下，诸侯各就国。"句中的"国"指"封地"，此话是说，四月，各路将领从项羽帐下解散，各自去自己的封地。

由"国家"又引申为"国都""京城"。名词。宋玉《对楚王问》载："国中属而和者数千人。"这里的"国"说的是"国都、都城"。整句话意谓，在都城中能跟着唱的人有好几千人。《孟子·离娄下》说："施从良人之所之，遍国中无与立谈者。"此中的"国"说的是"都城"。此话意为，她尾随丈夫到他所去的地方，走遍都城，没有一个人停下来与他交谈。

"国"，还可泛指"地域""区域"。《周礼·地官·掌节》载："山国用虎节，土国用人节，泽国用龙节。"句中的三个"国"字，均是"地域"的意思。唐朝诗人王维在《相思》诗中写道："红豆生南国，春来发几枝。"诗中的"国"就是指一个"地域"或一个"地方"。毛泽东的《沁园春·雪》吟道："北国风光，千里冰封，万里雪飘。"词中的"国"指的北方的"地域"。

"国"字表示国家，如"祖国""国内""外国"。也指"代表国家的"，如"国徽""国旗""国歌"。又可指我国特有的，如"国学""国术""国画"，都是国粹。又可指国内一流的，如"国手""国脚"。而杭州西子湖畔岳飞墓前的照壁上，"精忠报国"四个大字中的"国"字少了一个点，代指江山尚未收复，激励南宋君民抗敌救国。"国"，又用作姓，作姓时读 guī。

这个"国"，归入"囗"部。

10. 田租，田税，照章征税——释"税"

税　税

楷书　　小篆

这个"税"字，在甲骨文和金文中都没有找到，只在篆文中才有。"税"是个形声字。小篆"税"字的形体，是左禾、右兑的形声字。经过隶变之后，楷书写作"税"。

《说文解字·禾部》对"税"解释说："税，租也。从禾，兑声。"说的是按田亩征收谷物。

"税"的本义为收田租、田赋，也就是税收。如班固的《汉书》中就写有："有税有赋，税以足食，赋以足兵。"《老子·七十五章》载："民之饥，以其上食税之多，是以饥。"句中的"税"指的"田税"，这话说的意思是：老百姓的饥荒，是因为统治者侵吞赋税太多，所以造成民众的饥荒。《后汉书·左雄传》称："视民如寇仇，税之如豺虎。"

"税"又用作动词，指征税或交纳赋税。《韩非子·显学》载："夫吏之所税，耕者也。"《孟子·公孙丑上》载："耕者，助而不税，则天下之农皆悦而愿耕于其野矣。"此话意为，种田的人，只需助耕公田而不征地税，那么天下的农夫都高兴，而乐意在他的田野上耕种了。柳宗元《田家三首》之二中云："蚕丝尽输税，机杼空倚壁。"（诗句中的"尽"意谓全部。）这首诗的意思是：收完了蚕丝都用来交税，农家就将机杼空空地倚放在墙壁边。

"税"还有赠送、馈赠、以物赠人之义。《礼记·檀弓上》中这样写道："未仕者不敢税人，如税人则以父兄之命。"孔颖达疏："税人，谓以物遗人也。"

税（tuì，退），也指古时候追补丧服主礼。《礼记·檀弓上》称："小功不税。"郑玄注："日月已过，乃闻丧而服曰税。"

现如今"税"的基本义是指国家对征税对象照税率征收货币或实物。"税"，又用作姓。

这个"税"，归于"禾"部。

11. 服役，战役，戍边退役——释"役"

役　　仪　　役

"役"，会意字。请看上方古文字所示：甲骨文"役"的形体是左右结构，其左边是一个面朝左站立着的人，右边像手持"殳（古代兵器）"形。以此表示"役使"。小篆"役"的形体，其右边仍为"殳"，其左边人变成"彳"（道路），是"行"的一半，表示和行走有关系，二形合起来表示手持兵器赴役出行。

《说文解字·殳部》："役，戍边也。从殳，从彳。"此话意为：役，戍守边疆。由殳、由彳会意。

"役"，本义为从军服役，戍守边疆。用作动词。如《诗经·王风·君子于役》云："君子于役，不知其期。"诗中的"役"意为服役。诗意谓：丈夫服役去远方的边疆，期限长短难估量。《诗经·魏风·陟岵》中也写道："嗟！予季行役，夙夜无寐。"（季：小儿子。役：服役。寐：睡觉。）诗意谓：唉！我儿服役远在外，为娘日夜挂心上。《左传·襄公二十六年》写道："雍子发命于军曰……二人役，归一人。"句中"役"为服役。两个人去服役，就回来了一个人。现如：兵役，现役，退役。

"役"由"戍守边疆"引申指"士卒""士兵""戍边的人"。《国语·吴语》称："寡人帅不腆吴国之役，遵汶之上，不敢左右，唯好之故。"（"不腆"：不丰厚，不多。"役"：人，士兵。"遵"：沿着。）此话意谓：我这个人率领着不多的吴国士兵，沿着汶水北上，不敢让部下抢掠齐国百姓，只因为对齐国友好的缘故。

"役"由"服兵役"又引申指"战争""战役""战斗"。《三国志·诸葛亮传》中写道："街亭之役，咎由马谡。"句中的"役"指的是"战争"，也可作"战役"讲，整句话意谓，街亭战败，是马谡的罪过。《左传·昭公五年》中说："邲之役，楚无晋备，以败于鄢。"句中"役"说的是"战役"，此话意谓，在邲地那次战役中，楚国得胜了，楚国是在晋国没有防备的情况下，让晋国在鄢这个地方吃了败仗。"役"用法较广，现如

取自《甲金篆大字典》中的"役"字

平津战役、淮海战役、渡江战役等。

"役"还有个"服劳役"。名词。《三国志》载："兵久不辍，民困于役。"句中的"役"指的是"劳役"，这话意谓，战争长久不停，百姓被劳役困扰。王安石《河北民》载："州县仍催给河役。"此句中的"役"即指"劳役"。

"役"又引申指"门生""第子"。名词。《庄子·庚桑楚》载："老聃之役有庚桑楚者，偏得老聃之道。"句中的"役"为"弟子"意，这话说的意思是，老聃的弟子中有个叫庚桑楚的，独得老聃的真传。《论衡·福虚》载："儒家之徒董无心，墨家之役缠子，相见讲道。"句中的"徒"和"役"都是"门生""弟子"之义。

这个"役"，如今归于"彳"部。

12. 刑法，徒刑，缓刑——释"刑"

刑　　拼　　刜　　刜

| 楷书 | 甲骨文 | 金文 | 小篆 |

"刑"，是个会意字，本义为刑罚。古人将这个"刑"字绘写得非常形象。你瞧：上方甲骨文"刑"字的形体，其外部是个方框，似井又似牢笼，中间还有一个人，真的像一个人被拘囚在牢笼中的形象。金文"刑"的形体，把人移到囚笼外且讹变近于"刀"，从井（囚笼），会拘囚、处罚之意。小篆"刑"的字形也发生了变化，将金文右边似人似刀之形变为"刀"，表明用"刀"加刑；井内加"点"作为指示符号，表示水井中。隶变后楷书又一次发生讹变，将左边的"井"变成"开"，右边"刀"变成了"立刀旁"，成了"用刀割开"了。若不了解这个演变过程，那就没法知道"刑"字的字形、字义有什么联系。

"刑"的本义是"刑罚"。刑罚是指国家根据法律对犯罪的人实施处罚，使不法分子不敢妄行，实现社会的安定与和谐。如《商君书》称："以刑去刑"。句中的两"刑"都是指的刑罚。《论语·为政》所言："道之以政，齐之以刑。"句后边的"刑"说的也是"刑罚"，这句话的意思是，治理国家用政治法令，约束人民采用刑罚。如徒刑、缓刑、判刑，还有死刑。

"刑"由"刑罚"又引申为"惩罚""治罪"，用作动词。《韩非子·有度》中说："刑过不避大臣，赏善不遗匹夫。"句中的"刑"为"惩罚"意。整句话意谓，惩罚罪过不回避权贵大臣，奖赏功劳、赏赐善行不遗忘平民百姓。也指惩罚和奖赏一视同仁，还指法律面前人人平等。又如刑讯、受刑。

"刑"由"惩罚""治罪"引申为"杀""受害"。《战国策·魏策》中说："刑白马以盟于洹水之上。"句中的"刑"是"杀"的意思。此话意谓：杀白马在洹水上结盟。《国语·越语下》载："天地未形，而先为之征，其事是以不成，杂受其刑。"句中的"刑"是"受害"之意，整句话意思是说，天地还没有明显征兆示警，而我们就先去攻击它，灭亡吴国不但不能成功，反而会和吴国一起受害。

有个成语"刑措不用"——词中的"措"指设置、设施。其意谓刑法搁置而不用，形容政治清平。《史记·周本纪》中写道："故成康之际，天下安宁，刑措四十余年不用。"唐代陈子昂在《请措刑科》也写道："今神皇不以此时崇德务仁，使刑措不用。任有司明察，专务威刑，臣窃恐非神皇措刑之道。"成语还有个"刑余之人"，指受刑致残的人。

这个"刑"，现如今归于"刂"部。

13. 囚徒，囚犯，阶下囚——释"囚"

囚　囜　囜

楷书　　甲骨文　　小篆

　　"囚"字，是个会意字。其字十分形象，如上方古文字所示："囚"字从甲骨文、金文、小篆直到隶书、楷书，它的字形构造外部都是一个大的方框"囗"，像筑起的围墙，也就是一座牢狱。围墙内有"人"。这个人可能是犯了法的囚犯，也可能是在战争中抓来的俘虏，囚禁在里面。

　　甲骨文的"囚"字，大方框"囗"里的人是一个面朝右站立着的人形。这个被囚禁"人"的周围有三个点儿，表示被囚犯人在牢房里难受而出的汗滴。小篆"囚"的字形，与甲骨文"囚"字的字形一样，也是方框囗里有一个人，只不过这个人变成了面朝左而弯着腰的样子了，身上的汗滴也被去除掉了。楷书"囚"字的写法，是由小篆形体变化而来，其组成部分与小篆完全相同，只是弯腰的人形变为如今"人"字的形状。

　　"囚"的本意是"拘禁""囚禁"的意思。《说文解字·囗部》解释说："囚，系也。从人，在口中。"此中的"系"就是"拘禁。"如《尚书·蔡仲之命》称："囚蔡叔于郭邻。"这是说，把蔡叔拘禁在郭邻这个地方。白居易的《歌舞》里说："岂知阌乡狱，中有冻死囚。"其意思是，哪里知道阌乡县的监狱里，有冻死的囚犯。

　　关于"囚"字，古代有这样一个故事：东汉末年，南昌有个叫郭林宗的老先生，是位名士。他家院子里长着一棵大槐树，枝繁叶茂，如同一把大伞，夏可遮阳，冬可挡风，非常可爱。邻居姓徐，家里有个十来岁的小孩，聪明伶俐，常到郭老先生家院里的老槐树下玩耍。一天郭老先生请了几个人，找来了铁锹、斧子和锯子等，正准备把这棵大槐树砍伐掉。

徐童看到几个人围着老槐树挖土，问郭老伯道："为什么把老槐树挖掉？"郭老先生说："最近我看到书上说：庭院天井四四方方像'口'，院中有木，木在口中就是一个'困'字嘛！谁愿在困境之中生活呢？"徐童听罢觉得可笑，也一本正经地说："陈老伯，我最近也看了一本书，上面说：房屋院子像个'口'，'口'中有'人'是'囚'！谁愿囚禁在牢房中呢？"郭老先生听罢大笑起来，连连摆手，叫众人住手不挖树了。

"囚"，就是把一个人关在牢房里。传说，监狱是四千多年前舜帝的刑法官皋陶发明的。可见"囚"作为刑法至少在舜的时候就有了，犯人白天劳役，晚上囚禁，这种强制性的悔过自新的方法一直延续到今天。

"囚"字，原本用作动词，后来用作名词。例如，关押在牢狱里的罪犯，叫"囚犯"；已经判处死刑而未执行的罪犯，叫"死囚"；在押的人或俘虏，称为"阶下囚"；还有供押送犯人的车子，叫"囚车"，供犯人穿的特制服装，叫"囚衣"。明代周楫《西湖二集》中有这样一句话："（他）囚首垢面，蓬头跣足。"其意是像囚犯那样蓬头散发、不洗脸、光着脚而肮脏不堪的样子。

这个"囚"，现今归于"口"部。

第十五篇

汉字与战争

1. 戈矛，长矛，刺杀兵器——释"矛"

楷书　　金文　　小篆

这个"矛"，是古代的一种进攻、刺杀兵器。矛，这种兵器在石器时代就已经产生了，是用石头打制或磨制而成的矛头，绑捆在长长的木棍上，用于狩猎或战争。商周时代，矛用青铜制成，到了秦汉时代多用铁制的矛。矛头锋利，侧有两刃，成为古代重要的兵器。

这个"矛"，是个象形字。请看上方古文字所示：金文"矛"字，上有锋利的矛头，一侧有耳，下有长柄，是个象形字。篆文"矛"，在金文基础上加以繁化、美化、线条化，已失去了"矛"的象形韵味。"矛"隶变后楷书写作"矛"。

《说文解字·矛部》对"矛"的解释说："矛，酋矛也。建于兵车，长二丈。"矛在长杆一端安有锋利的金属矛头。矛的本义为古代的一种直刺长杆兵器。

矛是古代主要的也是最为重要的一种兵器，而且出现得很早。《尚书·周书·牧誓》里称："称尔戈，比尔干，立尔矛，予其誓。"这话意谓：举起你们的戈，把你们的盾附在身上，把你们的矛竖立起来，我要宣誓了。《诗经·秦风·无衣》吟道："王于兴师，修我戈矛，与子同仇。"诗意谓，天子发兵打仗，修好我们的戈矛，共同对敌胆气壮。接下来又吟道："修我矛戟，与子偕作。"这是说，修好咱们的矛和戟剑，我们同心协力上前线。矛是一种直刺的长柄兵器，古时候这种兵器最先用在兵车之上。兵车之上乘三人，中部是架车的人，一人左边持弓，一人右边持矛，共同对敌刺杀。

"矛盾"一词是说言语行为自相抵触。有个成语叫"自相矛盾"，它源自战国时期思想家韩非子一书中的一个故事。说的是：楚国有一位卖兵器的人。他先取出盾来，炫耀自己的盾坚固无比，没有什么东西能够穿透它。他一转身，又拿出矛来叫卖。说他的矛坚固而又锋利无比，任何东西都能刺穿。在场有人问他说："以子之矛，攻子之盾，何如？"那个卖兵器的人呆了半天也没有回答出来。"自相矛盾"这个成语就出于此。后来哲学也借用矛盾的对立来说明事物的对立统一关系。矛，又用作姓。

这个"矛"，如今仍设有"矛"部。

2. 盾牌，后盾，自相矛盾——释"盾"

盾　申　申　盾

　　楷书　　甲骨文　　金文　　小篆

古代人打仗，将士们都有两种武器，一是手持刀矛进行刺杀进攻，一是手持盾牌之类保护自己免受伤害的防御性武器。这种防护性武器样式不一，有长方形的也有圆形的，初时用藤木制成，后来用金属制成。这种武器人们称之为"盾牌"或"盾"。

对于这个"盾"，请看上方古文字所示：甲骨文和金文的"盾"字，像个方块形盾牌的样子，方块中间一长竖中的二小横像是抓手或手握。盾是个象形字。金文"盾"字，与甲骨文字形类同，仍然是个方块模样的古代盾牌形象，仍然是个象形字。小篆"盾"的字形起了变化，其上部是个人形，方向进行了掉转，下方的"目"成为盾牌，"十"像盾之握，也是个会意字。隶变后楷书写作"盾"。如《说文解字·盾部》所解："所以扞身蔽目。"可以说，盾是用来保护身体和眼睛的。楷书"盾"字是由篆文演变而来，经楷化后写作"盾"。

"盾"的本义就是"盾牌"，是古代打仗使用的一种防护兵器。如《诗经·秦风·小戎》中就有："龙盾之合，鋈以觼軜。"这话意谓，龙纹盾牌并一起，铜环觼绳串成行。《史记·项羽本纪》中说："哙即带剑拥盾入军门。"这是说，樊哙马上带着剑拿着盾进入军门。

这个"盾"，在古代同进攻性兵器中的"矛"一样重要。"盾"被视为防护武器中最具代表性的标志。因为这种"盾"大多都是用木料制成的，因此"盾"字到后来又可以写成左形为木，右声为盾的形声字"楯"。

由"盾"组成的一个词，叫"后盾"，其意是指背后支持和援助的力量，是"坚强后盾"。还有一个成语叫"自相矛盾"。由"盾"又引申指像盾牌形状的物品。

这个"盾"，归于"目"或"丿"部。

3. 弓弩，弓箭，弯弓射大雕——释"弓"

楷书　　甲骨文　　金文　　小篆

这个"弓"是古代一种重要的器物。它无论用于田猎还是用战事，都一直为人们所喜爱。然，你可曾知道，"弓"这个器物是旧石器时期就有了的，可见"弓"这种器物历史的久远。而作为文字的"弓"字，是殷商时代才出现的。请看上方古文字所示：甲骨文"弓"字，其左边是弓背，它的右半边是弓弦，像古人狩猎、作战打仗用的弓，是象形字。金文"弓"的形体，只有弓背，而省去了弓弦，仍然是象形字。小篆"弓"的形体与金文类似，且线条化整齐化了，但仍有弓的模样。经过隶变后楷书写作"弓"。

这个"弓"，是射箭时使用的一种器具，多用坚韧的木条或竹片或衬入铁片制作而成。其两端系以动物筋或皮条或丝条之物而为之弦，这样才算"弓"做成了。

"弓"与"箭"搭配在一起成为"弓箭"。"箭"在古代称为"矢"。其"矢"前端是"箭镞"，也就是箭头，是用石、兽骨、兽角刻磨而成的。初时是将"箭镞"绑扎在箭杆上，后来才有了箭头与箭杆制作或铸造成一体的箭，具有一定的杀伤力。弓箭初用于渔猎。如《诗经·小雅·吉日》唱道："既张我弓，既挟我矢。发彼小犯，殪此大兕。以御宾客，且以酌醴。"此诗意谓，首先张开我的弓，再拿利箭在手中。一箭射倒小猪仔，再射野牛一命终。烹调野味宴宾客，共饮美酒尽欢情。弓箭后亦用作打仗的兵器。《尚书·周书·费誓》中说："备乃弓矢，锻乃戈矛，砺乃锋刃，无敢不善。"这话是说，准备好你们的弓箭，锻炼好你们的戈矛，把它们的锋刃磨好，不敢做得不妥当。《诗经·大雅·公刘》中写道："弓矢斯张，干戈戚扬。"诗意谓，已将弓箭收拾好，盾戈斧钺在肩上扛。毛泽东同志《沁园春·雪》吟道："一代天骄，成吉思汗，只识弯弓射大雕。"词意谓，一代"天之骄子"铁木真，只会拉开他的弓，将箭射向高空的大雕。"弓"在古代的作用就不用多讲了，各朝各代都有记载和使用，也算古代先祖最早使用的工具之一。在中国北方少数民族地区，射箭运动依然是一种传统习俗，而且还成为了体育竞赛项目。还有一种青少年玩具叫"弹弓"。又有像"弓"一样的用具，如拉胡琴用的"弓"，叫琴弓。古代还有一个弓，是丈量田亩使用的器具，人们都叫它"步弓"。这种弓是木制的，两棍叉开，其状略像弓，弓梢两端距离为五尺。这种"弓"只能用作丈量地亩，根本不能用于射箭。

"弓"在制作过程中为了让其具有坚强的弹射能力，制作成弯曲弧形。因此"弓"又引申出弯曲的东西。如郭钰有"草根露湿弓鞋绣"之诗句。诗句中的"弓鞋"，就是指封建旧时代妇女缠足后穿的尖头上翘的小鞋。又如，"舞袖弓腰浑忘却，蛾眉空带九秋霜。"句中的"弓腰"，

指古代舞女弯腰状。还有个"弓背"，就是背部变曲，指驼背。唐代诗人白居易《暮江吟》唱道："可怜九月初三夜，露似真珠月似弓。"诗中描写的月，像弯弓。还有一个成语叫作"楚弓楚得"，比喻自己的东西虽然丢失了，而拾得的却是自家人，利未外流。语本出自汉代刘向《说苑·至公》中，说"楚共王出猎而遗其弓，左右请求之。共王曰：'止！楚人遗弓，楚人得之，又何求焉？'"。还有个成语叫"惊弓之鸟"，此语是说：曾经受过箭伤，闻弓弦声而惊落坠地之鸟。也比喻经历过灾祸、受过惊吓、遇事心有余悸的人。由"弓"组成的成语还有"杯弓蛇影""左右开弓"等。这个弓，又用作姓。

引弓（选自《芥子园画传》）

这个"弓"，如今仍设"弓"部。

4. 佩剑，舞剑，剑拔弩张——释"剑"

剑　　剱　　劒　　劍

楷书　　金文　　小篆　　繁体楷书

"剑南歌接秋风吟，一例氤氲入诗囊。"这是毛泽东《七绝·纪念鲁迅八十寿辰（二首）》中的一句。这个"剑"字，是形声字。请看上方古文字所示：金文"剑"字的形体，其左边是金，右边是佥，是个从金，佥声的合体形声字。小篆"剑"的字形，将金文的义符"金"改换为义符"刃"，仍然是个形声字。隶变后楷书繁体分别写作鐱与劒，还有异体劒、剑、剑。现如今全都简化为"剑"。

《说文解字·刃部》说："劒，人所带兵也。从刃，佥声。"其意谓：剑，是人们佩带的兵器。从刃，佥声。

"剑"的本义是人所带的一种常见兵器。它在兵器谱上列为短兵器类。其直身、尖锋，两面有刃，中间有脊，后部接有短柄，且配有剑鞘。剑至尊至贵，古人以其为圣品，短兵器之祖，主要用于近搏击刺之器。《管子·地数》中说："葛卢之山发而出水，金从之。蚩尤受而制之，以为剑、铠、矛、戟。"这话意谓，葛卢山发生山洪，金属矿石随之泄出，蚩尤就接管并控制了这一地区，开发矿藏制造出剑、铠、矛、戟。又如《史记·黄帝本纪》称："帝采首山之铜铸剑，以天文古字铭之。"

东周以后，青铜剑的发展已经成熟。青铜剑成为贵族和士人的必备之物。著名的越王勾践的青铜剑是十分宝贵的。考古学家发现的吴越铜剑不仅带有吴王或越王的铭文，历经两千年的土埋水泡仍完好如新。

"剑"也指剑术。《史记·项羽本纪》称："项籍少时，学书不成，去；学剑，又不成。项梁怒之。"这话说的是，项籍小的时候，曾学习读书写字，但尚未学成就放弃了；后来学习剑术，又是学无所成。项梁很生他的气。《庄子·说剑》中说："昔赵文王喜剑，剑士夹门而客三千余人。日夜相击于前。"这话告诉人们，从前赵文王喜好剑术，剑士们聚在

春秋时期的"剑"

门下为客人的就有三千多人。这些剑士们日夜不停地斗剑。

由剑组成的词有："刀剑"，指的就是"刀"和"剑"，泛指武器。"刀剑入库，马放南山"，形容战争结束，天下太平。"剑客"，旧指精于剑术的人。"剑侠"多见于武侠小说中。

"剑"字的相关成语有"剑拔弩张"——源自南朝梁袁昂《古今书评》："韦诞书如龙威虎振，剑拔弩张。"后用来形容气势逼人，形势紧张，一触即发的紧张气氛。成语"刀光剑影"——形容激烈的厮杀、搏斗或杀气腾腾的气势。语出《塞上行·从嘉峪关说到山海关》："多年阔别，一旦重逢，尤其在此刀光剑影的北中国一隅聚首，使人发生无限的感喟。""口蜜腹剑"——嘴上说得好听，腹内全是坏水。比喻嘴甜心狠，阴险狡诈。由剑组成的成语还有："刀枪剑戟""剑胆琴心""剑树刀山"，等等。

这个"剑"，现今归于"刀（刂）"部。

5. 征战，奋战，英勇善战——释"战"

战　　　战　　戰　　戰
楷书　　甲骨文　　金文　　繁体楷书

"当年鏖战急，弹洞前村壁。"这句中的"战"字是简化字写法，它的繁体写作"戰"。本为会意兼形声字。请看上方古文字所示：金文"战"的形体是左右结构，从"戈"，从"单"，合起来表示用武器搏击野兽，也表示古代人进行的狩猎演习战斗。小篆"战"字由金文演变而来。经隶变后楷书繁体写作"戰"。现如今汉字简化后写作"战"，又成为从戈，占声的形声字。《说文解字·戈部》对"战"做了这样的解释："战，斗也。从戈，单声。"句中的"斗也"说的就是"斗争、战斗"。

"战"的本义是"战斗""作战"，用作动词。《左传·庄公十年》说："夫战，勇气也。"句中的"战"是"作战"之意。整句话说的意思是：战争是靠勇气取胜的。《尚书·甘誓》也说："大战于甘，乃召六卿。"句中的"战"是"战斗"之义，整句话意谓：将在甘这个地方发动一场大战，（夏王）于是把六军的将领召唤了来。《左传·僖公四年》说："以此众战，谁能御之；以此攻城，何城不克。"句中的"战"是"战斗"意，整句话意谓：用这样的军队打仗没有不得获胜的，用这样的方式进攻没有攻不下的。又有"大战三十回合""浴血奋战""征战""作战""出战""迎战""挑战""战争"，还有"游击战""阵地战""速击战"等词。又如成语"战天斗地""战风雪，斗霜寒""战胜洪水"等，都是与自然灾害做斗争。

由"战斗"又引申为"战争"，用作名词。"天下虽安，忘战必危。"句中的"战"指的"战争"。《论语·述而》："子之所慎：齐，战、疾。"（齐："斋"的古体字，祭祀前清净身心以示虔诚。"战"：也是指"战争"。）这话是说：孔子谨慎对待的事情有三件：斋戒、战争、疾病。

由"战争"引申为"害怕"，用作动词。《吕氏春秋·审应》里写道："公子沓相周，申向说之而战。"句中的"战"不可当"作战"讲，应是"害怕"的意思。此话说的是，公子沓当上周国的相，申向劝说他时他很害怕，怕得腿上发抖、打战（颤）。扬雄《法言·吾子》中称"见豺而战"。句中的这个"战"，绝不是"见了豺狼就战斗"的意思，而是"见到豺狼就害怕，怕得发抖、打战"之义。"战"字做了"颤"字的通假字。

"战"还通"颤"，所以"颤栗"也可写作"战栗"。因寒冷而发抖是"冻得打战"或叫"打寒战"。以上诸"战"也都可用"颤"。"战"与"颤"两字表义在古代可以互通。但如今有了明确的区别：表示人发抖，读 zhàn，用"战"，如"两腿打战"；若表示物体出现轻微振动，要用"颤"，如"颤巍巍"。有个成语出自《诗经·小雅·小旻》之中，诗云："战战兢兢，如临深渊，如履薄冰。"战战：恐惧的样子；兢兢：小心谨慎的样子。诗句形容极其恐惧、小心谨慎的模样。"战"，又用作姓。

这个"战"，现归于"戈"部。

6. 能文能武，止戈为武——释"武"

楷书　　甲骨文　　金文　　小篆

毛泽东同志在《临江仙·给丁玲同志》一词中写道："昨日文小姐，今日武将军。"这个"武"字，是合体会意字。请看上方图形古文字所示：甲骨文、金文乃至小篆"武"的形体，都是上部为"戈"，这是古代作战常用的一种武器；下半部分是"止"，像人的足形，在这里表示行动。两形会意，表示操戈征伐动武之义，也就是去战场上杀敌。隶变后楷书承接小篆，写作"武"。楷书这个"武"中的"戈"，怎么少了一撇？其实，"戈"字的这一撇，已在汉字形体演变中移到了上部变成了一长横了。所以，写"武"字时切不可多加一撇。

《说文解字·戈部》对"武"的解释是："武，楚庄王曰：夫武，定功戢兵。故止戈为武。"这是楚庄王说过的一段话。记载在《左传·宣公十二年》一文中。这话是说："武"是用"止戈"两字来表示制止祸乱，其实际上楚庄王是借"止戈"发泄他对那个时代的连年征战的不满，也是那时社会思想的反映。许慎用楚庄王的话给"武"下定义是不对的，是错误的。"武"的本义应为"行进，征发、用武"，指跟军事、战争有关的事，与"文"相对。如《尚书·武成》中说："偃武修文。"句中的"偃"字意为"停止"之义，说的是停止军事活动，提倡搞好文化方面的事情。《韩非子·五蠹》中也说："上德不厚而行武，非道也。"魏征《谏太宗十思疏》中也讲："文武并用。"与文武有关的词语，如文官武将、文治武功、文人武士、能文能武、文武双全……这些词都是文武并列组成。由"武"字组成的词语还有："武打"，就是戏曲、影视中武术表演的搏斗场面。"武丑"，戏曲中丑角的一种。"武生"，戏曲中生角的一种，扮演勇武的男子，偏重于武功。

从军事意义上又可以引申为"勇猛""威武"。《广雅·释诂二》中说："武，勇也。"又说："武，健也。"如《诗经·郑风·羔裘》也说："孔武有力。"句中的"孔"为"很"义，"武"为"勇猛"义，此话意谓，很勇猛而又有力量。《楚辞·九歌·国殇》中写道："诚既勇兮又以武，终刚强兮不可凌。"句中的"武"指"武艺"，这话意思是：你们勇敢而武艺超群，且勇猛顽强而不可侵犯。

"武"又引申当"足迹""脚步"讲。如屈原的《离骚》中说："及前王之踵武。"句中的"踵"指脚后跟；"前王"：楚国过去强盛时期的君主。这话的意思是说：跟上前王的脚步。由脚步又引申为长度。古代就有"半步为武"的说法，就是指的距离很近之义。

由"武"字组成的成语也不少。如："耀武扬威"——其中的"耀"与"扬"，是显示、显扬的意思。此成语意思就是炫耀武力、显示威风。成语"威武不屈"——在强暴的压力之下不低头、不屈服，表示出坚贞顽强的气概。成语"文武之道"——此中的"文"指周文王，"武"指周武工，说的是周文王、周武王治国的方略，后泛指治理国家要宽严相济。成语"文韬武略"——韬：古代兵书《六韬》，内分文韬、武韬、龙韬、虎韬、豹韬、犬韬，共六韬；略：古代兵书《三略》。即用兵的谋略。元代李文蔚的《杂剧·破苻坚蒋神灵应》楔子中说："威镇家邦四海清，文韬武略显英雄。全凭智勇安天下，统领雄师百万兵。"由"武"组成的成语还有"穷兵黩武""文武全才""文修武备""文武双全"等。"武"，又用作姓。

这个"武"，现在归"止"部。

7. 征伐，讨伐，口诛笔伐——释"伐"

伐　　𢽆　　𢽉　　𢽊

楷书　　甲骨文　　金文　　小篆

"伐"，会意字。请看上方图形古文字所示：甲骨文"伐"的字形是左右结构，右半边是一把长戈，左半边是一个面朝左站立着的人，戈正好砍在人的脖子上，像"以戈杀人"之义。金文"伐"字基本上同于甲骨文"伐"。篆文"伐"字虽然将戈、人分离，但仍然是左右结构的会意字，仍然表示"砍头"之义。隶变后楷书写作"伐"。

"伐"由"人"与"戈"二字组成。"戈"是一种多功能武器，和平时期，它是伐木、砍柴用的利器。如《国风·魏风·伐檀》篇中就有："坎坎伐檀兮，置之河之干兮"之句。诗中的"伐"为"砍伐"之意，整句诗的意思是说：坎坎声响在伐檀，砍倒放在河岸边。《诗经·小雅·伐木》又吟诵道："伐木丁丁，鸟鸣嘤嘤。出自幽谷，迁于乔木。"句中的"伐"是砍伐的意思。这两句诗意谓：伐木之声叮叮响，群鸟鸣叫声嘤嘤。鸟儿从深山谷地飞来，落在高树丛之上。白居易的《卖炭翁》中写道："卖炭翁，伐薪烧炭南山中。"句中的"伐"也是砍伐之义，"薪"即为柴草，整句话意思是：有位卖炭的老翁，砍得柴草在南山中烧炭。以上诸句中的"伐"，用的都是"砍伐"的本义。

"伐"引申为"敲击""击打"之义。用作动词。高适《燕歌行》中说："摐金伐鼓下榆关。"句中的"伐"就是击打之义，整句话意为：敲着锣，打着鼓来到了山海关这个地方。《诗经·小雅·采芑》："征人伐鼓。"其意是说：掌管击鼓的官员击鼓。又吟道："伐鼓渊渊。"意思是：行军击鼓咚咚。

"伐"，又引申指"讨伐""攻打"之意。《左传·庄公二十九年》载：

"凡师有钟鼓曰伐，无曰侵，轻曰袭。"整句话意思是说：军队敲着锣，打着鼓向敌方进攻就叫"伐"；不宣而战，偷偷向敌方进攻叫"侵"，轻装进攻叫"袭"。古代，有个周武王讨伐商纣王之战。殷商末年，纣王暴虐。周武王大会诸侯，讨伐商纣，商军大败，纣王自焚而死，商灭亡。

"伐"，又引申"胜利有功，自我夸耀"。如《论语·公冶长》文中谈道："愿无伐善，无施劳。"《史记·屈原贾生列传》中也说："每一令出，平伐其功。"以上句中的"伐"均有居功夸耀之意。

"伐"在古代是个中性词。"征"是褒义词。"征"只用在上（天子）攻下（诸侯），也就是天子进攻诸侯。"伐"用于诸侯国或平级之间公开宣战。不过，起兵的一方总得有个说辞和理由，且进军时必须有钟鼓，以表示行动是公开的，否则不叫"伐"，而叫"袭"。后来"征伐""讨伐"用于褒义了。伐，又用作姓。

这个"伐"，现今归于"人"或"亻"部。

8. 军人，军车，军令如山——释"军"

军　　甹　　軍　　軍
楷书　　金文　　小篆　　繁体楷书

毛泽东同志的《清平乐·蒋桂战争》词云："风云突变，军阀重开战。"古代军队最大编制单位在西周以前是"师"，应该是春秋以后才有"军"。所以，甲骨文中没有找到"军"字，只是在金文里才出现。这个金文"军"字是个会意兼形声字。请看上方古文字所示。金文"军"的形体，由"车"和"勹"两个字组合而成，是从车，从勹（环臂有所包），会"以车环绕"之意，"勹"也兼表声。小篆"军"的外围变为勹。

经过隶变后楷书繁体写作"軍"，汉字简化后写作"军"。

古代春秋以后才有"军"。《说文解字·车部》对"军"字做了这样的解说："军，环围也。四千人为军。从车，从包省。军，兵车也。""军"这个字与车有密切关系。我国早期军队作战就是以车战为主。从夏代开始，历经商、周以及春秋时代，战车始终是军队的主要作战工具。

古代军队打仗用战车，战斗停止之后又用战车在士卒周围筑成安营扎寨的营垒。"军"的本义即为"营垒""驻扎"。用作动词。如《左传·桓公八年》里说："楚子伐随，军于汉、淮之间。"句中的"军"指的是军队驻扎，这话意谓：楚王自己亲自讨伐随国，军队驻扎在汉水、淮水之间。《史记·项羽本纪》也说："军彭城东。"句中的"军"也是指的军队驻扎，整句话意谓：军队驻扎在彭城的东面。《史记·项羽本纪》称："沛公军霸上。"句中的"军"仍然说的是军队，这话意思是说：沛公的军队驻扎在霸上这个地方。

"军"也泛指"军队""军队编制单位"，用作名词。《史记·项羽本纪》说："旦日飨士卒，为击破沛公军。"句中的"军"指的是军队，此话意为：明天犒赏士兵，是为让士兵们去击败刘邦的军队。古代，春秋时期各大国多设上、中、下三军，历代沿用其名，人数多少不一。《周礼·夏官·司马》中有这样一段话："凡制军，万有二千五百人为军。王六军，大国三军，次国二军，小国一军。"现如，三大军种的海军，陆军，空军。在中国还有"红军""新四军""八路军""娘子军"，又有"中国人民解放军"。毛泽东在《中国人民站起来了》一文中宣称："我们将不但有一个强大的陆军，而且有一个强大的空军和一个强大的海军。""军"又引申泛指集体，如劳动大军。

由"军队"又引申指古代的一种刑罚，叫"充军"，即发配到边远荒凉的地方服劳役或充实军队。这个"军"，又用作姓。

这个"军"，现今归入"车"或"冖"部。

9. 炮兵，伞兵，水兵，秣马厉兵——释"兵"

兵			
楷书	甲骨文	金文	小篆

　　这个"兵"是个会意字。请看上方图形古文字所示：甲骨文"兵"的形体，其上部是"斤"，"斤"就是古代大斧的象形和寓意。在这里是把弯柄的大斧子，向左伸出的箭头表示锋利的斧刃，其斧柄下部两侧是两只大手，意为用双手举"斤（斧）"。金文"兵"的形体，其斧下方的两只手依然如前，只是上部的斧刃转向了右边。小篆"斧"的形体，其"斤"即斧的下方双手仍然如初，上部的斧子形体变得与甲骨文有所不同。汉隶和楷书的"兵"字，上部的"斤"没有动，即没有变化，而下部的两只手却拉到了一起而写为"一"，且在"一"下部加上两个"点"，这样就成了"上一下八"的形状。如此两部分合在一起就成了楷书"兵"字。

　　"兵"的本义是士兵手中持有的"兵器"，名词。如《荀子·议兵》中说："古之兵，戈矛弓矢而已矣。"句中的"兵"指的就是"兵器"，整句话意谓：古时候的兵器，不过是戈、矛、弓、箭罢了。其中又说："兵不血刃，远迩来服。"句中的"兵"也是指的兵器，此话意谓：兵器上血迹都没有，就取得了胜利，远近都归顺了他。又如，贾谊在《过秦论》中说："收天下之兵，聚之咸阳。"句中的"兵"说的也是"兵器"，此话意谓：秦将天下所有的兵器都收集起来，集中到咸阳这个地方。唐代杜甫在《洗兵马》诗云："安得壮士挽天河，净洗甲兵长不用。"诗中的"净洗甲兵长不用"中的"甲兵"指的是盔甲和武器，"净洗甲兵长不用"一句说的是：把盔甲和武器擦洗干净收藏起来长期不用，也有"刀枪入库"之意。

由"兵器"又引申指"持兵器的人"，即"军队""士兵"，名词。如曹操《置屯田令》中说："夫定国之术，在于强兵足食。"句中的"兵"指的是军队，此话意谓：安定国家最好的办法是要建设一支强大的军队，还要有充足的粮食。《孙子兵法·谋攻》载："不战而屈人之兵，善之善者也。"此句中的"兵"指的是军队，整句话意谓：不交战就能使敌军屈服，才是用兵策略中最好的。《史记·信陵君窃符救赵》中称："得选兵八万人，进兵击秦军。"句中的两个"兵"均为士兵之意，这话意思是：于是选得士兵八万人，出兵进攻秦军。又如《资治通鉴》卷六十五："瑜得精兵五万。"此句中的"兵"指的是"军人、战士、士兵"。还有"纸上谈兵"，这个成语源自战国史实。赵国名将赵奢的儿子赵括自小熟读兵书，通晓战例，每每谈起用兵，便能引经据典，人称将才。一次秦军攻赵，赵括统兵迎敌，大败，四十万大军全灭。后人用"纸上谈兵"形容空谈理论而不结合实际。由"兵"字组成的成语还有"秣马厉兵""养兵千日，用兵一时""按兵不动""兵不厌诈"等。

这个"兵"，现今归于"八"部。

10. 士卒，兵卒，身先士卒——释"卒"

楷书　　甲骨文　　金文　　小篆

"卒"是一个象形字。请看上方图形古文字所示：甲骨文"卒"的形体，看上去像个"衣"字，是一件外衣，而且在衣襟上画有特殊花纹。金文和小篆"卒"的形体相类似，且较甲骨文"卒"简化了许多，只在衣襟下加了一斜画，作为指示符号，表示这种衣服与常人穿的衣服不同，可以看作是指事字。隶变后楷书写作"卒"。

《说文解字》："卒，隶人给事者衣为卒。卒，衣有题识者。""卒"的本义为供隶役人员穿的一种衣服。这种衣服的前襟后背都有题识标记，是古代隶卒衣服上的特征，以此与普通人衣着相区别。穿有标记衣服的人多供人差遣使唤，引申指"役卒"，名词。《史记·河渠书》载："悉发卒数万人穿漕渠，三岁而通。"句中的"卒"意为"役卒"，整句话意谓：得知发动几万役卒挖凿漕渠，三年完成。又有"狱卒"之意，《左忠毅公逸事》载："涕泣谋于禁卒。"句中的"卒"指的是"狱卒"。此话意谓：哭着向管理监狱的狱卒商量恳求。还有个"马前卒"，是旧时在马前吆喝开路的差役兵卒。还有"士卒""走卒"等。

"卒"，又引申特指服役的步兵，也指"士兵"，名词。《孙膑兵法·篡卒》载："兵之胜在于篡卒。"大意是：军队打仗要取胜，就必须选用精锐的士兵。《资治通鉴·唐纪》载："守州城者皆羸老之卒。""卒"为士兵的意思。此话意谓：守卫蔡州城的全是瘦弱年老的士兵。由"步兵"之意又引申指古代军队编制单位。春秋时期的军队建制，即一百人为卒。如《周礼·地官司徒》载："五人为伍，五伍为两，四两为卒。"《管子·匡君小匡》中称："四里为连，故二百人为卒。"《孙子兵法·谋攻》称："全卒为上，破卒次之。"此话意谓：使敌军全卒不战而降是上策，击破敌卒使之降服是次一等的策略。

"卒"，又引申为死亡，动词。不同的人死了有不同的称呼，如《礼记·曲礼下》中称："天子死曰崩，诸侯曰薨，大夫曰卒，士曰不禄，庶人曰死。"《新唐书》中有更为具体的解释："凡丧，三品以上称薨，五品以上称卒，自六品达于庶人称死。"范晔《后汉书·张衡列传》称："年六十二，永和四年卒。"说的是：张衡终年六十二岁，永和四年逝世。

"卒"虚化作"副词"，相当于"终于""最终"。《史记·廉颇蔺相如列传》里写道："卒廷见相如，毕礼而归之。"又有"卒相与驩，为刎颈之交。"《诗经·大雅·桑柔》说："降此蟊贼，稼穑卒痒。"

这个"卒"，如今归于"十"或"一"部。

11. 将士，将帅，将勇兵强——释"将"

将　扣　牆　牆　將

楷书　　甲骨文　　金文　　小篆　　繁体楷书

　　这个"将"字，它的繁体写作"將"，是个会意字。请看上方古文字所示：甲骨文"将"字的构形，其左半边是一个竖立起来的"几案"形状，它的两条腿朝左。其右半边是一块"肉"，表示将肉放到几案上。金文"将"的字形，其竖着的"几案"和那块肉的位置依然如故，只是"肉"下添加了一双"手"，表示双手捧肉放在几案之上。小篆"将"的字形，其"肉"下的两只"手"变为一个"寸"，其意没变。隶变后楷书繁体写作"將"，汉字简化后写作"将"。

　　"将"，是个多音多义字。现如今，当读作jiàng时，指主持军队的高官，如"将领""将帅""大将"等高级军官，用作名词。《吕氏春秋·执一》里说："军必有将，所以一之也。"句中的"将"读作jiàng，有"将领"的意思。又如《孙子兵法·谋攻》里说："夫将者，国之辅也。"句中的"将"当"将领""将帅"讲，此话意谓：将军那是国家的辅佐者。又如，唐代王昌龄的《出塞》诗云："但使龙城飞将在，不教胡马度阴山。"句中的"飞将"指的汉代名将李广，被匈奴人称之为"飞将军"。此整句话意谓：只要龙城有李广在，就不让胡人到阴山这个地方。司马迁《史记·廉颇蔺相如列传》云："廉颇者，赵之良将也。"句中的"将"当"将领"讲，此话意谓：廉颇者这个人，是赵国优秀的将领。"将"又有"帝王将相""损兵折将"，还有"将领""将士"和"猛将"等词。又引申指"能手""好手"和"能人"。如，健将、干将、闯将。如今又指军人的军衔名，在校级军官之上的就有少将、中将和大将。

　　"将"又有"统率""领兵"之义，动词。司马光在《资治通鉴·赤壁之战》里写道："遂以周瑜程普为左右督，将兵与备并力逆操。"句中的"将兵"即为"率领"军队之意。《韩非子·初见秦》也说："昔者纣为天子，将率天下甲兵百万。"句中的"将率"是"统率"的意思。

这个"将"字，当读作 jiāng，可表示多种意义。如，"将"就有扶持、扶助义。《乐府诗集·木兰辞》中说："爷娘闻女来，出郭（城外）相扶将。"句中的"将"与"扶"义相同，表示搀扶。《诗经·周南·樛木》中说："乐只君子，福履将之。"郑玄笺："将，犹扶助也。"除此之外，"将"还有护持、护卫，取、拿等许多词义。"将"，又用作姓。

这个"将"，归于"丬"或"爿"部。

12. 戍边保家乡——释"戍"

| 楷书 | 甲骨文 | 金文 | 小篆 |

这个"戍"字是典型的合体会意字。请看上方图形古文字所示：甲骨文"戍"字，左下方是个面朝左站立着的"人"形，其右上方则是一个"戈"（武器），是人持"戈"站立在那里的形象，就是"守卫"的意思。戍是个从"人"从"戈"的会意字。金文"戍"字的形体，与甲骨文字形极为相似。小篆"戍"字的写法与金文一脉相承，由金文演变而来。楷书"戍"字秉承小篆而来，人在戈的左下方，是个稍有变形的"人"字。这个楷书"戍"字，仍然是"人"持"戈"守卫之义。

《说文解字·戈部》对"戍"做了这样的解说："戍，守边也。从人，持戈。"

"戍"的本义为军队守卫边疆。《毛传》中有"戍，守也。"苏辙的《民政策下》中告诉我们："戍边之谋，始于秦汉。"句中的"戍边"就是保卫边疆的意思。又如，《史记·陈涉世家》中说："二世元年七月，发闾左適戍渔阳。"句中的"戍"是守防的意思，整句话是说：秦二世元年七月，征发贫苦百姓去防守渔阳。陆游的《十一月四日风雨大作》诗云："僵卧孤村不自哀，尚思为国戍轮台。"诗的大意是说，陆游卧病在家却是烈士暮年而壮心不已，还想着要去为国家保卫边防。

今天，"戍"不单单指守卫边疆。如今，保卫城市安全的军队称为"卫戍部队"，营地称"卫戍区"。

由"守防"引申为"驻防的营垒""防地""边疆"。《诗经·小雅·采薇》中说："我戍未定，靡使归聘。"诗句中的"戍"指"防地"，诗的意思是说：我驻防的地点不能固定，无法叫人传信回家。《北齐书·武成帝纪》说："诏司空斛律光督五营军士筑戍于轵关。（斛律光：人名。轵关：地名）"《史记·张耳陈余列传》载："北有长城之役，南有五岭之戍。"《左传·定公元年》载："城三旬而毕，乃归诸侯之戍。"这些句中的"戍"都是指边防的营垒、城堡。

汉字有这么个特点：两个形似的字，粗看没什么两样，实际上只要某一笔稍有变化，它就成了另一个字。"戍"与"戌"及"戎"如此，"未"与"末""己"与"已"及"巳"也如此。这种字虽然数量不多，却不能不予以关注。

这个"戍"，归于"戈"部。

13.疆土，疆域，疆界——释"疆"

疆　畺　畺　疆

楷书　　甲骨文　　金文　　小篆

毛泽东同志在《贺新郎·读史》词中写道："人世难逢开口笑，上疆场彼此弯弓月。"这个"畺"本是会意字。请看上方古文字所示：甲骨文"畺"字的形体，其右半边是两个上下相叠的"田"，左半边是一张"弓"，是从弓、从畕的会意字。古代用弓记数丈量土地，以表示田界、边界。"疆"本义是国家疆土边界。金文中，秦公簋铭文的"疆"字，其下部增添了个"土"，且在两"田"的上、中、下各增添了一横。《说文解字》称："畺，界也。从畕，三，其界画也。疆、畺或从彊土。"小篆"疆"的形体承接金文，只是将金文下部的"土"字移到了"弓"的左下侧了，且线条化、整齐化了。楷书"疆"的形体由小篆直接演变而来，写作"疆"。

"疆"，国界，边界。如《尔雅·释诂下》："疆，垂也。"句中的"垂"即边陲。《史记·秦始皇本纪》："圣法初兴，清理疆内。"这话说的是：秦始皇的法制刚建立，就要清理境内。岳飞《南京上高宗书略》里说："恢复故疆。"此话也就是恢复原来的"边界"的意思。《左传·桓公十七年》里说："夏，及齐师战于奚，疆事也。"这话意思是：夏天，与齐国军队在奚地发生战争，这是边界冲突。《礼记·曲礼下》里说："大夫私行，出疆必请，反必有献。"句中的"疆"是疆界、国界之义。这话是说：大夫因个人的事出行，离开国界一定要事先请求允准，回来要向国君有所奉献。

"疆"，指"疆域""疆土"。唐代张说《郭公神道碑铭》载："为人臣，恢疆御侮，以劳定国，不亦忠乎？"句中的"疆"为疆土、疆域，整句话意为：作为人臣，抵御外侮，恢复疆域，用自己的辛劳治理国

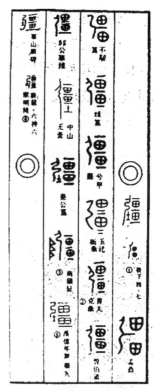

取自《甲金篆隶大字典》中的"疆"字

家，不亦是尽忠吗？苏轼《生擒西蕃鬼章奏告》中载："恭行天诛，非贪尺寸之疆。"陆机《汉高祖功臣颂》中说："王信韩孽，宅土开疆。"明代佚名《鸣凤纪·林公避兵》中写道："金屋婵娟，漂流异疆。""疆"，也是姓氏。《通志·氏族略五》中说："疆氏，晋大夫疆剑，后汉疆华，又，汉阳太守疆释之。"

"疆"又通"彊（强 jiāng）"，指强盛。《吕氏春秋·长攻》中说："凡治乱存亡，安危彊弱，必有其遇，然后可成。"韩愈《送石处士序》中说："先生仁且勇，若以义请而彊委重焉，其何说之辞？"以上两句中的"彊"字，都应读作 qiáng（强），实际上是"强"的通用字。上古时代没有"强"字，想要表达这个意义时均写作"疆"，因其笔画多写起来也烦，后世才出现了"强"字。疆，又用作姓。

这个"疆"现如今归"田"部。

主要参考书目

1. 汉·许慎:《说文解字》,中华书局,1963年影印版。

2. 清·段玉裁:《说文解字·注》,上海古籍出版社,1983年版。

3. 《汉语大字典》(三卷本),四川辞书出版社、湖北辞书出版社,1995年版。

4. 《辞源》,商务印书馆,1983版。

5. 郭沫若:《甲骨文字研究》,科学出版社,1982年版。

6. 王朝忠:《汉字形义演释字典》,四川辞书出版,2006年版。

7. 谷衍奎:《汉字源流字典》,语文出版社,2008版。

8. 左民安:《细说汉字》,九州出版社,2005年版。

后　记

　　《汉字里的传统文化》一书，王之兰教授读后认为：世界文明的创造者是人，对人的活动应予以更多的关注，且提出"汉字与人体"等篇目。我每每将写好的篇章寄给他，王之兰教授都给予帮助。新作成稿后，王之兰教授又说："新著是原著的扩展，当合二为一。"书名仍叫《汉字里的中国文化》。王之兰教授还为本书作序。在此，特向王之兰教授表示诚挚的谢意。

　　本书写作过程中，借鉴、参考了一些文献资料和优秀文章，从中获得不少的感悟，也汲取了其中的智慧和精华。在此特向各位学者表示敬意和感谢。

　　本书能够写成，我的家人也付出了很多劳动。在本书书稿中有的资料是老伴儿徐维沛帮助查找的；我是个电脑盲，此书是在电脑手写板上写成的。电脑有了问题，女儿余云、余露都来帮助解决。我拍的图片，都是儿子余光帮助剪辑后镶嵌到文章中的。本书实际上是集体的成果。